トーマス・カトウ 著

ドナルド・トランプ物語

THE DONALD TRUMP STORY

緑風出版

はじめに

米国大統領ドナルド・トランプの在任が二年目に入った。本書はトランプの二〇一六年の大統領選挙戦から一八年六月十二日の米朝首脳会談までの経緯を解説するものである。一九九九年の最初の出馬表明から数えて一七年目に願望を実らせたトランプはさまざまな面で波紋を起こしつつも、これまでの政権運営を独特なスタイルでこなして来た。トランプの場合、大統領に選ばれたこと自体が異例であったが、この異例さは大統領就任後も続いている。

その中でメディアはトランプの姿勢を追うのに苦慮している。ほとんどのメディアはトランプの異例さを客観的に把握せずというか出来ず、トランプ報道はいきおい必要以上に批判めいたものになっている。

メディアの宿命が事実伝達業と批判業であることからすれば後者の部分は国民目線からはむしろ望ましい作業とも言える。しかし、トランプの場合、ＦＯＸを除く大手メディアは両者間の適切な配分を崩して、批判業の方に偏りすぎているようである。

トランプはなぜ異例だろうか。一言でいえば同氏は「反エスタブリシュメント層」の旗頭だからである。この層は「アンチ権力層」に重複する。米国では（日本も同じ）大手メディアそのものが権力構造の代理人になっている。その限りでトランプがメディアに好かれる筈がない。トランプは一見その生活スタイルから権力層の人物と見られがちである。ところが同氏の一貫した反エスタブリシュメント姿勢とその行動はこの「一見」を覆す。とくに日本ではトランプ情報が米国大手メディアの焼き直しであり、加えてそれが誤訳であったりするのでトランプが異様だと伝えられる場合が多い。異例と異様は全く異なる。異様は情緒的な言い回しでありメディアはこの表現を用いてはならない。これを用いるとファクトの世界がエンターテイメントの世界に変容してしまう。

本書の特色を掲げよう。その一つ目として、トランプの生の発言を忠実に再現した。その中の理解されにくい部分については説明を加えた。この説明を怠ると何が何だか分からなくなる。

二つ目はトランプのさまざまな言動につき、その背景、周辺事情、関連事情を出来るだけ細かく解説した。とくにトランプの場合は発想がユニークであるために同氏の言動オンリーからでは誤解を生みやすいのも事実である。もっとも、同氏にはその誤解を利用して最終目標を達成しようとする特異性もあるにはある。

三つ目の特色はトランプの言動に対する反応についても注意深く観察した。同氏の場合は過去の大統領達に比べてネガティブな報道が多いが、それにもかかわらずトランプに投票した国民層はその後もトランプ支持を継続している事実がみられることのほかに、ビジネス界からのトランプ評価についてはむしろ徐々に高まっている傾向がみられる。

四つ目として、トランプのアジア観を発掘するのに注力した。アジアと言ってもそれぞれの国に特有な歴史と文化が見られる。トランプは率直な話、国ごとの差異に目覚めつつある。

以上の特色を総合的に眺めた結果、本書の題名に「物語」なる言葉を使わせて頂く。次はトランプの特色になる。以下のように超短縮しよう。

トランプは選挙戦の過程で「アメリカファースト」を手段とした「グレイトアメリカの再現」という目的を理想として掲げ、その信念の下で横に居ならぶ候補者達が展開しなかったさまざまな国内ならびに国外政策を公約の束にして大統領に選ばれた人物である。

他のドイツ系アメリカ人がそうであるようにトランプはどちらかと言えば「口下手」である。ケネディ、オバマの両大統領などが声高に掲げた民主主義などというイデオロギーを呼びかけることなく、グレイトアメリカを再現するという理想に向けたアメリカファーストの信念を貫き、国民からの共感度をさらに高めようとしている。

トランプは史上初めて米国にナショナリズムを植えようとしている。人種の坩堝《るつぼ》として固まったアメリカは言わば、もともとの国籍を脱した人達が作った新興国、言い換えれば過去のそれぞれのナショナリズムを捨てた人達の集まりで始まった。捨てたからこそ国内での新たな絆が生まれ米国が世界経済の繁栄街道に乗れたのであった。過去の個人個人のナショナリズムから脱した創意の集合が繁栄に貢献したのである。

トランプは結論を決めてからそのための手段に着手する場合が多い。その中の最頂点になったのが「米国はもっと繁栄した筈」であった。では、なぜもっと繁栄しなかったかになる。「米国が本来得られた筈の繁栄が他国によって奪われた。その根本原因は第二次世界大戦後に生まれたパックスアメリカーナ（ＰＡ）体制が米国よりも他国の繁栄に貢献した」とする。

トランプが着想したのは「アメリカファースト」という言い回しを使った同体制からの撤退であった。この撤退に対しては、国内エスタブリシュメント層はもとより、ヨーロッパ諸国、中国、インドなどから「孤立主義、保護主義」などという言葉が浴びせられたがこの表現はいかにも消極的である。

むしろ積極的に、かつ最大公約数的に米国内の反エスタブリシュメントに支えられた「アメリカのナショナリズム」と定義したほうが分かりやすい。

各章のあらましに触れよう。

第一章はトランプがどのような方法を用いて大統領に選ばれたかである。トランプの大統領願望は一九九九年、五十二歳の時にリフォーム党大統領候補として立候補宣言をしたことから窺えるように古い。これは何を意味するのか。トランプは木も森も見てきたが、それ以上にその元になる木の根に関心を払った。木は倒れるが根は倒れない。一九九九年の根が大木になったのである。この章では対抗政党である民主党候補者ヒラリー・クリントンに直面した同氏がどんな戦略で勝ち抜いたかを掘り下げた。加えればトランプ選挙戦の総コストはヒラリーの半分であった。マネーにうるさいトランプの一面である。この面は大統領就任後のトランプを観察する上でも参考になる。

第二章ではトランプの個人面に触れる。同氏がドイツ系アメリカ人であることの意義は大きい。トランプはこれまでアングロサクソン、つまりイギリス系で固められてきたアメリカの政治構造に向けてトランプ流の一矢を放った。ドイツ系は米国製造業界に著しく貢献した歴史を有するが、二〇〇〇年を境にして主に中国からの輸入品の膨張現象により苦難を強いられてきた。この章ではトランプの「限界人間性」にも触れる。「物事への追求を一般常識に依存せず、自らのインスピレーションを主軸にした独特の方法により最後まで試みる」という信念と実行力である。この章ではトランプ・キャビネットの中身と、ホワイトハウスの中枢人事である首席補佐官、国家安全保障会議（NSC）アドバイザーが選任された事情に触れる。さらに選挙戦と政権成立後の両面でトランプに著しい影響を及ぼした人物としてバノン前首席戦略官の軌跡を加える。正式閣僚としての国務・国防・財務の三長官が選ばれたシナリオと各長官の人物像についてもその背景を洗った。この三名に加えて経済政策に関わるトランプ政権の人物も眺めた。財務・商務の両長官、新設された国家貿易会議事務局長、アメリカ合衆国通商代表部（USTR）代表などである。

第三章は「トランプの政治運営」についてである。一九七〇年代から今日に至るまでの約半世紀にわたり米国政治の内幕に君臨するキッシンジャーは「トランプは、借りなし約束なし大統領」とコメントする。このコメントは他の論者からトランプは「予測不可能」大統領とまで増幅されるようになったが、筆者に言わせればこの見方は的外れである。この章ではトランプが選挙戦中に「有権者との契約」で掲げた公約が確実に実施されていく経緯を描写した。国内に関わる部分で最も注目されたのは「トランプ減税」がはたして議会の賛同を得られるかであったが十二月になり同法案が可決された。

第四章ではトランプ外交、ならびにこれと一体になる米国安全保障に焦点を当てる。同外交の最大の特色はアメリカファーストの海外版である「パックスアメリカーナ体制からの撤退」である。この撤退は第二次世界大戦後米国が超党派で固めてきた「世界の警察官」としての役割、ならびに「世界銀行、IMF（国際通貨基金）など」の下で育んできた米ドル基盤の世界経済からの引退を示唆することになった。この撤退は言うまでもなく、同体制の存続で潤ってきた国内エスタブリシュメント層を驚愕させた。

トランプ外交は平たく言えば、「今後の世界情勢で生じ得る摩擦につき、それが米国の利害に直結する限り米国は動くが、そうでなければ米国は動かない」とするものである。この方針は同時に「米国は他国との集団安全保障に指導役を演ぜず、むしろ米国は今まで以上に独自の軍事力を強化していく。他国も主権国家であることを再認識して自前で自国を守るが良い。米国は現況下の安全保障条約上の責務はこれをとりあえず守るが、そのためには同盟国は相応のコストを米国に支払え」がトランプの原理として掲げられている。

第五章では環太平洋パートナーシップ協定（TPP）を取り上げた。W・ブッシュ大統領（ブッシュ・ジュニア）が米国安全保障構想の一部として主唱したのに始まったTPPはその後オバマ大統領によりその目的が変えられ、中国の参加を視野に入れた経済・安全保障という二兎を追う複合目的に変わった。トランプは両大統領とは全く異なった観点ですでに選挙戦の過程で「TPP撤退」を公約し、大統領就任後の最初の作業日に「TPP撤退命令」を発した。トランプの立論は「これまでのデータを見る限り、過去の政権が締結した貿易協定は米国経済をもて遊んできたに尽きる」であった。ここでの米国経済は米国庶民の目線にもとづいている。

第六章は「トランプとアジア」の章である。ここではトランプのアジア観が中国・日本・韓国に向けてどのように展開されているかを紹介する。三国向けの共通テーマはこれまでの貿易データが示してきた「恒常的な貿易赤字」をいかにして解消するかである。トランプは「レシプロカルな貿易」つまり相互収支のゼロ化を再三にわたって各国首脳に迫った。レシプロカルは日本では情緒的に「互恵」と翻訳されているがこれは将来に禍根を残す名誤訳になるであろう。

以上とは別にトランプは各国別の案件解決に乗り出した。

中国に対しては同国が依然として世界貿易機関（WTO）の求める経済構造モデルに達していないと鋭く非難した傍で、中国サイドから北朝鮮の核・ミサイル問題の解決を示唆するという複雑なメッセージを習国家首席に送った。日本に対しては北朝鮮問題に関わる安倍首相からの支援要求を形式的に承諾した上で、通商面でのレシプロカル要求をクールに迫った。

韓国に対しては一七年五月に就任した文大統領に向けて米韓自由貿易協定（KORUS）につきレシプロカル（相互収支のゼロ化）要求基盤の再交渉を実際に始動し、わずか三カ月間で両国間の取り決めをまとめるに至った。韓国の場合は中国・日本の場合と異なり北朝鮮軍の砲火が首都ソウルに到達する可能性が常時あるという状態に置かれている。貿易交渉の底辺事情が全く異なっていたのである。

トランプはアジア旅行の終末段階で生じたアジア太平洋経済協力会議（APEC）の中で同会議首脳宣言に「レシプロカル貿易」ならびに「二カ国間貿易」という新たな文言を加えることに成功した。大統領選挙戦での有権者との公約が二一カ国で構成されるAPECの公式文言に採用されたのである。

第七章ではトランプのロシアコネクション問題を洗う。

ロシアコネクション問題はもしそれがあったとすれば第一章の大統領選勝利の原因にリンクし、さらには法的に立証されたとすればトランプの当選が帳消しになり得る大統領弾劾事態にまで発展しかねない。現時点で最も注目を集めているのはトランプが前代未聞の連邦捜査局（FBI）長官を解任した理由とそれに続いた特別検察官の捜査状況の進展である。この章ではやたらと法律用語が登場するがこれを他の一般用語に置き換えるとかえって真相がぼやけるために、止むを得ず最低限の法律用語を用いた。登場人物については可能な限り生の証言を引用した。

第八章は北朝鮮についてである。ここでは、そもそも北朝鮮の核・ミサイル開発はなぜ悪いか、主権国家である以上開発しようがしまいが他国は干渉できないのではないかの大疑問が横たわる。

トランプの一側面が同氏のポーランド演説（第五章）が示すように他国の主権を尊重する点であることからすれば、トランプは北朝鮮に干渉出来ない。これが原理である。その中で一七年七月の大陸間弾道ミサイル（ＩＣＢＭ）実験がトランプの姿勢を方向転換させた。米国本土が戦場になるのを阻止しなければならなくなったのである。

この章ではその冒頭で「技術テーマ」を取り上げる。このテーマを避けると北朝鮮問題が抽象的な思惑の世界に導かれ真の問題点が実体から浮いてしまうからだ。

選挙戦中のトランプは北朝鮮の技術もさることながら同国の姿勢そのものを過小評価していた。中国が北朝鮮に電話すれば北朝鮮は核・ミサイル開発を凍結すると読んでいたのである。ところが大統領当選後に始まった中央情報局（ＣＩＡ）のレクチャーを契機にして北朝鮮のミサイル開発が米国本土を脅威にさらす直前に達しているのを知るようになる。

その後のトランプの行動は素早かった。大統領就任直後の韓国への国防長官派遣を起点にして春の段階（四月から六月）までに戦争準備命令を含んだ出来得る範囲の全ての戦略プランを固めたのである。九月になり国防長官が戦術核の使用を考慮していることが明らかになった。

その中で別面として明るみに出たのが「ミサイル防衛」の不完全性である。これは過去の政権が取り組んできた技術開発が期待値のレベルに達していないという事実であり、トランプはこの事実を変えることが出来ない。空中で弾丸同士を衝突させるという曲芸にも類するこの技術は正直なところ完成していない。良く言えば完成途上である。

国連の対処についても効果的なアイディア（石油の全面禁輸など）については中国・ロシアからの抵抗に出会い頓挫したままである。トランプが個人として出来ることは、①北朝鮮金委員長を説得して同国の非核化を一定限度で達成すること、②同国の核・ミサイルを物理的に破壊・除去することの二つに限られる。①についてはもし首脳会談が生じた場合、トランプは非核化の引き換えとして韓国からの米軍撤退に応ずるであろう。しかし金委員長は核・ミサイル開発の凍結には応じるとしても非核化には応じないであろう。

最終的には米国は②の選択肢しかなくなる。それが先制攻撃と呼ばれようが呼ばれまいがトランプはすでに極度の不安に陥った米国民を安心させなければならない。この点については大統領がヒラリーであったとしてもサンダースであったとしてもトランプと同様の行動に踏み切るであろう。

一八年三月になり新たな出来事が生じた。金委員長からトランプへの米朝首脳会談の誘いであった。トランプがこれに応じた。しかし同会談によって米朝間のこれまでの緊張関係がはたして低まるかの問題が残されている。米朝会談がむしろ米国の同国への先制攻撃の一里塚になる可能性さえ高まっている。

本書の脚注について

本書では数多くの筆者の情報源の出所が「脚注」として掲げられているのに気付かれよう。これは少なくとも米国のノンフィクション書では当たり前のことである。いわゆる情報出所のチェックである。米国では脚注のないノンフィクションはまず出版社の段階で門前払いになる。

最後に、日本の大手メディアの報道は少なくともトランプに関わる限り、そのほとんどがファクトからズレているようである。本書ではその一例として、第五章（一―3）でＴＰＰに関わる日本メディアの誤報道を紹介した。

目　次

第六章　トランプとアジア

第一章　大統領選勝利の原因

一　予想を裏切ったトランプの勝利

大方の予想を裏切ったトランプ勝利はなぜ起こったか。

万事そうであるが戦いに勝つためにはそれなりの要因がなければならない。共和党候補トランプ対民主党候補ヒラリー戦でもそれがみられた。ただ米国大手メディアは投票日の夜半までトランプ勝利の要因に気付かなかった。

この戦いではまずヒラリー側に対トランプ戦略面での多くの誤算がみられた。そのうちの最大なものはヒラリーが「白人壮年層」を要とするトランプ支持が果てしなく広がっていることを知ろうとしなかったことである。ヒラリーはこれまでとは異なったポピュリズムの流れと勢いを消化していなかった。なぜ英国のブレグジット（欧州離脱）が生じたかさえも読み込んでいなかった。

実のところ経済学者スティグリッツ（ノーベル賞受賞者）は二〇一六年七月の民主党予備選に勝ったヒラリー宛に「ブレグジットならびにトランプ現象は国民の政府に向けた怒りと不信の表れである」とのメッセージを発したが、ヒラリーはこれを聞き流したに過ぎなかった。

ヒラリーは民主共和両党の予備選が催された七月末まではトランプを無視に近い程度で軽視していた。重視したのは共和党伝統派候補のブッシュ、クルーズ、ルビオの三名であった。ヒラリーはトランプがサンダースとならぶポピュリズム代表であることは承知していた。しかし自身が予備選でポピュリズム基盤のサンダースを制したことから本戦でもトランプを制し得ると読んでいたのである。

しかしトランプはサンダースが採用した正攻法を用いることなく独自の戦略を用いた。サンダースが追及しなかったEメール問題を戦略の最上位に位置付けたのである。

ヒラリー側はあわてた。急遽トランプの淫らな女性観を表現する証拠を公開し始め、自己のEメール問題を蒸発させることを試みた。ところがこの公開戦術はトランプ側からのバックファイア（逆火炎）を浴びることになる。トランプ側はヒラリーの夫の淫らな女性歴をヒラリー本人に密着させることで自身の女性問題を帳消しにする戦術を用いた。本来は第三者であるヒラリーの夫を土俵上に引きずり上げクリントン夫妻を共同正犯とする仕掛けを試みたのである。

トランプの仕掛けが実を結んだ。トランプの女性問題と元大統領クリントンの女性問題が正面衝突することになったのである。トランプは有権者に向けて「俺はそれを言っただけだがクリントン大統領はそれを実行した」[2]のワンフレーズを繰り返し続けた。有権者は最終的に「どっちもどっちだ」と思うようになる。トランプの戦術が成功した。

その後トランプ側は戦術の対象をEメール問題に戻した。しかし問題の焦点をアップグレードすることを忘れなかった。焦点を国家機密の漏洩問題に関係づけたのである[3]。

女性問題は人間の倫理を問うものに過ぎなかったが、国家機密となるとそれは国家安全保障という国家システムの問題にまで上昇する。この戦術に動揺された多くの有権者の関心は改めてトランプに移行した。しかしヒラリー側は選挙当日の深夜に至るまでこの移行に気付かなかった。トランプ当選確実の報によって初めて気付いたのである。

トランプは選挙キャンペーンの資金調達に自分流で対処した。資金は選挙運動員給与とアドバータイズに費消される。大統領選の勝敗は選挙資金の大小で決まるとするのが伝統的な見方であった。トランプの場合、同資金はヒラリー側の約半額であった（トランプ六億四六八六万ドル、ヒラリー一一億九一〇〇万ドル）[4]。

トランプは事実上コストがかからないツイッターを徹底的に活用した（約三万通）[5]。さらにはキャンペーン取材記者の報道そのものをアドバータイズに転用した。記者からの質問を巧みに誘導したのである[6]。これまでの「記者向け発言とアドバータイズ発信は異なる」とされた慣行を一変させた。トランプはアドバータイズ策を全く講じなかったわけではない。この策は選挙戦終盤期にスウイング州（接戦州）約八州に向けて集中投下された。

トランプ対ヒラリー戦の裏で決定的ともいえる役割を演じたサンダースの存在に触れなければならない。もしサンダースがいなかったらトランプ勝利は生じなかったとも言えるからである。サンダースは政治力学上トランプ勝利の貢献者になった。

投票直後の出口調査でオバマが勝利した前回（二〇一二年）の場合と比較しよう。この調査は宗教、人種に分けられ、七項目になっている。

二　ヒラリーの誤算

ヒラリーは知名度の面では米国ばかりでなく世界の最上位にランキングされる。この知名度は一九九三年ヒラリーがクリントン大統領のファーストレディとしてホワイトハウス入りして以来途絶えたことはなかった。当時の国民は副大統領ゴアよりも、国民健康保険構想を自前で企画したファーストレディのほうに注目したぐらいである。

レディの座を去ったヒラリーは二〇〇〇年、ニューヨーク選出上院議員に立候補し知名度をいかんなく発揮することで、共和党対抗馬を五五対四三の比という大差で制した。これがヒラリーの正式な政治家街道の出発点であった。ここまではグッドストーリーである。

続いてヒラリーは〇八年になり政治家の頂点である大統領に立候補した。しかし予備選の段階で当時ほぼ無名に等しかったオバマ上院議員に敗れることになる。

オバマ勝因の一つは当時の民主党重鎮ケネディ上院議員（ジョン・F・ケネディ大統領の弟）がオバマを強く支援したためであった。脇道にそれるが、オバマはその後の本戦で共和党対抗馬マケインに勝ち大統領に就任した後、JFKの娘キャロラインを日本大使に就かせた。ケネディ家への政治上の借りの返済であった。ヒラリーの〇八年予備選敗北はその後になり予想外の地点に着地する。大統領就任後のオバマがヒラリーを国務長官に迎えたのである。昨日の敵が今日の友になった。何よりもヒラリーに秘められた桁外れの国際知見がオバマに買われた。

他方でヒラリーは八年後になった一六年大統領選への願望を捨てきれず、それなりの準備をした。二年前に書き上げた自著『困難な諸選択』はそのための重要な道具であった。キッシンジャーとの親密な関係にも触れた同書はヒラリーの並外れた外交能力を描く。しかし白人若年ならびに壮年層の多数は同書に見向きもしなかった。外交能力がなぜ同層を幸せにするかの説明がなく、少なくともヒラリーが同層を代表する人物でないことがすでに感知されていたのである。ヒラリ

表1　大統領選の出口調査（PEW※）

2016年11月9日

【宗教】
<u>トランプが前回の共和党候補者を上回った</u>
1）プロテスタントの58％（前回57％）
2）カトリックの52％（同48％）
3）ユダヤ教を除く他の宗派の29％（同23％）
<u>同、下回った</u>
4）ユダヤ教の24％（同30％）
5）モルモン教の61％（同78％）
<u>同、変わらなかった</u>
6）非宗教26％（同26％）
【人種】
7）白人の81％（同78％）がトランプに投票

※ http://www.pewresearch.org/fact-tank/2016/11/09/how-the-faithful-voted-a-preliminary-2016-analysis/ft_16-11-09_relig_exitpoll_religrace/

ーは今回のチャンスに向けて二通りに研磨された戦略を準備した。一つは民主党予備選にサンダース上院議員が出馬することを想定した戦略である。

一口に民主党とはいうもののその中身は数種の思想に分かれる。①まずマサチューセッツとその近隣にはデモクラッツの原流思想がある。サンダースはこれに属する。その他に、②クリントン夫妻が州知事時代を過ごしたアーカンソーとその近隣に所在する共和党思考に近いサザンデモクラッツ（南部保守系）、③カリフォルニアで芽生えた次世代思考デモクラッツ、④地域とは別建てで共和党思考に近くかつ国際貿易（TPPなど）を振興しようとするニューデモクラッツなどのセクターなどである。ヒラリー自身は③と④の混合である。

ヒラリーの強みは各思想セクターの動きを把握していることとそのリーダーを熟知していたことであった。予備選投票は五五対四三の比率でヒラリーがサンダースを押さえた。しかしこの比率はヒラリーの想定を下回った。

ヒラリーの本戦向け戦略を見よう。ここでヒラリー側に第一の誤算が生ずる。

まずヒラリー陣営は共和党一七名の予備選候補者のうちで、ブッシュ前フロリダ州知事、テキサスのクルーズ、フロリダのルビオ両上院議員という計三名のうちの誰かが選ばれるものと想定した。この三名についてはかなりの費用をかけた精密な戦略を策定していたが、異質民間人トランプが七月の予備選を制することは想定外であった。

ちなみにこの三名は五月初頭までに出馬を撤回する声明を発した。しかし党内からは同三名の翻意を促す声が途絶えず、実は七月の予備選当日に至るまでトランプが指名される可能性は確実なものではなかった。トランプの予備選勝利に接したヒラリー陣営はそれまでに練られた戦略の抜本的改定に迫られた筈であった。

しかし実際には改定はなかった。

ヒラリー陣営は、①トランプの破産歴、②超多額の法人税不払い、③これまでの大統領候補が公開した個人所得税申告書をトランプは公開しない、④白人崇拝団体ＫＫＫとの関わり、⑤銃器保有規制に向けた反対などを掲げ「トランプはオーバルオフィス（大統領執務室）に入る資格がない」とする文言を膨大な数の有給運動員と高額なアドバータイズ（広告宣伝）を用いて全国に発信した。知名度プラス一二億ドル（一二〇〇億円）に近い選挙資金。これがヒラリー側戦略の全てであった。このような戦略は過去の大統領選で有効打として発揮したことも事実であった。

トランプはヒラリー側に丁寧に回答した。

①破産歴というが自分のビジネス集団（トランプ・オーガニゼーション）の中で破産したのは一握りにも満たなかった。そもそも破産は合法な制度ではないか。②税不払いであるが或る年度の事業損を以降の複数年度で引き落とすこと（トランプの場合、事業損九億一六〇〇万ドルを十七年間に配分）[7]は適法であるばかりか多くのヒラリー支援者もやっているではないか。③大統領候補者が所得税申告書を公開するなどは法的根拠がなく、これまでの候補者が勝手にやっているだけだ。ヒラリーが個人Ｅメールとして隠している三万三〇〇〇通のメールを公開するならトランプ申告書を公開しても良い。④ＫＫＫとの関わりは全くない。⑤銃器保有は憲法二条が明文で認めている。保有が駄目ということであれば候補者ヒラリーを警護中のシークレットサービス（日本のＳＰ）からも銃器を取り外すのか。以上がヒラリーへの回答であったがトランプ側はこれとは別な、攻撃戦略を展開した。一三～一五年に催された大手金融機関（ゴールドマンサックスなど）向けの八回講演で一八〇〇万ドルがヒラリーに支払われていること[8]（大手企業全体では計九二回、二一六〇万ドル（二四億

表2　選挙戦中のポール（少数メディア）

10月19日ポール	トランプ	クリントン
IBTC-TIPP ポール	41.3%	40.0%
USC/LA TIMES ポール	44.1%	43.9%

11月3日ポール	トランプ	クリントン
IBTC-TIPP ポール	44.0%	44.0%
USC/LA TIMES ポール	46.9%	43.4%

円）などである。

しかしトランプ側はそれよりもEメール問題の徹底的追及を最大の攻撃戦略とした。選挙戦でみられたヒラリー演説の口調と迫力は筆者の目から見てもトランプのそれを下回っていた。[9]多くの場面で夫クリントンが臨場したがこの光景はトランプ側の目からは「願ったり」になった。聴衆は夫クリントンを眺めるごとに否応なしに、大統領弾劾裁判にまで発展した同氏のホワイトハウス・インターンとの性的関係、その他の二桁にも達する不倫歴を想起したからである。選挙の終盤戦でヒラリーを上回る演説の達人として定評のある女性幹部ウォーレンと[10]、迫力の固まりで名を売ったサンダースの両上院議員が連日のように応援に駆けつけたがやや奇妙なことが生じた。この両名がヒラリーの長所に触れずにトランプの短所のみを強調したのである。

今回の大統領選では四年前のオバマ対ロムニー戦でオバマに投票した有権者のうちの五〇七万名がヒラリーに投票しなかった。[11]この有権者達は投票そのものをしなかったか、またはヒラリー以外の候補者に投票したことになる。ヒラリー以外の候補者とは言うまでもなくトランプである。選挙後大手メディアは総得票数ではヒラリーが約三〇〇万上回ったと報じた。しかしこれはヒラリーへの慰めに過ぎない。

今回の選挙では大手メディアのほとんどがトランプ当選の予測に失敗した。別の箇所で触れるが大手メディアは中立情報を流さずに反トランプに与したとも指摘された。

しかし少数のメディアは必ずしもそうではなかった。表2はエキサイトしていた選挙戦終盤期（投票日は十一月八日）にみられた少数メディアのポール（有権者アンケート）である。

三　Eメール問題

ヒラリーは一五年四月に出馬表明したもののその身辺には後で致命傷にまで進展する傷跡が見え隠れしていた。その前月に明るみに出た国務長官時代の公私混同Eメール問題である。

この問題の源は、ヒラリーが長官在職時の二〇一二年九月十一日に生じたアフリカ大陸の一部リビアのベンガジ所在米国大使館襲撃事件にさかのぼる。ちなみにこの九月十一日はニューヨーク世界貿易センターが十年前に崩壊した因縁の日でもあった。

このベンガジ事件ではイスラム系テロリストが大使を含む米国外交官四名を殺害した。これを受けた議会はその後「ベンガジ問題特別調査委員会」を設置する。一三年三月までの調査の中で、関連情報の一端にドメイン名「clintonemail.com」のあることが偶然明らかになった。[12] さらにはこのドメインがヒラリー所有で、サーバー中のEメールの中には国務長官としての送受信が含まれていることが発覚した。[13] ちなみに公務メールを私的アドレスで送受信することは国務省ルールに違反する。以上が［第一次疑惑］である。

サーバー公私混同問題はその後、疑惑を受けたヒラリーがサーバー内に蓄積されていた全ての公文書Eメールを国務省に戻したことで落着するかにみられた。ヒラリーは私的メール三万三〇〇〇通を除く全てのメールを国務省に返却したと発表した。[14] しかし私的メールとして返却しなかった中にも公文書メールがあるのではないかという［第二次疑惑］が生じたのである。この疑惑は後にトランプが軽く取り上げることになる。

続いて［第三次疑惑］が出た。これはヒラリーが国務省に戻したEメール中に国家機密文書があったのではないかという疑惑であった。この疑惑は国家安全保障に直結することから一五年七月になりＦＢＩが調査に乗り出した。[15]トランプはこの疑惑を選挙戦終盤期に集中追及することになる。

疑惑は以上にとどまらなかった。［第四疑惑］が浮上したのである。これはクリントン長官が同サーバーを用いて外国政府を含む海外からのクリントン財団への寄付と引き換えに国務省への便宜を提供したのではないかという疑惑である。[16]この疑惑についてはその後ウイキリークスによる関連メールの公開、[17]さらにはロシア諜報機関による関連情報のハッキング嫌疑にまでも肥大化した。[18]

ちなみにその後になり同ハッキング情報の公開が大統領選でのトランプ勝利に貢献したとの論評が流れたが、トランプは大統領当選後に米国諜報機関（ＣＩＡなど）からの説明を受けた後「そのような推定は誤っていることが判明した」[19]と述べる。ロシア疑惑については「第七章」で改めて触れる。

ＦＢＩの［第三疑惑］調査チームはその後ヒラリーに接触した。ヒラリーの場合は特別待遇であった。宣誓抜きの「面談」方式が採用されたのである。[20]その後ＦＢＩが発表した報告書にはヒラリーが「個人サーバー内のＥメールには機密指定情報が含まれていなかったと信ずる」[21]と発言したとの記述がみられた。

当然のことながら議会の「ベンガジ問題特別調査委員会」がＦＢＩ報告書を読んだ。委員会は報告書中の「含まれていなかったと信ずる」の下りに合点がいかず一五年十月ヒラリーを委員会の場に喚問した。喚問はヒラリーの大統領選出馬宣言の五カ月後に生じた。今回は議会ルールに従って宣誓しなければならない。ヒラリーは「機密マーク付のＥメールなどは受信したことも送信したこともない」[22]と証言した。これが後に致命的になる。

調査開始一年後の一六年七月、ＦＢＩがコウミー長官名で調査終結書を発表した。ここでは「ヒラリーは著しく不注意であった。しかし不起訴を推薦する」[23]と記述されていた。ちなみにＦＢＩは捜査機関であり訴追機関ではないから「不起訴を推薦する」などという表現をしてはならない筈である。この出しゃばった表現が一年後のコウミー長官解任事件につながるがこの先で改めて記述する。

FBI調査終結書であるがこの報告書はEメールに機密情報が含まれていたことを暗示することになった。議会委員会は直ちにコウミーFBI長官を喚問することになる。長官は委員会の「不注意の対象は何だったか」の問いに対して「対象には国家機密指定情報が含まれていた[24]」と証言した。長官は明言こそ避けたがヒラリーが偽証罪を犯したことを示唆したのである。

ただ大手メディアは長官が調査終結書の「不起訴を推薦する」の部分を強調し、Eメール問題が最終的に幕引きになることを印象づける報道を流した。

投票日直前の十月二十八日、幕引を否定する出来事が生ずる。コウミー長官の追加発表であった。「別案件のケースから本案件に関連するとみられる新たなEメールの存在を探知した[25]」であった。ヒラリー側から大スケールの長官批判が始まった。探知されたとしてもなぜその発表を選挙後に延期しなかったかとするものであった。この延期論は共和党からも出た。長官辞任論にまで発展しかけた。

しかし一般国民はこの成り行きを冷静に眺めていたようである。FBIへの国民の伝統的な信頼と、コウミー長官がそもそも民主党オバマ大統領により任命されていたことがその背景にみられた。

四　サンダース現象

サンダース上院議員が一五年四月になり、ヒラリーと同日に大統領出馬を宣言した。サンダースは民主党員ではないが同党大統領候補は党員に限られないとする党ルールを利用した。ヒラリーはサンダース出馬を予期していたが、最終的にはサンダースが党予備選をパスする筈がないと読んでいた。前月実施された党員アンケートはサンダースの予備選勝利の確率を三%と発表していたのである。[26]

サンダース出馬の側面には数年来国民人気ナンバーワンの民主党女性幹部ウォーレン上院議員の姿があった。サンダース、ウォーレンの両者は連邦議会の中で政治家の最左翼として知られていた。とりわけウォーレンの場合は言語面での卓越した発進力が買われて議員歴二年目の一四年に、通常は三期（十八年間）の議員歴を要するとされる上院リーダーシップに抜擢された。[27] ウォーレン支援者達は本人に大統領出馬を促すかたわらで支援者独自の選挙運動を始めたぐらいである。この運動は最終的にはウォーレンの四月の不出馬宣言によって解散し支援者の多くがサンダース支援に移行する。[28]

　筆者はこの時点で、ヒラリーでなくウォーレンが民主党指名を得られれば共和党からの対抗馬（誰であるかを問わず）を制することができると読んだ。さらにサンダースが指名を得られてもウォーレンほどではないが、共和党候補と互角に戦えると読んだ。

　話が将来に飛ぶが、大統領選後の十二月になり二〇二〇年の民主党大統領候補者一五名が予測された。第一位にウォーレン、第二位にサンダースの名前がみられる。[29] とりわけウォーレンの場合は一七年会期からの上院軍事委員会委員への就任により同氏に新たな地政学知見がもたらされる点に注目が集まった。[30] 話を戻そう。ウォーレンの大統領不出馬宣言はメディアが同氏をヒラリーの有力な副大統領候補に仕立てたことに関連する。[31] ヒラリーはウォーレンの大統領不出馬宣言の報に接して、まず自身の党内対抗馬が消えたことに安堵した。

　同時に同不出馬宣言が「ウォーレンを副大統領に指名せよ」と暗示することも認識した。ウォーレンと二人三脚すれば大統領当選確率が飛躍的に上がることも承知した。

しかしヒラリーはウォーレンの目玉でもある左翼性が自分の政権のガンになるのを最も恐れた。他方でウォールストリート金融界はウォーレンが副大統領候補に選ばれるのを妨害する工作に取りかかった[32]。ウォーレンはすでに前年から「ウォールストリートを退治する保安官[33]」と呼ばれていたのである。

ヒラリーは最終的にウォーレンを副大統領に指名しなかった。しかしヒラリーはウォーレンの不出馬宣言という政治上の借りに対して大統領当選のあかつきには、ウォーレン思想の一部を自身の政策に採用すると決断した。

サンダース／ウォーレンに共通するのはいわゆる「エスタブリシュメント階層」とは縁遠い層に所在する圧倒的多数者との密着度である。

トランプもポピュリズムに乗って大統領に選ばれた。しかしトランプは、四十歳代まで定職に就けなかったサンダース、少女時代に家計を助けなければならなかったウォーレンと異なり、自らはポピュリストに属することなく[34]、逆に、エスタブリシュメントに類する人生を高レベルで堪能してきた人物である。

七月の民主党予備選ではやはりヒラリーが勝利した。しかしその内容はヒラリー陣営の想定を下回った。選挙人総数の四三・一％がサンダースに投票したのである（ヒラリー五五・二％）。この四三・一％は四カ月前に予想された得票率三％の十四倍に達するものであった。この要因は前月に生じた英国の欧州離脱投票（ブレグジット：賛成五三・四％、反対四六・六％）の結果がサンダース支援の追い風になった。

サンダース支持者は大統領の党籍には関心を寄せなかった。この支持者達は、これまでの大統領は民主党であっても共和党であっても結局はエスタブリシュメント層に迎合したのではないかという強度な潜在意識を持っていた。

このような背景でサンダース支援者の少なくとも一部はサンダースの予備選敗北で燃え尽きることなく、

今度はトランプ支援に移っていったのである。[35]

五　候補者トランプの側面

［トランプのポピュリズム］トランプ当選の一面はポピュリズムに乗ったものであった。前世界銀行首席エコノミスト、ミラノヴィックは「所得の世界から取り残された一般大衆がポピュリズムの要になりトランプ当選を生んだ」と評する。[36]

トランプの場合、ポピュリズム層は白人青壮年の中で大学に進まなかったか、進んだとしても相当額の収入を得るのに要する知識を得なかった層である。実はこの層が有権者中で圧倒的多数を占める。

この点でトランプのポピュリズムは民主党のものとも異なる。民主党ではポピュリズムが大学に進み相当額の収入を得る知見を得た層の思想とされている。したがって民主党ポピュリズムはもともと有権者の最大層を占めるものではない。

民主党はより多くの若者を大学に送るために学費の無償化政策などを熱心に唱える。トランプはそのようなことを一切言わない。同氏は大学という回り道に触れずに現実の青壮年の不満に応ずるための戦略を考案した。これが二つのワンフレーズ、「グレイトアメリカの復活」と「アメリカファースト」であった。これを繰り返し唱えることで有権者の最大層をトランプ票に誘導したのである。

［共和党か民主党か］トランプはある場面では決断の土台を共和党に求める。金融界を規制するドッドフランク法、国民健保を試みたオバマケア法などについては共和党に同調して両法の廃止を唱えた。同氏は別

の場面では民主党に同調する。民主党が唱える道路、橋などの国内インフラの充実につきそのための政府支出を奨励する。

［メキシコ大統領との会見］ 英ファイナンシャル・タイムズは「トランプの二面性」の見出しで次のことを報道する。[37] トランプは選挙戦中の一六年九月メキシコ大統領を急遽訪問し「メキシコ人が実に良く働く」と褒めた。しかし米国に戻ると会見内容の真実とは異なった「メキシコ大統領は国境に建てる壁の費用を負担する」と述べた。

［ヒラリーかウォールストリートか］ トランプはヒラリーがウォールストリート幹部向けの演説で多額の講演料を得たことを批判する。[38] しかし講演料を支払った側の大手バンク側をとりあえずは責めない。トランプは大手バンクに与するわけではない。将来何らかの理由で大手バンクを批判するさいのカードにとって置くのである。

［将軍と兵士］ トランプには将軍を褒める癖がみられる。彼らは軍事力を統率充実させる上で必須の役割を演ずる。しかし実際の軍事力の底辺には圧倒的多数の兵卒レベルが所在する。

トランプは自分流に将軍と兵士を合体させる。つまりトランプが好きな将軍は一兵卒でスタートし長い階段を登った後に四つ星の階級章を手にした将軍である。トランプのこの性向はトランプ政権の人選に表れた。大統領主席補佐官、国防長官が共にそうであった。

［発言補強術］ トランプには独特の発言補強術がみられる。当初の発言に何らかの行動を加えることで前の発言の説得力を補強しようとするものである。メキシコ国境高壁作り構想と、ヒラリーからの女性蔑視発言批判に対するトランプの応戦を例にしよう。

［高壁作り］ トランプ選挙戦の参入当初からの売りの一つは米国メキシコ国境上に高壁を作りその費用をメキシコ側に負担させるとするものであった。[39] その理由付けは「不法入国メキシコ人が米国雇用を奪っている。不法入国がなければ米国雇用は良くなる。国境に高壁を作れば不法入国はなくなる」であった。ところが選挙戦が終盤期に入ると国民の関心は「本当に実現するか」に変わっていった。トランプは選挙終盤期に国境隣接のアリゾナ州で選挙演説を予定していた。聴衆は高壁構想がトランプの口から再確認されるのを期待していた。壇上に立ったトランプは改めて同構想を再言し期待に応えた。それればかりではなかった。「メキシコ側の費用負担は問題がない。実は数時間前、同国大統領が私に確約した」[40] と加えたのである。トランプが急遽メキシコに飛んだことまではニュース速報で報じられてはいたものの、速報を知らなかった聴衆と速報を知ってはいたが会談内容を知らなかった聴衆はこのトランプの行動に驚嘆した。それまでのトランプ関心がトランプ支持のレベルに上がる瞬間であった。

ちなみにトランプ演説の報に接したメキシコ大統領は直ちに「そのような確約をしていない」[41] と声明した。しかし米国民は確約の真偽よりもトランプの行動に目を奪われて「少なくとも確約に近い出来事が生じたのではないか」と思い込むようになる。トランプとしてはそれで満足であった。

［女性蔑視発言］ 前の箇所でも触れたがヒラリー陣営はトランプ側が追及したEメール問題の相殺策とし

てトランプの女性蔑視発言を取り上げた。ヒラリー陣営は女性蔑視発言の中身から推定された被害者女性（一九九六年ミスユニバース）を写真付きで全国に流した。

これを受けたトランプはまず、同発言のあったことを次のように認めた。「実際には男性の多くが同類の発言をしているのが世間だ。自分の発言については謝罪する」[42]。しかし関連行動（本書では詳述しない）の部分については「間違いなくそれはなかった」[43]と断言した。

トランプは州知事夫人時代の「ヒラリーの不倫問題」[44]を取り上げようとしたがメディアはこれに関心を示さなかった。次に、ビル・クリントンの女性遍歴問題との絡みで「ヒラリーがクリントンの被害女性を恫喝に類する方法で口止めした事実」[45]についても同じく大手メディアに無視された。ここでトランプは新たな策を講ずることになる。

それは大統領候補の対決ディベート会場にビル・クリントンの被害者女性達を招くことであった。最初のステップとして、まずトランプは、いまだに後遺症に苦しんでいるとされるクリントン被害者達とトランプとの対談を録画しＹＯＵＴＵＢＥで公開した[46]。続けてトランプは、被害者四名がディベート会場に現れ、本来はトランプ家族のために用意された会場最前列のＶＩＰ席にその四名を座らせると発表したのである[47]。

この発表はワシントン・ポストならびにニューヨーク・タイムズなどの親ヒラリーメディアも報道せざるを得なかった[48]。しかしディベート当日に異変が生じる。主催委員会が「最前列は家族席であり問題の四名は着席する資格がない」[49]と決定した。トランプは直ちに記者グループにこのいきさつを説明した上で四名を後席に座らせた[50]。当初トランプは壇上から最前列の四名を指差しながらクリントンの遍歴を改めて全国民に披露しようとした。この演出は実らなかったものの、少なくとも視聴者はクリントンの遍歴が噂のレベルから実証のレベルに達していたことを確信するようになる。トランプはこのレベルアップに満足した。

注

注1 http://www.democracynow.org/2016/7/28/joseph_stiglitz_to_clinton_don_t
注2 http://www.cnbc.com/2016/10/09/trump-says-his-comments-were-just-words-but-bill-clintons-indiscretions-were-action.html
注3 http://www.cnn.com/2016/10/12/politics/donald-trump-hillary-clinton-podesta-emails/
注4 https://www.bloomberg.com/politics/graphics/2016-presidential-campaign-fundraising/
注5 http://thehill.com/homenews/media/313179-spokesman-media-doesnt-treat-trump-with-respect
注6 http://thehill.com/blogs/blog-briefing-room/news/312362-former-white-house-press-secretaries-weve-never-seen-someone-as
注7 http://www.cbsnews.com/news/new-york-times-trump-declared-a-916-million-loss-in-1995-tax-returns/
注8 http://money.cnn.com/2016/04/20/news/economy/hillary-clinton-goldman-sachs/
注9 http://thehill.com/media/289823-trump-tops-clinton-on-speech-ratings
注10 http://thehill.com/homenews/campaign/285057-five-things-we-learned-from-first-warren-clinton-appearance
注11 http://brilliantmaps.com/did-not-vote/
注12 http://dailycaller.com/2015/06/02/exclusive-house-committee-knows-of-hillary-email-server-whistleblower/
注13 Ibid.
注14 http://www.redstate.com/streiff/2016/06/24/report.-hillary-clinton-destroyed-official-emails/
注15 http://www.thompsontimeline.com/1330/2015/05/22/shortly-after-may-22-2015-apparently-the-fbi-investigation-into-clintons-private-emails-and-her-private-server-begins-around-this-time/http://www.usatoday.com/story/news/politics/elections/2016/07/05/timeline-hillary-clinton-email-investigation/86706098/
注16 http://www.usatoday.com/story/news/politics/elections/2016/08/23/experts-new-clinton-state-dept-emails-

show-donor-access-not-favors/8911856/

注17 https://wikileaks.org/podesta-emails/press-release

注18 http://www.pbs.org/newshour/rundown/does-government-know-hacked-emails/

注19 http://thehill.com/policy/national-security/313089-trump-after-briefing-hacking-did-not-impact-election-outcome

注20 http://www.wnd.com/2016/07/were-mystified-and-confused-by-your-decision/

注21 http://www.latimes.com/politics/la-na-fbi-report-hillary-clinton-email-20160902-snap-story.html

注22 http://www.cnsnews.com/news/article/michael-w-chapman/clintons-sworn-testimony-congress-contradicts-fbi-directors-testimony

注23 http://www.politico.com/story/2016/07/fbi-recommends-no-charges-against-clinton-in-email-probe-225102

注24 https://www.c-span.org/video/?412315-1/fbi-director-james-comey-testifies-hillary-clinton-email-probe

注25 http://www.cnbc.com/2016/10/28/fbi-probing-new-clinton-emails.html

注26 http://www.bostonherald.com/sites/default/files/media/2015/08/12/FPU-BH-0811-Dem.pdf p. 6

注27 http://time.com/3584262/elizabeth-warren-joins-senate-democratic-leadership/

注28 http://www.people-press.org/2016/07/25/in-clintons-march-to-nomination-many-democrats-changed-their-minds/

注29 http://thehill.com/homenews/campaign/311436-top-15-democratic-presidential-candidates-in-2020

注30 https://www.bostonglobe.com/news/politics/2016/12/14/warren-gets-spot-armed-services-committee/TR4Xf6TnDn8izaFSlUDJcN/story.html

注31 http://abcnews.go.com/Politics/polls-shows-hillary-clinton-pick-elizabeth-warren-vp/story?id=40171712

注32 http://www.politico.com/story/2016/06/elizabeth-warren-wall-street-vice-president-224489

注33 http://www.huffingtonpost.com/2015/06/18/elizabeth-warren-rohit-chopra_n_7614538.html

注34 https://www.foreignaffairs.com/articles/united-states/2016-10-06/trump-and-american-populism?cid=%3Fcid%3Demc-post_election_2016-110816&sp_mid=52729146&sp_rid=dGhtc2thdG8xQGdtYWlsLmNvbQS2&spMailingID=52729146&spUserID=MjEwNTExMzQwOTQ1S0&spJobID=1044213447&spReportId=MTA0NDIxMzQ0NwS2&t=1478721607

注35 http://www.zerohedge.com/news/2016-10-02/im-bernie-sanders-voter-heres-why-ill-vote-trump

注36 https://qz.com/626076/the-hidden-economics-behind-the-rise-of-donald-trump/

注37 https://www.ft.com/content/a2b9dbc4-7109-11e6-9ac1-1055824ca907

注38 http://money.cnn.com/2016/04/20/news/economy/hillary-clinton-goldman-sachs/

注39 http://www.cbsnews.com/pictures/wild-donald-trump-quotes/14/

注40 http://www.cbsnews.com/pictures/wild-donald-trump-quotes/14/

注41 http://www.cnn.com/2016/08/30/politics/donald-trump-enrique-pea-nieto-mexico/

注42 http://www.usatoday.com/story/news/politics/onpolitics/2016/10/07/trump-washington-post-women-billy-bush-video/91743992/

注43 Ibid.

注44 http://www.newsweek.com/wh http://www.breitbart.com/2016-presidential-race/2016/05/24/donald-trump-targets-clinton-scandals-from-1990s-whitewater-vince-foster/y-bringing-victims-backfired-trump-508557

注45 http://www.dailywire.com/news/9585/9-times-hillary-clinton-threatened-smeared-or-amanda-prestigiacomo

注46 https://www.youtube.com/watch?v=3BPBCnuBZKQ

注47 http://www.washingtonexaminer.com/trump-seats-the-clintons-accusers-in-front-row-of-debate/article/2604073

注48 https://www.washingtonpost.com/news/post-politics/wp/2016/10/10/trumps-debate-plan-to-seat-bill-clintons-accusers-in-family-box-was-thwarted/?utm_term=.2ee6f3edc9cd
http://www.nytimes.com/2016/10/11/us/politics/bill-clinton-accusers-debate.html?_r=0

注49 http://www.independent.co.uk/news/world/americas/us-elections/presidential-debate-donald-trump-tried-to-get-the-woman-accusing-bill-clinton-of-sex-abuse-sat-in-a7353466.html

注50 https://www.washingtonpost.com/news/post-politics/wp/2016/10/10/trumps-debate-plan-to-seat-bill-clintons-accusers-in-family-box-was-thwarted/?utm_term=.bc272ffd8f99

第二章　トランプ・ホワイトハウス

一　ドナルド・ジョン・トランプ

［**出生**］ニューヨーク市（一九四六年生まれ）、［**職業経緯**］不動産開発、ホテル経営、［**宗教**］キリスト教長老派、［**政党変遷**］一九八七年まで民主党、九九年共和党、〇一年リフォーム党、〇九年民主党、一一年（短期間）共和党、一二年から共和党、［**婚姻**］三回、［**学歴**］ニューヨーク・ミリタリー・アカデミー。フォーダム大、ペンシルベニア大、いずれも経済学、経営学、［**軍歴**］なし、［**財産**］約三九億ドル（自身は一〇〇億ドルと主張）、［**選挙戦責任者交代**］三名。

トランプの大統領就任年齢、政党変遷巡り、婚姻回数、資産額などは大統領史上の新記録になる。この辺りの事情は通常人には理解というか把握が困難である。

1　ドイツ系アメリカ人

トランプ家の出身国であるが苗字が裏書きするようにトランプはアングロサクソンではなく、ドイツ系（祖父はドイツからの移民）[1]である。同系の大統領はフーバー（第三一代）、アイゼンハウアー（第三四代）、トランプ（第四五代）のみである。

大統領選の事後分析として、トランプが選挙戦で激戦州になったペンシルベニア、オハイオなどの四州で勝利したのはこれらの州がドイツ系米国人の拠点であり同系の有権者がほぼ、こぞってトランプに投票したとする見方が出た。[2] 上記四州がドイツ系米国人に満ち、その技術力に依存する製造業州であり、製造業雇用の回復が選挙争点になったという背景がトランプ当選の追い風になった。

小さな出来事になるがドイツ語で生活するアーミッシュ族も大多数がトランプに投票した。文明の進化に同調せず電気、電話、自動車を持とうとしないアーミッシュはトランプの別面での素朴さ（アルコール回避、Eメール回避）に共感した。アーミッシュは全米に散在するがペンシルベニア、オハイオに最も多い。

ドイツ系アメリカ人の背景に触れよう。一六二〇年、アングロサクソン系の移民団がメイフラワー号で米国北東部に上陸した話は日本でも知られている。これとは別に六十三年遅れてドイツ系がペンシルベニアに来た話はあまり知られていない。前述した中でペンシルベニア州の名前が出たがこの州はドイツ系アメリカ人にとって郷愁の州である。ちなみにトランプ（ならびにイバンカ）が選んだ大学はペンシルベニア大であった。

ドイツ系は一般論として口下手である。日系人（ならびに本国の日本人）も口下手であるが異なるのは、ドイツ系は集団思考に立たず物事を個人基盤で決する点である。

口下手は「言うよりも行え」を重視する。その表れがドイツ系による米国製造業の始動・発展であった。ボーイング（航空機）、ファイザー（医薬品）はその名称が物語るようにドイツ系が創業した。世界のトップ企業に位置付けられるエクソン・モービル社の原点はドイツ系ロックフェラーのオハイオ州での粗末かつ小さな石油精製業であった。最近の出来事として、フェイスブック創始者兼CEOザッカーバーグにもドイツ系血筋が入っている。

ドイツ系アメリカ人は単独民族としては、米国内で最大のシェア（四四〇〇万人）を占める。ところが政治舞台に出た人物はこれまでにロックフェラーの子孫数名（ネルソンとジェイ）、元下院議長ギングリッチを除いてほとんどいなかった。英エコノミスト誌はこの辺りの事情を「サイレント・マイノリティー」[3]と報ずる。

ドイツ系が政治舞台に出なかったもう一つの理由は口下手であることとは別に、ドイツ人は歴史的に好戦的人間だという意識が米国内に定着していたからであった。第二次世界大戦は言うに及ばず、第一次世界大戦もその真相は「ドイツが始めた[4]」と把握されていたのである。

2 トランプが明示した誇り

トランプは選挙戦では自らの家系については、知る人ぞ知るに任せて、多くを語らなかった。しかしトランプの態度は大統領当選後になり一変する。公の場で自分がドイツ系であることの誇りと解される言動が出た。この言動は筆者の理解によれば少なくとも次期大統領選への戦略の一部になる。トランプは次のように告げる。

「物事に勝利をおさめるのは天賦の才能からくるのではないか。それは人が有する、つまり人の有する勝利への遺伝子ではないか。正直な話、その遺伝子を育んでいけば素晴らしいことになる、もちろんそれが出来ればであるが。自分はドイツ人の血筋であることを誇る、絶対に誇る。実に素晴らしい（一七年八月十六日）[5]」

トランプは、遺伝子の重要性とドイツ人の血筋という二点を別々のフレーズで巧みに繋いでいる。この二点がワンフレーズになると第二次世界大戦下のドイツ国の総統の言と同じになる。別々のフレーズでも同総統礼賛になりかねないが、必ずしもそうだとも言い切れない。この後で触れる限界人間性がトランプの上記の表現に現れている。

トランプは一七年十月六日、ホワイトハウスの公式の場で副大統領ペンス（ドイツ／アイルランド系）を背後に立たせ、十月六日を「ドイツ系アメリカ人の日」と宣言した。ホワイトハウス史上初めてである。宣言書にはドイツ系アメリカ人がこれまでにアメリカ合衆国に多大の貢献をしてきた事実が書き込まれた。

3　限界人間トランプ

トランプがこれまでの大統領達と最も異なる点は同氏に宿る「限界人間」という、人間の内側の特色である。これは筆者が見出したものであり米国での講演などで紹介し賛同を得ている。

限界、つまり物事のアクションを中途で妥協せずに最後の限界までプッシュするというトランプの姿勢である。

この姿勢は本書の中でも、ドイツ銀行を相手方にした巻き返し訴訟、対ヒラリー選挙戦で用いたEメール問題の執拗な追及などのさまざまな場面に出ている。北朝鮮金委員長に会っても良いとする発言もこれに属する。

人は多くの場合その過程で障害物に行き当たると本能的にブレーキをかける。トランプは多くの場合、時にはスローダウンするがまずブレーキを踏まない。障害物がトランプによって確信を持って認識されればブレーキがかかる。トランプと人とでは障害物の基準が異なる。

4　トランプの身辺事情：個人面

［姉、叔父、妻］トランプの姉マリアンヌは連邦控訴裁判所の判事である。このことからトランプが大統

領に当選したさいには一六年に生じた最高裁判事の空席にマリアンヌが指名されるのではないかと噂された。[6]しかし最終的にはコロラド連邦控訴裁のゴーサッチ判事が指名かつ上院の同意を得て最高裁判事に就いた。ちなみにゴーサッチもドイツ系アメリカ人である。加えれば、トランプの叔父ジョン・トランプはMIT教授として電気技術分野での著名な科学者であった。[7]

トランプの配偶者メラニアはスロバキア国出身のファッションモデルであった。夫ドナルドに同行しながら政治の場面にデビュー中である。しかしメラニアの最大の関心はトランプとの間に生まれた十歳のバロンの教育にあると言われている。

もの静か、控えめというコメントがメラニアに集まった。夫に同行した一七年（七月）のポーランド訪問では夫のスピーチの前座を英語で務めたほか、その後ドイツで催されたG20での晩餐会ではプーチンのパートナー席に着きドイツ語をこなしている。ちなみにプーチンはかってソ連軍の情報将校として長年、当時の東ドイツに駐留し、ドイツ語をこなす。

［トランプの得手］ トランプの最大の資産は他人に好感を持たれる得手である。トランプの長年の友人兼作家のマイケル・ディアントニオは、その著書『トランプの真相：二〇一六年』の中で次のように述べる。[8]

「トランプは父親の意向でニューヨーク・ミリタリー・アカデミーに寄宿舎入学させられ、第二次世界大戦に従軍した舎監ドビアスの下に置かれた。ドビアスが言うには、トランプはドビアスが指導した全生徒の中でずば抜けて相手の操縦術に長けていた。お世辞と親密な態度を示すことで自分の願望を全て充たしていた」

以上は十代半ばのトランプである。この性向がトランプの全容を意味するものではないが、トランプのこの得手は今日まで衰えていない。

［トランプの規律と配慮］　トランプが式典などで敬礼する姿勢は指先がそりかえるぐらいに真っすぐに伸び、過去のどの大統領の敬礼よりも美しいとされている。この姿勢からトランプがミリタリー・アカデミーの規律を体で学んだことが窺える。

トランプは配慮と好感を示す名人でもある。他人にはテレビの視聴者も入る。トランプが一七年（七月）フランス旅行から帰った日の出来事に触れよう。

トランプ夫妻はアンドリュース空軍基地でエアフォースワンからマリーンワン（ヘリコプター）に乗り換えるが、ヘリの搭乗口に数段のステップがあり、その両脇に二名の海兵隊儀仗兵が直立不動の姿勢で立っていた。

トランプと随行員達がステップにさしかかった時、そのうちの黒人儀仗兵の制帽が突風のあおりで三、四メートル横に飛んだ。兵は軍規則で直立不動の姿勢を崩せない。しかし制帽は拾われて儀仗兵の頭に戻った。拾った人物はトランプであった。ステップに足を掛けるのを止めて帽子の所へ小走りしたのである。

随行員達は一瞬呆気にとられたがこの芸当はトランプにしかできない。クリントンもW・ブッシュもオバマも帽子を拾うとは考えられない。トランプ人気の真相の一部はこの出来事が物語る。黒人儀仗兵はこのことを一生忘れないし、白人を含めたテレビ視聴者もトランプの何気ない所作に感動する。この小事は一般人のトランプ観に大きな影響力を与える。

［トランプは保守かリベラルか］　まず保守かリベラルかの境界線は簡単には引けない。共和党員も民主党員も、それぞれの党理念に執着する限りではいずれも保守である。執着せずに改革を立ち上げればリベラルである。困ったことにメディアは保守が共和党、リベラルが民主党と烙印を押している。

しかしトランプは共和党の理念から離れているという意味でリベラルである。ここでメディアが説明に行き詰まることになる。改革を唱えるトランプはメディアの定義からは民主党員になってしまう。さてどうするか。メディア定義を深刻に受け止めなければ良い。

［出征しなかったトランプ］　トランプがベトナム戦争に出征しなかったことは、クリントン、W・ブッシュと同じである。クリントンは徴兵官への度重なる出頭延期申請により、W・ブッシュではベトナム派兵率の低い州兵志願が思惑にかない、いずれもベトナム行きを免れた。

トランプの場合はクリントン達とは異なり、足甲部の骨の膨張という身体障害のために徴兵が猶予された。ちなみにオバマの場合は徴兵が休止されていた。なお徴兵登録そのものは憲法上の兵役義務の下で現在でも続いている。

［反骨精神］　トランプは父親から受け継いだ「反骨精神」を身に付けている。トランプが大学卒業後の七〇年代初頭に父親のニューヨーク地域不動産事業に共同参加した中で、司法省が七三年になり同事業のアパート賃貸に人種差別がみられるとしてトランプ父子を提訴した。

トランプ側はそのような事実はないと応訴した。同時に逆に、一億ドルの損害賠償を国に請求し最終的には和解で訴訟を結着させた。この反骨精神は四十数年後の大統領選で、泡沫候補トランプが、まずは共和党予備選に現れた一六名の著名候補を相手に発揮した戦術の糧になり、ついで本選でのヒラリー候補に向けた戦略の軸としても維持された。

［ビジネス運］一九七六年、二十九歳のトランプに運が訪れた。同年マンハッタン所在の古ホテルをホテル王ハイエット家と組んで低価格で買収した件である。トランプは外装を一新した同物件を八〇年にグランドハイエットホテルとして開業させた。これによりトランプは不動産界の隠れたエースとして初めて脚光を浴びる。

八〇年代になりプラザホテル（ニューヨーク）、ニュージャージー州所在カジノ施設タージマハール、フロリダ州マーラーゴ邸宅などを含む二桁台の著名物件を買収し、モスクワでのホテル建設企画に関わるロシア訪問などでトランプはエースからスターに昇格した。

ベストセラー入りした八七年の自著『Art of the Deal：取引の極意』がこれに拍車をかけた。

しかし同時に個人負債額も膨張した。負債額が一〇億ドルに達した九〇年、金融機関との粘った取引が実り、かろうじて個人破産を免れた。その後再びプラザホテル、タージマハール・カジノなどの数物件が経営難に見舞われ、遂に破産管理下に置かれた。ブルームバーグ情報はトランプの九二年三月当時の状況を「借金地獄から這い上がろうとしている男」[9]と報道する。

その後の立ち上がりで成功したトランプは不動産物件事業を続ける傍で、ワシントン・ニューヨーク間の予約不要シャトル航空経営、不動産ビジネス・コースを教科に取り入れたことで注目されたトランプ・ユニバーシティの開学、スコットランドを含む国内外のゴルフ場経営などを展開し、さらには商標登録した「トランプ」名そのものを国内外に売買ないしリースするようになる。

［**ニクソンからの手紙**］八七年のことである。四十歳のトランプに一通の手紙が届いた。「パットが言うにはお前は大統領になりそうだ、元大統領ニクソン」と書かれてあった。パットはニクソン夫人である。政治眼に秀でたパットはテレビに現れたトランプの言動を眺めて「この人物は立候補さえすれば大統領になれる」と直感し夫に告げたのが手紙の背景であった[10]。

トランプが大統領を目論んだ最初の年は九九年である。三年後の大統領選を目指し正式入党しないままでリフォーム党大統領候補に出馬宣言したが、その後、当選の見込みのないことを自ら悟り翌年、出馬を撤回する。しかし大統領願望そのものはその後も衰えなかった。民主・共和両党間の党籍往復を経て、一五年（六月）になり共和党候補としての立候補を正式表明し、翌年の選挙で大統領に選ばれる。

その直後トランプは三十年前のニクソンからの手紙を国民に披露した[11]。

［**無給の大統領**］深入りしないがトランプは上記リフォーム党の代表ペロウが九一年に出馬したさいの公約を援用した。無給大統領である。トランプが実行した国務省の大幅人員カットもペロウのアイディアである。ペロウはさらに極端であり、海外大使館の閉鎖までも唱えた。大使などは実際には何も仕事をしていないという理由であった。

［**ツイッターなど**］トランプは選挙戦時、大統領当選後、大統領就任後も一貫してツイッター、フェイスブックなどのソーシャルメディアを用いて自分の見解を開示。この方法のみが真実を伝える手段であると主

張する。トランプは総閲覧者数が一億一〇〇〇万に達すると発信する（一七年八月一日ツイート）。ツイッター受領者数は政権発足後も衰えず国内第二位にランクされる約三三〇〇万を維持し、フェイスブック・トランプの閲覧者はこの数をやや下回るがそれでも三〇〇〇万台を維持した。このほかにトランプ個人のウェブサイト閲覧者が加わる。

5　トランプの身辺事情

［伝統を破るホワイトハウス人事］トランプはホワイトハウス人事をこれまでの伝統を逸脱する形で一新した。

まず共和党ブレインとしての著名人材がことごとくホワイトハウス入りしなかった。これにはトランプが呼びかけなかった人物達と、呼びかけに応じなかった人物達が含まれる。

トランプは基本的に、自分が独眼で選んだ人物でホワイトハウス人事を固めた。この選択の中で参考にした材料は自分の身内、選挙戦での功労者、これまでにトランプ事業に関与した人材、自分の政治師匠キッシンジャーの意にかなう人物、ペンス副大統領が推薦した人物、ならびに以上とは一線を画した自らのインスピレーションによる人物であった。

［責任者更迭歴］トランプの特色の一つに責任者更迭歴がみられる。ビジネス運営面では当たり前のこととしても政治面では必ずしも当たり前ではない。

選挙戦での更迭劇から始めよう。まず、予備選直前の一六年六月までの十八カ月間雇用された（田舎バーモント州出身の）リワンドウスキーが突如解雇された。責任者は予備選をまたいだ二カ月間採用されたネオコンかつ親ロシア派のマナフォートに引き継がれた。以上の二名は本書の他の箇所で再登場する。マナフォート後の選挙戦終盤期に現れたのは女性票戦略家法曹のコンウエイ女史（現職、大統領補佐官）であった。

以上の三名はいずれも選挙プロの世界では無名の人物であった。トランンプは自身のインスピレーションを拠り所にして責任者を更迭したのである。客観的には、異なった場面に対応するために異なった人物を選んだのである。ちなみに責任者達には対抗馬側に較べて約二倍の報酬が支払われた。

責任者更迭は政権スタート後も続いた。一八年三月までに、三八名の政府高官がトランプから離れていった。まずオバマ政権時に就任した司法省捜査官僚のトップであるFBI長官、国際諜報に関わる組織のトップであるCIA長官が解雇された。この中でFBI長官は政治色があってはならない職であっただけにトランプグループのロシア疑惑との関係で波紋を生んだ。

そのほかに、自らがいったんは採用したホワイトハウス高官職（首席補佐官、首席戦略官、NSCアドバイザー、広報部長、報道官）にも更迭劇がみられた。メディアは以上の一連の出来事をノーマルではないとしてヒステリックにとりあげたが、トランプにとってはノーマルな行動であった。

ほとんどのメディアが取り上げていないがトランプ更迭劇の背景は二種類に分かれる。一つはトランプへの「忠誠心の欠如」である。コウミーFBI長官、プリーバス大統領首席補佐官の解任が例になる。

もう一つはトランプの政治環境の「調整」に類するものである。選挙戦責任者リワンドウスキー、首席戦略官バノン、国務長官ティラーソン、NSCアドバイザー・ムクマスターなどの更迭が例になる。バノンについては異論も出そうであるが、筆者は身内同士の意見の違いと把握する。リワンドウスキーは政権発足後になり、トランプの下に戻っている。

〔共和党からの乏しいサポート〕トランプは当選後も多くの上下両院共和党議員からの積極的サポートを得られていない。これは選挙戦で同議員達がトランプを支持しなかったことの延長であり新たな現象ではない。したがってこの現象はトランプを当惑させなかった。トランプは逆にこの現象を自身への新活力として吸収した。

政権発足以来始まったのは個別の議員に向けられたピンポイント交流である。交流先はさしあたっては、共和党内のフリーダムコーカス・グループ（自由議員連盟三一名）所属議員に向けられた。このグループはかってのティーパーティーを基盤としている。トランプは党からのサポートに依存しない形で憲法が許す大統領権限をフルに活用した。

権限の主な中身は議会がタッチできない大統領命令、議会から送られてくる法案への拒否権行使である。法案への拒否権行使は政治システムを異にする日本には分かり辛いが、議会で成立した法案を反古にする権限である。

二　トランプの組閣構想

1　組閣構想の底

トランプは当選後直ちに組閣構想に入った。同氏の閣僚指名はこれまでの選挙後五ないし六週間後という過去の例よりも早く、十一月の選挙当月に始まった。トランプは多くの民間人を閣僚に登用した。[12]注目すべきはこれまでの伝統に合致しない人物を閣僚に配置したことである。これは次のことを意味する。

トランプ当選は共和民主の両党を背景とするエスタブリシュメント層の本流が支援したためではなかっ

た。同本流はそのわずかを除き予備選のみならず本選でもトランプを支援しなかったのである。

同本流が少なくとも本選でトランプを支援していればトランプの閣僚人選では本流の意向が考慮された筈であった。そうであればトランプ内閣には同本流の伝統に合致した少なからずの人物が入閣した筈であった。しかしそうはならなかった。この根底にはトランプが許すことの出来ない次の事情がみられた。[13]それは超党派エスタブリシュメントの本流層と大手メディアが連携して展開した次の標語を旗印にした作戦であった。[14]

Never Trump（トランプを絶対に当選させるな）

I am with Her（我ヒラリーと共にあり）

この作戦は次の人物とメディアが主なプレイヤーとなり投票日前日まで続いた。

【主要人物】投資家ソロス、投資家バフェット、金融メディア当主ブルームバーグ、アマゾンCEOベゾス、マイクロソフト創始者ゲイツ、スピルバーグ。

【メディア】CNN、MSNBC、CBS、ABC、NPR、ニューヨーク・タイムズ、ワシントン・ポスト、ナショナル・レビュー、ウイークリー・スタンダード。

ここから窺えるのは反トランプ達が共和民主両党の混合体であったことである。言い換えればエスタブリシュメント本流層は超党派で、トランプ当選を阻むための作戦を展開した。

人物面では、もともと超党派のソロス、共和党寄りのバフェット、ブルームバーグ、ベゾス、ゲイツなどのほかに民主党寄りのスピルバーグが加わった。メディア面では、民主党寄りのニューヨーク・タイムズと

NPR、共和党ネオコン右翼として知られるウイークリー・スタンダード、どちらかと言えば共和党寄りのCNN、MSNBC、CBS、ABC、ワシントン・ポスト（社主、アマゾンCEOベゾス）、ナショナル・レビューがみられる。

ただ、以上は、そこでのメディアの職員全員がこぞってアンチ・トランプであったわけではない。言えるのはアンチ・トランプの記事を新聞でいえば第一面に多く掲げ、TVでいえばアンチ・トランプの意見をゴールデンアワーで強調したりするなどのメディアの姿勢、つまり情報操作を意味する。

2　多様な閣僚候補者

［トランプによる情報収集の企て］　トランプ組閣では候補者達が多数かつ多様なバックグラウンド保有者であった。トランプは候補者との面談の機会を利用して幅広い最新情報を得ることを企てたようである。トランプは実際には閣僚適任の当否とは別の観点で、面談相手方から米国に漂うさまざまな動きを吸収した節がみられた。相手方は生涯の名誉ともなる閣僚席に登用される可能性と引き換えに自身の分析を加えた情報をトランプに無償提供した。情報の内容は、上下両院の動き、知事界の動き、共和のみならず民主党の動き、産業ならびに金融界の動き、米国軍事力の実情と世界情勢の動きという広範なものであった。

［適格者］　候補者のうちで誰が最適格者かはトランプ以外知りようがなかった。他方で、候補者の履歴と選択経緯を通してトランプ内閣がどんな方向を目指すかについては筆者の場合、一定の予測ができた。

もっともこの場合でも注意深く分析することが重要になる。単に軍歴とかゴールドマンサックス歴などの理由だけで判断するのは危険である。キッシンジャーはさらにその先を読み、「トランプ政権を閣僚構成だけで判断するな」[15]とコメントする。

トランプが最終的に仕上げた組閣は少なくともメディア目線からは歓迎されたものとは言えなかった。

PEWポール（世論調査）によればトランプ組閣の支持率は歴代五政権の中で最低の四一％であった（オバマ七二％、W・ブッシュ五〇％、クリントン六二％、H・W・ブッシュ六五％）[16]。もっともポールなるものはトランプの大統領当選を予測出来なかったことが実証するように実際にはさほど当てになるものではない。

三　ウエストウイング・メンバー

ウエストウイングはホワイトハウスの一角を指す。ホワイトハウスを紹介しよう。ここの職員の総数は約四〇〇〇名である[17]。その中に三七七名のスタッフ（補佐官、副補佐官、特別補佐官など）がいる（一七年六月）[18]。補佐、副補佐、特別補佐は官名であり、報道官、アドバイザーなどは職名である。したがって「報道官」は正式には、「大統領補佐官・報道官」になる。

トランプ政権のスタッフ数は前年にみられたオバマ政権の数（四七二名）より少なく、トランプはこれを経費節約として自慢する[19]。さらにその中の三〇名弱がウエストウイング・スタッフと呼ばれる政府頂点層の高官である。この限られたスタッフ達はホワイトハウスの西半分（ウエストウイング）にオフィスを構える補佐官達である。

ウイングの一階に大統領執務室オーバルオフィスがある。この執務室は大統領デスクの背面の外壁が楕円（オーバル）であることからこのように名付けられた。同階には副大統領、首席補佐官、首席戦略官、NSCアドバイザー、報道官、クッシュナー上席参与などの一二のオフィスがある。二階に上がるとイバンカ補佐官（五月までは官名がなく宙ぶらりんであった）、国家通商会議（NTC）事務局長などが占める一四のオフィスがある。

以上のようにして政府の最中枢は数分以内にオーバルオフィスに集合できる。さらに必要となれば国内外の米軍施設・外交施設に映像直結する地下のシチュエーションルームに移動できる。有事となれば国防長官、国務長官などがそれぞれの職場からヘリコプターでホワイトハウスに飛来し同ルームに駆けつける。

1　副大統領　マイク・ペンス（一九五九年生まれ）

副大統領は大統領に万一などの事由が生ずると大統領に昇格する。副大統領に同じ事由が生ずると下院議長（ライアン）、上院プロテンポ（仮）議長（ハッチ）、国務長官（ポンピー）がこの順序で大統領になる。ややこしいが副大統領は同時に上院議長でもあることからホワイトハウスの議会拠点としての役割も担う。

副大統領候補は通常、大統領予備選を兼ねた党大会の前までに確定する。トランプの場合には次の一一名が取り沙汰されていた。

クリスティー（ニュージャージー州知事）、ギングリッチ（元下院議長）、セッションズ（アラバマ選出上院議員）、ファリン（オクラホマ州知事）、コーカー（テキサス選出上院議員）、バー（ノースカロライナ選出上院議員）、コットン（アーカンソー選出上院議員）、エルンスト（アイオワ選出上院議員）、ケイジック（一六年大統領予備選候補、オハイオ州知事）、フリン（退役陸軍中将）、ペンス。

予備選直前の七月初頭までに候補者はクリスティー、ギングリッチ、ペンスに絞られた。[20]

取り沙汰されたクリスティーはトランプとの親密度で他の候補者を抜く。クリスティーの州内には八七年以来トランプ経営のカジノ施設があり歴代の州知事が同施設を側面的に支援してきた。クリスティーは選挙戦の初期段階からトランプを支持してきたが、連邦職に就いたことがないこと、直近になり知事行政面でスキャンダルの生じたことがトランプ指名から外された最大の原因になった。クリスティーが検察官時代にクッシュナーの父親を脱税で起訴し、最終的には同事件が実刑判決になった点を加える見方もある。[21]

ギングリッチ（ドイツ系）は九四年中間選挙で共和党過半数議席を実現させた立役者である。同党の中興の祖とさえ言われた。その後九九年まで続いた下院議長時に示された同氏の政局の読みと口頭表現力は、他の追随を許すことなく、当時の大統領クリントンが展開しようとした少なからずの民主党政策を阻止したことで知られる。

しかしトランプは副大統領としてのギングリッチが数々のトランプ構想にどの程度服従するかの点で確信を持てなかったようである。ちなみに同氏はトランプ政権発足後も一貫して、トランプの熱狂的支持者として数え切れないほどの発言を維持している。

指名されたペンスの持ち味は次のように要約できよう。ギングリッチほどではないが十二年間の下院経験で得た議会地図の読みに長ける。ギングリッチにない州知事界の知見がある。ギングリッチにみられる過度な挑戦指向がない。トランプがエラーをしても直ちに指摘せず、トランプが自ら気付くための環境作りを始める。

ちなみにペンスは地元大学を終えた後ロースクールに進んだが、そのさいにも神学大学院に進むことを熟慮したぐらいに熱心なキリスト教徒（カトリックからプロテスタント福音派〔トランプと同じ〕に改宗）である。

同氏に窺われるこのような純粋さは、他方で下院議員への当初の出馬に二回もの連続落選をもたらした。さらに同氏にはカトリック信者の家系に育ったことと当初選んだ政党が民主党であったという背景があるにはある。

大統領選終盤期の九月、ペンスの次の発言が波紋を呼んだ。

「私はW・ブッシュ政権時のチェイニー副大統領を手本にする」[22]

これには、巻にみられたトランプへの不安定感を和らげることと、トランプ政権が成立した際には副大統領が実質的に大統領を監視するという意味が込められていた。

この監視面が、全国の共和党員にある種の安堵感を与えたようである。

ペンス家にはトランプ家に見出せない軍人色がみられる。ペンスの父親は朝鮮戦争に従軍し、ペンスの息子は現役の海兵隊将校である。ペンス夫妻は一六年末、トランプからのマーラーゴ邸宅への招待を受け流し、息子のいるミシシッピー州の海兵隊基地でクリスマスを過ごした。

2　イバンカ・トランプ（一九八一年生まれ）

［出生］ニューヨーク市、［職業］父親トランプの事業に参加、［宗教］ユダヤ教、［政党］いずれの党にも属していない、［婚姻］一回、夫ジェアード・クッシュナー、［学歴］ペンシルベニア大、経営学、［軍歴］なし。

大統領の娘イバンカはトランプの身内スタッフとして政権発足と同時にホワイトハウス入りし、四カ月後に上席参与（大統領補佐官）になった。父と同じく無給である。イバンカにはトランプ選挙戦で裏方の指揮官役を演じたことのほかに父親が有しない次のような特色がみられる。

七年前のジェアード・クッシュナーとの婚姻直前に夫のユダヤ教に改宗した。大統領の身内にユダヤ教信者がみられるのは史上初めてである。言うまでもなくユダヤ教は米国政財界のほかにも法曹・医師界に著しい影響力を有するユダヤ系米国人のマスコット宗教である。イバンカの交流先は広範囲に及ぶ。親友チェルシーを通じたチェルシーの両親クリントン夫妻、クリントン政権時の副大統領ゴア、国際コンサルタント・キッシンジャー、ウォールストリートのCEO達、ハリウッドのビジネス経営陣ならびに著名俳優など。イバンカは婚姻前、現在のロスチャイルド財閥プレイヤーであるナット・ロスチャイルドとも付き合っていた。[23]その意味で魔女である。

イバンカ夫妻は最終的には、父親政権内の上席参与としてホワイトハウス入りした。同夫妻は連邦公務員の兼職禁止規定があるためにこれまでのビジネスから一時的に引退した。ホワイトハウス史上初めての「ファーストドーター」職を軸にした社交／政治が展開されるに至った。[24]

イバンカはホワイトハウス・ウエストウイングの二階にコンウエイ参与（選挙終盤期の責任者）の部屋と隣り合わせにオフィスを与えられた。ちなみにイバンカはビジネスを通じた（日本を含む）国際知識が豊富であり、父親の当選直後に生じたトランプ―安倍面談に隣席したほか、[25]トランプ―アルゼンチン大統領電話会談にも飛び込み参加した。[26]一七年七月の国際会議G20ではイバンカが父親の代理として米国大統領席に座った。両脇にプーチンと習が着席しているという光景であった。これは父親が別室で日本の安倍首相と面談するために中座したためであった。外交官でもないイバンカが大統領席を占めたことで米国では超党派で非難された。今後であるがこれまでのホワイトハウス観から説明困難な出来事が生ずるとすればイバンカの動きが影響している可能性もある。

一七年十一月、東京でイバンカと父親のすれ違いがみられた。イバンカがトランプの訪日前日に東京から帰国したのである。イバンカは日本政府主催「世界女性会議」の講演のために東京を訪れていた[27]。一方でイバンカには父親の訪日日程が詰められた前にすでに反トランプ州であるカリフォルニアでの「トランプ減税法案」をプッシュするための演説日程が設定されていた[28]。イバンカは父親に会うよりも減税法案の議会パスを優先させた。ちなみに同法案は翌月上下両院を通過した。

イバンカは異母兄弟姉妹としての、ドナルド・ジュニアー（一九七七年生まれ）、エリック（一九八四年生まれ）、ティファニー（一九九三年生まれ）、バロン（二〇〇六年生まれ）を有する。この中のジュニアーとエリックは父親が大統領に就任にしたことでトランプ・オーガニゼーション事業を継承した。ティファニーはジョージタウン大学ロースクールの学生である。

3　ジェアード・クッシュナー（一九八一年生まれ）

［出生］ニュージャージー州、［職業］不動産実業家兼『ニューヨーク・オブザーバー紙』社主、［宗教］ユダヤ教、［政党］民主党、［婚姻］一回、妻イバンカ・トランプ、［学歴］ハーバード大（一般教養）、ニューヨーク大（経営学、法学）、［軍歴］なし。

身内の他の一人はジェアード・クッシュナーである。大統領補佐官・上席参与としてホワイトハウス入りした。イバンカと同じく無給である。ニューヨーク地域不動産デベロッパー、チャールス・クッシュナーの長男として出生したジェアードは、父親から体で学んだビジネスが身に付いていた。すでにハーバード大学生時代、投資で稼いだ中の一〇〇〇万ドルを『ニューヨーク・オブザーバー紙』の買収に用い[29]、二十歳代の初めで学生兼メディア社主の生活を送ったのである。ジェアードがハーバード大に入学できたのは父親による同大学へ事前寄付（二五〇万ドル）であるとの報道もみられる[30]。ちなみにユダヤ系の家庭が他の系に較べて著しく教育に熱心であるのは筆者が常々出会う現象である。

ジェアードの父チャールスもトランプ並みの勢いのあるビジネスマンとして知られていた。チャールスは二〇〇七年ニューヨーク五番街の単独建物物件を一八億ドルで買収したがこの金額は単独建物の買収価格としては史上新記録になった[31]。ジェアードはその後の〇八年父親の事業クッシュナーカンパニーのCEOに就任し一一年には個人として同建物の五〇％持分所有者になる。

フォーチュン誌は「著名なタイムズスクエアービルを買収した[32]」としてジェアードを一五年の「最も影響力ある四十歳未満のビジネスマン第二五位[33]」にランク付けた。

ジェアードはその他のほとんどのユダヤ系米国人がそうであるように民主党員である。ジェアードの政治面での頭角は義父ドナルドの選挙戦で用いられたインターネット利用の選挙資金集め（アラモ・プロジェクト）[34]であった。ここでドナルドはジェアードの別の才能に気付く。

ジェアードは選挙戦責任者の査定、メキシコ大統領に会う価値、ペンス副大統領候補指名などを義父に助言した[35]。選挙後は、政権移行チームの裏面での総括責任者になり、やがてはトランプの習中国主席との会談をホワイトハウスではなくフロリダで催すことなどを進言した。

ワシントン・ポストはジェアードを「決してブレない（義父）忠誠者[36]」と評したが、筆者はこの評には若干の疑問を抱く。ジェアードには一見柔らかで冷静な面がみられるがその奥に強烈な自我意識とそのプライドが宿っている。トランプはこれまでジェアードを必要としてきたがジェアードは必ずしもトランプを必要としていない。両者間には溝の兆しさえもみられる。[37] ジェアードが時に発言する国際協調主義がトランプのアメリカファーストに整合しない面のあることが今後の政権内で問題視されている。

ウォールストリート・ジャーナルが一七年五月、ジュアードが国際金融界の目玉であるゴールドマンならびにソロス・グループと密着していると報じた。[38] この二社が熱心な民主党支援者であることからすれば二社からの民主党員ジェアードへの傾斜は自然であるが、義父が共和党大統領であることからすれば全体的には不自然になる。

六月になり、ジェアードが大統領選の側面で生じたロシアによる対ヒラリーなどへのEメールハッキングに関わった疑い、ホワイトハウス・クレムリン間の非公式通信ライン設定を企てた疑いが出るに及んだ。

4 首席補佐官ジョン・ケリー（一九五〇年生まれ）

現在の首席補佐官ケリーは一七年（一月）の政権発足時に国土安全保障省（DHS）長官として入閣したが、その後七月になり、二代目の首席補佐官に就任した。

首席補佐官は建前としてはホワイトハウスの全スタッフを取り仕切る。日本の中曽根元首相が大統領は日本の天皇に相当し、首席補佐官は首相に相当すると述べたことがあるが的を射た表現である。

大統領と首席補佐官の関係についてはクリントン大統領が幼稚園時の旧友ムクラーティを選んだことが物語るように高度の相互信頼がなければならない。ケリーの略歴と国土安全保障省長官ならびに首席補佐官への就任理由を見よう。

米国東海岸ボストンで育ったケリーは高校生時の十六歳、西海岸のシアトルに向けてヒッチハイクをしたことを自賛する。ケリーの最初の職は高校卒業後、ベトナム戦争下の同国への物資補給などに携わった米国商船団（海軍下の商船組織）の下級船員であった。

七〇年、一兵卒として海兵隊に入隊し二年後に軍曹の階級で除隊した。その後ボストンに戻り四年間マサチューセッツ州立大で学んだ後に再び海兵隊に、今度は士官として入隊した。

海兵隊の実戦組織は三カ所（西海岸〔第一遠征軍〕、東海岸〔第二遠征軍〕、沖縄〔第三遠征軍〕）に所在するがケリーは第二遠征軍で主に地上戦部隊の参謀ならびに指揮官として勤務した。

将校時代にはＮＤＵ（国立国防大）を含む各種の軍内高等教育機関で戦術教育を学び同時に教官としても同機関に携わった。第一遠征軍に短期間所属した時期にイラク戦争に派遣され、そこでの功績が賞賛された結果、戦場の場で将官に昇進したという異例な記録保持者である。

ケリーの胸中の真髄は太平洋戦争での「ガダルカナル戦と硫黄島戦で展開された海兵隊魂」とされる。

ケリーはその後のワシントン勤務（ペンタゴン、米国議会）を経て米国南方軍（メキシコならびに南アメリカを所轄）司令官に抜擢された。最終階級、海兵隊大将。なおケリーの二人の息子はいずれもケリーに見習い海兵隊に一兵卒として入隊し後に士官に昇進している。息子の一人ロバート・ケリー少尉（二十九歳）が二〇一〇年、アフガニスタンで戦死した。現役将官の子息の戦死は米国でも珍しかった。

ケリーの国土安全保障省長官への就任は同氏が南方軍司令官時に把握したメキシコ知見と同氏の米・メキシコ国境高壁作りへの賛同がトランプを説得したようである。

ケリーの首席補佐官への就任理由についてはさまざまな見方が浮上したが決定的なものとしてはケリーの、柔らかいが毅然とした軍隊流の統率力、超党派の価値観（共和党員でも民主党員でもない）がトランプの決断を導いた。

5　NSCアドバイザー　ムクマスターからボルトンへ

◆H・R・ムクマスター（一九六二年生まれ）

ムクマスターは一八年三月に更迭されたが、同時点までに数多くの面でトランプに貢献した人物であり本書の中でも少なからずの場面に登場することから同氏について触れておく。

まず、NSCは国家安全保障事項を調整する機関である。軍事事項がメディアを賑わすがNSCは経済事項も所轄する。例えばTPP交渉の指揮官役を演じたフロウマンは前職のNSC時代から同交渉に関与していた。

NSCの構造を説明しよう。NSCにより調整される側の省庁は国防総省、国務省、商務省、USTR（合衆国通商代表部）などというように幅広い。NSCは建前からは静かな機関である。しかし実際にはさまざまなNSC補佐官発言がメディアにより注目されるが、これはNSC発言が大統領発言であるとメディアが（勝手に）認識しているからである。発言面ではNSCはNSC、大統領は大統領である。

NSCは三層構造になっている。第一層（常任委員）はNSCアドバイザーならびに副アドバイザー、極めて限られたホワイトハウススタッフ、同じく限られた省庁長官をメンバーとする。ちなみに副アドバイザーにはキッシンジャー事務所出身のムクファーランドとW・ブッシュ政権時の官僚パウエルが就任した[39]。両名とも女性である。第二層は各省庁の次席レベルがメンバーになる。第三層がNSC内の専門スタッフにより構成され、実際には実務上重要な役割を演ずる。NSCアドバイザーにはレーガン以来の五政権で軍事知見者が就任してきた。直近三政権ではクリントンならびにW・ブッシュ政権での安保学者（レイク、ライス）、続くオバマ政権での退役海兵隊大将（ジョーンズ）などがみられた。

ちなみに日本ではNSCアドバイザーが「国家安全保障問題担当大統領補佐官」と訳されているがこれは正しくない。この肩書きに該当する大統領補佐官は複数いる。しかしNSCアドバイザーは一人しかいない。

ムクマスターは現役陸軍中将のままでアドバイザーに就任した。現役という点が異例である。当初に就任した退役陸軍中将フリンが解任されたための後釜であった。[40] ムクマスターはウエストポイント士官学校時ラグビー選手として活躍した。任官後は湾岸、イラク、アフガニスタンの三戦争に従軍した。イラク戦争時「Clear, Hold, Build：掃討、保持、陣地構築」信条を実行し、タイム誌による二〇一四年の「影響力ある世界一〇〇名」に名を連ねる。[41]

ムクマスターには特異な出来事がみられた。一九九七年に出版された著作『任務怠慢』の中でベトナム戦時の米軍上層部（マクナマラ国防長官など）の行状を厳しく批判したことであった。そのためにペンタゴン内上層幹部はムクマスターに関わる上院宛の将官推薦書を二度にわたり保留した。トランプはまずタイム誌上のムクマスターに興味を抱き始め、同氏の右著書を読んだ。最終的にはペンタゴン異端者とされていた同氏をNSCアドバイザーとして迎えた。ムクマスターが驚いたのは言うまでもない。

◆ジョン・ボルトン（一九四七年生まれ）

ボルトンには七年間の軍歴、十三年間の国務省高官職と十五年間の法曹（国際法分野）経験が窺える。トランプが二〇一六年三月ムクマスターの後任としてNSCアドバイザーに抜擢した時点ではシンクタンクAEIに所属する傍でFOXニュース・コメンテーターとしてトランプ政権の各様の政策を国民に解説する役割を担っていた。ボルトンの最大の特色は同氏が米国外交政策を発信する中で国際協調主義の対極にある米国独自路線を唱えてきた点である。この面で同氏の見解はトランプの「アメリカファースト」に重複している。本書の別の箇所で触れたようにトランプは同氏を国務長官候補者リストに掲げていた。

6　USTR代表ロバート・ライトハイザー（一九四七年生まれ）

米国通商代表部（USTR代表）は正式閣僚（一五名）ではないが閣僚レベル職（六名）とされている。したがって同代表は閣議の場で定席を有する。この定席が確立したのはW・ブッシュ政権で同代表に就いたゼーリックが「閣僚待遇でなければ就任を断る」[42]と述べたことに始まった。USTR代表が定席を得たことで同代表は政府全体の戦略を確実に把握できるようになった。トランプ政権のさしあたっての通商プライオリティーは対中戦略に置かれた。商務長官ロスがそのリーダーシップを担う中で同長官の手足としての職務を演ずるUSTR代表はロスの助言者兼執行者の役割を果たさなければならない。

トランプが最終的にライトハイザーを選んのは、次の理由からであった。

まず商務長官ロスは百戦錬磨の人物であるがUSTRの内実をほとんど知らない。同じく議会の内実も良く知らない。したがってロスが実務的にUSTRを取り仕切ることを前提としたシナリオは成り立たなくなった。

ライトハイザーはレーガン政権USTRブロック代表の副代表としての役職をこなしたほかに、通商事項を所轄する上院財務委員会で首席スタッフをそれぞれ経験した。それ加えて約三十年に及ぶ通商問題専門の法曹実務家としての知見を有する。とくに同氏の「スーパー三〇一条問題」に関わる対日交渉経験がトランプの関心を高めた。

三〇一条は一九七四年に制定された通商法の一部であり、その特色は「USTRが貿易相手国の不公正な振る舞いに対して制裁措置（関税引上げなど）を発動できることである。この発動は議会の同意を要しない。

ライトハイザー指名はトランプが中国・日本・ドイツなどの恒常的な貿易黒字国に向けたトランプ／ロス／ナバーロ構想の忠実な執行を担保する意味が込められている。

7 NTC事務局長ピーター・ナバーロ（一九四七年生まれ）

カリフォルニア大教授ナバーロが新発足したNTC（国家通商会議）事務局長に就いた。同氏は学界では古くから対中政策の強硬論者として知られていた。ナバーロ夫人は中国出身である。『対中戦争の到来』（The coming War with China、二〇〇八年）、『中国がもたらす終焉』（Death by China、二〇一一年）などが同氏の著書リストにみられる。

ナバーロは選挙戦終盤期でのトランプの中国批判発言の中核としての役割を果たすかたわらで、本選直前の九月、ロス（現商務長官）との共同執筆で『トランプ経済プラン』を発表している。

トランプ政権では貿易イッシュの権威者が複数になり、一時はそれで良いかとの懸念も上がった[43]。ナバーロのほかに、USTR代表ライトハイザー、商務長官ロス、同次官カプラン、国際交渉特別代表グリーンブラット、さらには元商務副長官サリバンが国務副長官に就いている。トランプ政権ではこれまでの政権の場合と異なり、実際にはトランプとロスが共同で最高指揮官の役割を演じる流れになりそうである。

8 前首席戦略官スティーブ・バノン（一九五三年生まれ）

バノンは辞任するに至ったが、トランプの今後に影響力を与え続けるという意味で紹介に値する。バノンの性格には挑戦ならびに対決という双方の傾向が見られる。トランプも挑戦傾向がありありであるがバノンと異なるのは対決色の薄いことである。トランプはやはりビジネスマンに落ち着く。

バノンはトランプが一六年（十一月）の大統領に当選した直後に選ばれたウエストウイング・スタッフ第一号である。それ以来バノンは翌年八月に辞任するまでの間、トランプの最側近スタッフとしてトランプ政策の重要課題に携わった。

バノンはトランプとの直接交流が選挙戦終盤期に始まった点で他の多くのホワイトハウス参与達と異なるが、バノンの桁外れの戦略企画能力がトランプに買われた。選挙戦末期には実際にはコンウエイ総責任者の上席にランクされる選挙CEOに就任している。バノンは紛れもなく米国右翼界の代表であり、これまでに右翼紙『ブライトバート』の主筆であったことのほか、右翼観にもとづいた一九本もの映画（ロナルド・レーガン賞作品を含む）の脚本家、監督などを経験している。

バノンの世界観はトランプのアメリカファースト宣言に競合する面が多く、率直な話、アメリカファーストの立案参謀の役割を演じた。トランプの大統領就任演説はバノンにより執筆されている。[44]

同氏の右翼観は映画産業への傾斜が例になるが、イデオロギーよりも国民との接着を重視する。右翼界で最も知られたチャールス・クラウトハマー（ウイークリー・スタンダード紙社主）のイデオロギー重視、すなわちインテリ層向けの発信とは異なっている。

アイルランド系カトリック信者で電気通信大手AT&Tの社員の息子として生まれたバノンはトランプもそうであるが、私立ミリタリースクールを卒業した。七一年、バージニアテック大に進み理工系分野の知識を得る。同大卒業後将校として七年間海軍に勤務したが、その間、太平洋軍での駆逐艦の兵器担当将校、ペンタゴンでの海軍作戦班に所属した。海軍在籍中に国際安全保障（ジョージタウン大学修士）、経営学（ハーバード大学MBA）などの学位を得た後の七六年、ゴールドマンサックスに入りその後十四年間、主にM&A（企業合併ならびに買収）業務部門を担当した。ロスアンゼルス支店に派遣された八七年、バノンは同地のハリウッド映画産業と交流を始め、最終的にはゴールドマンサックス副社長に昇進した年の九〇年、同産業への投資を含めた事業を展開するためにバノン&カンパニーを立ち上げた。

ホワイトハウス首席戦略官に就いた後のバノンは、メディアからトランプ政権を牛耳る人物とまで評され、一月末の『タイム』誌はバノンを表紙に掲げてバノンが事実上の米国大統領であるとまで描写した。その中で、NSCの常任委員就任とその後の辞職エピソードが関心を招いた。

真相は当初のNSCアドバイザーに就いたフリンの出来事にリンクする。フリンは着任後、駐米ロシア大使との密着などが明るみに出たことで辞職に追い込まれたことになっている。しかしホワイトハウス内では同ケースとは別な形でフリンの自己主張の固執性が懸念されていた。トランプはこの懸念に気付きバノンをNSC常任委員に就かせることでフリンの固執性を中和させようとした。最終的にフリンが辞職したことで連鎖的にバノンの役割が終わった。メディアはバノンが降格されたと報じたがこれはメディアの知見不足である。

バノンは北京で一七年九月、中国政府の前国務委員王岐山《ワン・チーシャン》と会談した。[45] 王氏は青年期に習国家主席と寝食を共にした仲であり一八年三月になり国家副主席に就任した人物である。バノンのこの人脈ネットワークは今後のトランプ政権の対中戦略でのブリッジになりそうである。

四　キャビネット・メンバー

米国のキャビネットは日本の内閣とはまるで異なっている。日本は憲法第六五条に書いてあるように内閣は意思決定機関であるが、米国のキャビネットはそうではない。米国憲法第二条は大統領が個人としてのキャビネットメンバー（国務長官など）に助言を求めても良いと書いてあるだけである。

日本では閣僚（大臣）が欠けると直ちに補充されるが米国ではその必要はない。極端な話、米国では閣僚が一人もいなくても政権運営ができる。大統領が各省庁の長官代行（官僚）に指示すれば済む話である。

米国の閣僚達は大統領が意思決定するまでは自分の見解を自由に発言できる。時折であるが、大統領発言と辻褄が合わない見解さえ出て来る。

北朝鮮対処問題につき一七年七月、国務長官は北朝鮮の金正恩体制を変えることはないと発言したが[46]、CIA長官は同体制を変えたほうが良いとする[47]。しかしいったん大統領が意思決定すれば両者ともこれに逆らえない。

米国でも閣議があるが定例ではない。トランプが最初のフルメンバー閣議を催したのは政権発足五カ月後であった[48]。閣議の参加者も日本とは異なる。伝統的に主要官庁の各長官のほかに閣僚待遇の政府高官達が加わる。閣僚待遇とはウエストウイングにオフィスを構える大統領側近と普段はニューヨークに駐在する国連大使である。トランプもこの伝統を受け継いだ。トランプは閣議の進行模様の一部を報道陣に公開することさえもある[49]。

1　国務長官　ティラーソンからポンピーへ

◆レックス・ティラーソン（一九五二年生まれ）

国務省は米国外交政策の発信源である。この省では外交のみならず、通商、安全保障の世界戦略が横断的に練られる。国務長官選任事情についてはやや詳しく見てみる。

過去を見ると、クリントン政権では以前の民主党カーター政権で国務省高官を務めたクリストファーが、

W・ブッシュではいったんは大統領候補と目されたパウエル陸軍大将が、オバマではファーストレディ経験者ヒラリーが長官に就任した。

トランプは以下の候補者達の中で、最終的にはティラーソン（エクソンモービルCEO）を選んだ。

【外交官】アーミテッジ（元国務副長官、ヒラリー支援者）、ボルトン（元国連大使）、ハンツマン（元中国大使）、カーリルザッド（元国連大使）。

【政界】コーカー（テキサス選出上院議員）、ガバード（民、ハワイ選出下院議員）、ギングリッチ（元下院議長）、ジュリアーニ（元ニューヨーク市長）、カイル（元アリゾナ選出上院議員）、ローラバッカー（カリフォルニア選出下院議員）、ロムニー（一二年大統領候補者、元マサチューセッツ州知事、ヘッジファンドCEO）、ウエブ（民、元バージニア選出上院議員、元海軍長官）。

【軍人】ケリー（退役海兵隊大将）、ムクリスタル（退役陸軍大将）、ペトレアス（退役陸軍大将、元CIA長官）、スタブリディス（退役海軍大将）。

【民間】フィオリーナ（一六年大統領予備選候補、元ヒューレットパッカードCEO）、ハース（外交評議会会長）、ポールソン（元ゴールドマンサックスCEO、元財務長官、ヒラリー支援者）、ティラーソン。

上記候補者達は十二月初頭までにボルトン、ジュリアーニ、ロムニー、ペトレアス、ティラーソン、スタブリディスに絞られた。

ボルトンは国連大使時代に「アメリカファースト」と解釈される多くの発言を通じて共和党員からの賛同を得たが右翼思考が過剰であった。その真偽は別としてトランプは同氏の髭を好まなかったとも伝えられた。

トランプ選挙戦で再側近の一人として仕えたジュリアーニには世界に向けた押しがないことと、十二月初頭になり「入閣要請があったとしてもそれを辞退する」との発言があったために人選から外れた。

ペトレアスがいったんは有力視されたが不倫相手に国家機密を流した事実がネックになった。コウミーFBI長官がヒラリーEメール事件では必ずしも証拠が固まっているわけではないが、ペトレアスの国家機密漏洩件では被疑事実が立証されたのである。

退役海軍大将スタブリディスは急浮上の人物であった。スタブリディスが指名されるとトランプ内閣の国務ならびに国防長官の両職が史上初めて大将クラスの軍人により占められることになり（ペトレアスが指名されたとしても同様）、スタブリディスの上院承認が難題になるとされた。

◆選ばれなかったロムニー（一九四七年生まれ）

この人物は別格である。

四年前の大統領選で対抗馬オバマと対決した結果は三三二対二〇六の完敗であったが、ロムニーが備えた中庸性という共和党伝統派の思想はその後も党内で同氏への信頼として維持された。

今回の選挙ではロムニーは予備選の段階でトランプを「詐欺師」[50]とまで表現した後、両者間で音信不通が続いた。しかしトランプ当選の直後、ロムニーから「よくやった」[51]のメッセージが寄せられた。

トランプは瞬間的にロムニーを自分の配下にすることを思いついたようである。ロムニーが参加すれば同氏のパワーでトランプの最大懸念であった共和党伝統派との緊張が溶ける。しかし同氏を配下に置くためには同氏が納得し得る閣僚席を提供しなければならない。その席は国務長官職以外には考えられなかった。

トランプはまず「駄目元」の心境でロムニーとの会見を企てる。ただ自尊心に満ちたロムニーがトランプタワーに足を運ぶことはありえなかった。トランプは自身が所有するゴルフクラブにロムニーを招くという案を提示し、まず同氏からの了解を取り付けた。

ところがトランプ陣営で波風が立った。[52]「あなたを詐欺師と呼んだ人物になぜ最上位の閣僚席を与えるのか」[53]であった。この時ばかりはトランプも悩んだとされるが、結局は陣営からの助言は取り上げられることなくロムニー会見が実行された。

しかしトランプも慎重であった。会見後トランプは「ロムニーを国務長官リストに入れる」[54]とだけ述べ、ひとまずの敬意をロムニーに示した。その後両者は再び面談した。この時も同氏への敬意を表すために会見場所はトランプタワーではなく市内最高級レストランが選ばれた。

結果的にロムニーは国務長官に指名されることはなかった。しかしトランプが演出したロムニーショーは両者間の緊張緩和を共和党全体に示したという意味で将来のトランプを利する効果を生んだ。

◆ティラーソン

選ばれたティラーソンを見よう。油田州テキサス出身でこれまでの人生をロックフェラー財閥の旗艦事業エクソンモービルに賭けてきた同氏は、キッシンジャーに次ぐロシア通である。[55]同氏はキッシンジャーと異なりロシアを含めた世界のエネルギー界要人との間でビジネス人脈を有する。[56]

キッシンジャーはトランプ当選の直後トランプタワーを訪れた。両者の出会いそのものは数年前にさかのぼるが実質的な交流は、前の箇所で触れたようにトランプが予備選を制することが事実上決まった直後にトランプがキッシンジャー宅に招かれたことに始まる。[57]

九十三歳のキッシンジャーはロムニーが発する威厳とは別種の威圧とも言うべき影響力をトランプに投

じた。タワーを訪れたキッシンジャーはトランプに対しティラーソンを国務長官に指名することを求めた（トランプ側近談）[58]。

キッシンジャーは指名後のティラーソンにつき「ロシアとの関わり合いは全く問題ない」[59]とコメントする。さらに数日後になり元副大統領チェイニー、ならびに元国防長官ゲイツからも「ティラーソンは良い選択」[60]とするコメントが寄せられた。

ティラーソンにはロックフェラー家の特色である社会奉仕（シカゴ大創設、国連本部敷地供与、その他数十件の寄付行為）に連なる意味で、米国ボーイスカウト連盟会長としての非常勤職に積極的に取り組んだ経緯がみられる[61]。

ティラーソンの国務長官就任により、少なくともトランプのエネルギー分野構想の補強、エネルギー政策を経由したロシアとの新協調が始まるとみられた。中国見解については一月初頭の上院外交委員会の場で「南シナ海での人工島構築は認められない」[62]と一蹴した。これを受けた中国グローバル・タイムズは「トランプ外交チームが将来の中米関係をそのように行動すれば、中米両国は軍事衝突に備えるべきだ」[63]と反撃した。

◆マイケル・ポンピー（一九六三年生まれ）

ポンピーはトランプ政権のCIA長官から国務長官に抜擢された。CIA長官時にトランプに多様かつ詳細な諜報情報を的確に伝えた点がトランプにより認められた。ポンピーには他の閣僚と異なる、陸軍士官学校、ハーバード大（法）の学歴を有するほかに、九〇年代の湾岸戦争に戦車隊中隊長として従軍した経歴がみられる。CIA長官に就任するまでは米国の保守州カンサス選出下院議員として六年間、政治に関わってきた。議員時代には共和党内超保守の立場であった。

同氏の国務長官指名の報に接したウォルシュ記者（ニューヨーク・ポスト）は「ポンピーはトランプが稀に信頼する人物であり、トランプ政権内のキッシンジャーになりつつある。ポンピーは好かれるというよりも恐れられる[64]」と評する。

2 国防長官ジェームス・マティス（一九五〇年生まれ）

国防長官指名は難題の一つである。指名時点で米国が戦争継続中か否かが重要ポイントになる。イラク戦争続行時に選ばれた大統領オバマは直前のW・ブッシュ政権で就任していた国防長官ゲイツを躊躇なく続投させた。トランプの場合は、米国がこれまでのレベルでの戦争と言える程度の軍事介入をしていなかったので、フリーハンドで国防長官を選べた。

トランプは選挙戦時の外交政策演説の中で米国軍事力の強化を唱え[65]、イスラム系戦闘団体ＩＳＩＳへの強力な対処を強調した。これにより新国防長官はトランプ政策を実現できる知見を有する人物でなければならなくなった。

この人選は最終的にはマティス（退役海兵隊大将）で幕引きになったが、それに至るまでには以下の候補者がリストアップされていた。

【将校以上軍歴】コットン（アーカンソー選出上院議員）、フリン（退役陸軍中将）、ガバード（民、ハワイ選出下院議員）、ハンター（カリフォルニア選出下院議員）、ペトレアス（退役陸軍大将）。

【政界】コットン（前同）、ガバード（前同）、ハンター（カリフォルニア選出下院議員）、アヨッテ（ニューハンプシャー選出上院議員）、ペリー（一六年大統領予備選候補、元テキサス州知事）、セッションズ（アラバマ選出上院議員）、タレント（元ミズーリ選出上院議員、元上院軍事委員会委員長）、ウエブ（民、元バージニア選出上院議員、元海軍長官）、カイル（元アリゾナ選出上院議員）。

【官僚】ハドリー（元NSC安全保障担当大統領補佐官）、ウールジー（元CIA長官）。

以上の中でセッションズが一時最有力に上がったが同氏は早めに司法長官に指名された。この理由は同氏が絶えず主張してきた「小さい政府論」がトランプ構想中の軍事費拡大と衝突するからとされた。

次に、大統領予備選の場面でトランプに対峙したペリーは軍事基地と軍事産業インフラ拠点の一つであるテキサス州で知事経験を有する押しの強い人物である。しかしトランプは同氏の対ISIS能力を懸念した。アヨッテ、カイル、ウールジーは軍歴を欠くことのほかにそもそも司法畑の人物である。タレントには上院軍事委員会委員長という政治面での最高レッテルがあるが指揮、戦闘という軍歴がない。ウエブには海軍長官職の履歴があるが同職は国防総省が発足した現在では過去の残影に過ぎないことと同氏が民主党員である点がトランプ基準に届かなかった結果になった。

他面からの人選経緯を眺めよう。トランプ構想の要の一つである米国軍事力強化が達成されるためには国防長官が議会の場で米国の現状軍事インフラの細部までを説明かつ説得できなければならない。そうであれば長官候補者が軍歴を有することが望ましい。コットン、フリン、ガバード、ハンター、マティス、ペトレアス、ペリーが将校以上の軍歴を有する。その中で説得力の面で、コットン、ガバード、ハンター（いずれも三十歳代）などがまず若年という理由で指名から外され、フリン、マティス、ペトレアス、ペリーが残った。このうちのフリンはその後NSCアドバイザーに指名されたことで長官候補から消えた。

トランプはイスラム系テロ集団ＩＳＩＳの掃討を強く唱えていた。この面からは新長官は少なくともＩＳＩＳへの威嚇効果を発揮できる人物であることが望ましくなる。そうだとすると残るマティス、ペトレアスの両名のうちからペトレアスが消えざるを得ない。ペトレアスは軍政面には長けるが威嚇効果を発揮できる戦場の将軍ではなかった。

マティスは軍政面ではペトレアスに負けるが[66]、イラク戦争「ファルージャの戦い」を指揮した残虐とも批判されるに至った成果はＩＳＩＳの誰もが知るところであった。

トランプ支持層への配慮という面からは、マティス指名にはもう一つの理由があった。マティスが高卒で一兵卒として入隊し最高階級の大将にまで登り詰めたことである。これは軍人エリートに距離感を置くポピュリズム層に親しまれる経歴であった。

3　財務長官スティーブン・ムニューチン（一九六二年生まれ）

財務長官はＷ・ブッシュ政権では著名企業アルコア社ＣＥＯオニールが、オバマ政権ではニューヨーク連銀総裁ガイトナーが選ばれた。長官の職責範囲には政府予算の管理執行、通貨発行、一線を画した上でのＦＲＢ（米国中央銀行）、ＩＭＦならびに世界銀行との接触がみられる。

それに加えてオバマ政権以来、新たな職責が長官職に加えられた。世界金融危機（リーマンショック）への対処と、危機の再発防止として緊急立法されたドッドフランク法の命ずる膨大な数の規制ルールの作成とその監督である。

トランプ構想の特色の一つはドッドフランク法の廃止であった。この廃止が良いか良くないかについては、〇八年の世界金融危機（リーマンショック）をどのように把握するかという根本問題にまで行き着く。

これまでに現れた見方としては、同危機を病理現象と把握しドッドフランク法を治療薬とするもの、いやそうではなく生理現象だから治療薬などは要らないとするものに分かれていた。トランプは後者の立場であった。

財務長官人選には最終的にムニューチン（ヘッジファンド分野、デューンキャピタルマネージメントCEO、元ゴールドマンサックス役員）が指名された。

指名されたムニューチンを洗ってみる。同氏の父は長年ゴールドマンサックス社に勤務しパートナーにまで昇進した。他の多くの金融人物がそうであるようにユダヤ系である。ムニューチンも父に倣いイエール大学卒業後同社に入り十七年間在職しパートナーに昇進後、主に政府国債ならびに同債券取引に従事した[67]。

ムニューチンは退職後の二〇〇二年、デューンキャピタルマネージメント（ヘッジファンド）を立ち上げ、そのかたわらで翌年ソロスの国際投資事業（SEM社）に勤務した[68]。その中で以下の事業の成功例が知られている。

・世界金融危機の余波で破産休業した住宅金融会社を政府競売手続により一五億ドルで取得し、数年後同社を三五億ドルで転売した。
・別会社の件であるが住宅金融債務者の債務不履行に向けた過酷ともいえる迅速な競売手続き開始を自社の基本方針とした。
・自らが映画プロデューサー兼出資者になりハリウッド・ビジネスを運営した。

ムニューチンは政治への関心が高く、ソロスが継続してきた民主党への巨額政治献金のマネージメントにも関わってきた。[69] ムニューチン指名の要因は同氏がトランプのホテル事業（シカゴ、ハワイ）に金融支援をしたことが縁でトランプ選挙戦事務局財務責任者になりトランプの信頼を勝ち得たことであった。[70]

4　商務長官ウィルバー・ロス（一九三七年生まれ）

商務長官が指揮する商務省はこれまでは地味な官庁であった。共和党からの小さな政府論が出るたびに商務省廃止がやり玉に上がっていた。商務省の存在が民間成長を妨げるという発想であった。しかしトランプは同省廃止に触れた発言をしたことはない。それぱかりか商務長官に過去の国際貿易を見直させると述べる。ロスはトランプ内閣の最長老である。ロスはイエール大卒業後ハーバード大で経営学を修めた後、ロスチャイルド財閥ニューヨーク拠点に職を得た。以後二十四年間主に破綻企業の買収─再建─売却に携わり同拠点の最高職（シニアマネージングディレクター：米国のCEOに相当）の地位にまで昇格した。トランプとの出会いはトランプ所有のカジノビジネス（ニュージャージー州）が経営不振に見舞われたさいにロスチャイルド代表としてトランプを資金面で救済したことであった。

二〇〇〇年に独立したロスはその後多様な企業への投資、企業グループを支配していく。大手自動車部品メーカーC&A社、国際自動車部品グループ、国際安全部品（エアバッグ）グループ、国際石炭グループ、国際鉄鋼グループ、国際繊維グループなど。

政治との関わり合いではクリントン政権下の米ロシア投資ファンド、ならびにニューヨーク市長の下での民営化プロジェクトに関与した経緯がみられる。今回の大統領選では予備選段階でルビオ候補を支持する傍でトランプに対しては「あなたが予備選を制すればあなたを支援する」と発言した。[71]

ロスは一五年にはTPPに賛成していたが最終的には批判するようになる。[72]

同氏は独特の一家言を持ち合わせる。古くは一二年大統領選でのロムニー支援にさいしての「いったん中国に移った米国雇用は米国に戻って来ることはない」[73]、一七年では「ブレグジットで混乱している英国から同国の通商ビジネスを奪えば良い」[74]などがみられた。

しかしトランプの見るロスの位置付けは一七年夏を境にして低下し始めている。[75]トランプはロスの対中貿易交渉の姿勢が弱すぎるものであり「ノー グッド」[76]とあからさまに批判するようになってきた。

5　運輸長官イレイン・チャオ（一九五三年生まれ）

トランプには対議会関係を睨んで閣僚を抜擢した節もみられる。チャオを運輸長官に据えたことである。同女史の夫である共和党上院議員ミッチー・マッコーネルは同党が過半数を占める上院トップ（院内総務）として上院を統括する。形式的な上院トップは大統領職承継権のある上院議長代行（ハッチ共和党上院議員）である。

トランプが案出したのはチャオを閣内に入れることでマッコーネルとの個人関係を滑らかにして少なくとも上院との絆を固めることであった。このスカウトは成功した。チャオがトランプの誘いに応じたのである。チャオはW・ブッシュ政権時にも労働長官として閣僚入りした経緯があり、その気になればチェイニー副大統領などのブッシュ側近に気軽に電話できるというトランプ政権内での希有なパワーを有する。

もう一つのスカウト理由は米中戦略の側杖としてであった。この関係は一九七〇年代のニクソン訪中が引き金になって米国政府が「一つの中国」を承認する結果になったが議会内では未だにこの承認への抵抗が続いている。いわゆる台湾ロビーの存在である。

チャオは台湾の海運財閥の娘として育ち、同国パワーエリートとのコミュニケーションに秀でるという第二番目の希有な能力も有する。大統領就任後台湾への武器輸出を公表したのが例になるが、トランプはチャオの存在というボディーランゲッジによって中国に対する関係で、少なくとも習主席に焦燥感を覚えさせるのに成功した。

五　ロスチャイルド、ロックフェラー

トランプは民間人内閣をスタートさせた奥で、政権の中長期戦略に着手することを忘れなかった。その一つがロスチャイルドならびにロックフェラー両財閥との接点作りである。この接点が固められると第二次トランプ政権が成立しやすくなる。米国では少なくとも第二次世界大戦以来、新政権は少なくとも両財閥からの黙示の支援がないと一期で終わるとされているからである。

1　ロスチャイルドとロックフェラー

ロスチャイルド家はユダヤ系ドイツ住民であったマイエル・ロスチャイルドが一七六〇年代に始めた金融業が原点である。同家はその後、通常の金融業の他に世界の政治変革、戦争資金の提供者としてユニークな金融勢力を伸ばした。

ロスチャイルドは第一次世界大戦参加国への資金提供国であった事実のほか[77]、日本との関係では知られているように、明治維新を導くに至った戊辰戦争の陰で、フランス（幕府側）とイギリス（薩長側）の双方に資金提供してきた。ロスチャイルドの金融事業は現在でも衰えていない。

次にロックフェラー家であるが同家は、ロスチャイルドに遅れること約百年後の一八六〇年代初頭、ドイ

ツ系ジョン・D・ロックフェラーがオハイオ州で小規模の石油精製業スタンダードオイル社を創設したのが原点である。仕事熱心のジョンは八〇年代までに同社の全米シェアを九〇％にまで達成した後ビジネス範囲を石油採掘、石炭採掘、不動産事業にまで拡大し全米ナンバーワンの富豪になった。

2　トランプの出会い

偶然といえば偶然であるが、トランプはロスチャイルド家とロックフェラー家に出会っている。エドモンド・ロスチャイルドとデイビッド・ロックフェラーは米国内のカジノ産業「ＲＥＳＯＲＴ　ＩＮＴＥＲＮＡＴＩＯＮＡＬ　ＲＩ社」を所有していた。

トランプは一九八七年、同社議決権株式の九三％を、[78]無議決権を加えた総株式の七三％を取得したのである。[79]もっとも三年後の九〇年になりトランプは同カジノの経営不振に見舞われ破産寸前のトラブルに陥ることになる。同トラブルは最終的にはロスチャイルド側の人物ロス（米国人：現商務長官）により解決される。

3　選挙戦下のトランプの状況

ロスチャイルド、ロックフェラーの両家に共通するのはその経済力を通じて「パックスアメリカーナ」と呼ばれる世界秩序の構成に著しい影響力を及ぼすことである。他方で米国大統領職は、少なくともこれまでは、政治力（ならびに軍事力）行使の面でパックスアメリカーナの執行官の役割を演じてきた。そうだとする両家は誰が米国大統領に選ばれるかにつき利害関係を持たざるを得なくなる。

両家はカジノを買った男が大統領選に出馬するとは夢想だにしなかった。

今回の選挙では利害関係は、①大統領候補者から両家へ、②両家から候補者へという二通りの流れに分かれる。もっともこの流れは両家の氏を名乗る人物の発言であることを要しない。

例えば『エコノミスト』誌の見方はロスチャイルドの見方であり、「CFR：外交評議会」の意見はロックフェラーの意見と理解されている。この両者について言えば、執筆者ならびに発言者がその度ごとに両家の了解を得ているわけではない。「そうであろう」という憶測が根拠になっているに過ぎない。

選挙戦ではトランプからロスチャイルドとロックフェラー両家への発信はなかった。トランプはむしろ「パックスアメリカーナ」というこれまでの世界秩序を崩す言動を有権者に示すことに注力したのである。これは反ロスチャイルド、反ロックフェラーとも受け取られかねない言動であった。

トランプの言動を眺めた両家の本陣は基本的には静観した。

ただロスチャイルド系の『エコノミスト』誌は「トランプは危険人物だ[80]」、ロックフェラー系の『フォーリンアフェイアーズ』誌は「トランプはヒットラーではないか[81]」という類いの見方を間断なく発信した事実はみられた。

では本陣ではなく側近からトランプへの発信はあったか。この発信はあった。ロスチャイルドの事実上の代理人であるウイルバー・ロスが予備選前の三月、「トランプを応援する[82]」と発言したのである。

トランプとロスの出会いも前の箇所で触れたトランプの「RI社」取得にさかのぼる。

この件は同じく触れたように経営不振というトラブルに見舞われたが、最終的にはロスチャイルド・ニューヨーク社シニアマネージングデイレクター（米国CEOに相当）ロスの救援で解決された[83]。その手段は専門的な話になるので本書では割愛するが、トランプは救援されたという当時の借りを忘れていなかった。この借りを返済するためにロスを新政権の商務長官に抜擢することになる。二十六年後の「サンキュー」であった。

ではロックフェラーはどうであったか。まずロックフェラー家の事実上の代理人はキッシンジャーである。キッシンジャーはハーバード大政治学教授時の一九五〇年代初頭に当時のニューヨーク州知事ネルソン・ロックフェラーの顧問に就任してから今日に至るまで同家の補佐人的な役割を演じている。

トランプが本格的にキッシンジャーとの交流を始めたのは大統領予備選の二カ月前（一六年五月）に生じたキッシンジャーからの自宅招待であった。言い換えればキッシンジャーはトランプ当選ありの前提でウエルカムのメッセージを送ったのである。トランプはキッシンジャーが曲者であるのを承知していたがトランプにとってはグッドニュースであった。

キッシンジャーの以上の態度は「ロックフェラー家はトランプを切望しているわけではないが、ヒラリーであってもトランプであっても選挙の当選者を支持する」に落ち着く。

ロックフェラー家のこのような冷めた態度は同家の政治との関わり合いにも表れている。例えばフォード政権で副大統領に就任した前記ネルソンは共和党員、最近の一五年まで上院議員であったジェイは民主党員であった。

注

注1　http://www.politico.com/magazine/story/2015/08/the-man-who-made-trump-who-he-is-121647
注2　http://www.electionanalysis2016.us/us-election-analysis-2016/section-4-diversity-and-division/why-are-the-german-americans-trumps-most-loyal-supporters/
注3　https://www.economist.com/news/united-states/21642222-americas-largest-ethnic-group-has-assimilated-so-well-people-barely-notice-it

注4 http://thefederalist.com/2014/01/06/yes-germany-mostly-started-world-war/
注5 https://paulbraterman.wordpress.com/2017/08/16/trump-boasts-of-genetic-superiority-german-blood-2/
注6 http://www.nationalreview.com/corner/423196/trump-praises-his-sister-pro-abortion-extremist-judge-ramesh-ponnuru
注7 http://physicstoday.scitation.org/do/10.1063/PT.5.9068/full/
注8 http://www.cnn.com/2017/08/01/opinions/trump-military-men-kelly-opinion-dantonio/index.html
注9 https://www.bloomberg.com/news/articles/1992-03-22/the-donalds-trump-card
注10 http://www.snopes.com/nixon-predicted-trump-success/
注11 https://www.usatoday.com/story/news/2016/12/15/newser-trump-letter-nixon-hang-oval-office/95465212/
注12 http://time.com/4618605/rudy-giuliani-donald-trump-cabinet-outsiders/
注13 http://www.thenewamerican.com/usnews/politics/item/23899-trump-vs-the-establishment
注14 Ibid.
注15 https://www.mintpressnews.com/dont-jump-conclusions-trump-war-criminal-kissinger-says/223070/
注16 http://www.people-press.org/2016/12/08/low-approval-of-trumps-transition-but-outlook-for-his-presidency-improves/pp_16-12-07_transition/
注17 http://westwing.bewarne.com/discontinuity/payroll.html
注18 http://www.npr.org/2017/06/30/535069910/trump-white-house-staff-payroll-nearly-36-million-and-top-heavy
注19 http://www.npr.org/2017/06/30/535069910/trump-white-house-staff-payroll-nearly-36-million-and-top-heavy
注20 http://www.cnn.com/2016/07/12/politics/donald-trump-vice-presidential-search/
注21 http://www.nj.com/politics/index.ssf/2017/03/christie_putting_kushners_father _in_prison_is_ancient_history.html
注22 http://www.businessinsider.com/mike-pence-dick-cheney-vice-president-2016-9
注23 http://yournewswire.com/rothschilds-caught-rigging-the-us-presidential-election/
注24 http://www.chicagotribune.com/news/opinion/commentary/ct-ivanka-trump-first-lady-powerful-20161216-story.html
注25 http://fortune.com/2016/12/05/ivanka-trump-donald-trump-japan-shinzo-abe/
注26 http://nymag.com/daily/intelligencer/2016/11/ivanka-joined-trumps-phone-call-with-argentinas-president.html
注27 http://www.cnn.com/2017/11/02/politics/ivanka-trump-japan/index.html

注28 http://abc7.com/politics/ivanka-trump-steven-mnuchin-discuss-tax-reform-in-simi-valley/2608565/
注29 https://www.nytimes.com2006/07/31/business/media/31observer.html
注30 http://www.bbc.com/news/world-us-canada-37986429
注31 https://www.wsj.com/articles/SB10001424052702303409004579564062138641266
注32 http://nypost.com/2015/05/14/kushner-inks-296m-deal-for-retail-condo-in-times-square/
注33 http://fortune.com/40-under-40/2015/jared-kushner-25/
注34 http://www.vanityfair.com/news/2016/10/jared-trump-trump-campaign
注35 https://www.nytimes.com/2016/09/01/us/politics/trump-campaign.html
注36 https://www.washingtonpost.com/politics/in-fathers-scandal-the-genesis-of-jared-kushners-unflinching-loyalty/2016/11/27/1e9497ba-b378-11e6-840f-e3ebab6bcdd3_story.html?utm_term=.c9239d74e215
注37 https://www.aol.com/article/news/2017/01/31/ivanka-trump-jared-kushner-reported-rift-donald-trump/21704408/
注38 https://www.wsj.com/articles/trump-adviser-jared-kushner-didnt-disclose-startup-stake-1493717405
注39 http://www.amny.com/news/elections/trump-s-cabinet-top-appointments-dan-coats-jay-clayton-katie-walsh-more-picks-1.12625129
注40 https://www.rt.com/usa/378022-trump-security-adviser-mcmaster/
注41 http://www.cosmopolitan.com/politics/a8956764/who-is-hr-mcmaster-8-things-to-know-about-donald-trumps-national-security-adviser/
注42 http://www.politico.com/blogs/donald-trump-administration/2016/12/us-trade-representative-decision-delayed-232704
注43 http://thehill.com/policy/finance/314305-trump-eyes-role-of-negotiator-in-chief
注44 http://thehill.com/homenews/media/317599-time-cover-labels-bannon-the-great-manipulator
注45 https://www.ft.com/content/5cdedd84-9f0c-11e7-8cd4-932067fbf946
注46 https://www.theguardian.com/world/2017/aug/01/rex-tillerson-north-korea-talks-donald-trump
注47 http://www.cnn.com/2017/07/20/politics/cia-mike-pompeo-north-korea/index.html
注48 https://www.usnews.com/news/business/articles/2017-06-12/trump-holds-cabinet-meeting-promises-change
注49 https://www.cnbc.com/2017/06/12/trump-makes-bizarre-claims-at-press-event-as-cabinet-members-take-turns-praising-him.html

注50 http://thehill.com/homenews/campaign/271626-romney-gives-voice-to-anti-trump-movement
注51 https://www.boston.com/news/politics/2016/11/13/mitt-romney-called-to-congratulate-donald-trump-on-his-election-night-win
注52 http://thehill.com/homenews/administration/307797-romney-flirtation-jolts-trump-world
注53 https://www.washingtonpost.com/politics/trump-to-meet-with-petraeus-romney-as-secretary-of-state-battle-heats-up/2016/11/28/4bdf7538-b584-11e6-a677-b608fbb3aaf6_story.html?utm_term=.1c3f3a3a4068
注54 www.nytimes.com/2016/12/07/us/.../mitt-romney-donald-trump-secretary-of-state.html
注55 http://www.zerohedge.com/news/2016-12-10/trump-picks-exxon-ceo-rex-tillerson-secretary-state
注56 http://money.cnn.com/2016/12/11/investing/rex-tillerson-exxon-russia-putin/
注57 http://thehill.com/policy/defense/280402-trump-meets-with-former-nixon-adviser-henry-kissinger
注58 http://www.lowellsun.com/news/ci_30711377/kissingers-washington-is-coming-back-around
注59 https://www.bloomberg.com/news/articles/2016-12-14/kissinger-at-93-expounds-on-rex-tillerson-one-china-and-trump
注60 http://www.chicagotribune.com/news/opinion/commentary/ct-trump-cabinet-tillerson-puzder-perspec-1218-20161216-column.html
注61 http://www.zerohedge.com/news/2016-12-10/trump-picks-exxon-ceo-rex-tillerson-secretary-state
注62 http://www.reuters.com/article/us-congress-tillerson-china-idUSKBN14V2KZ
注63 http://www.cnn.com/2017/01/13/politics/us-tillerson-china-reaction/
注64 https://nypost.com/2018/03/17/mike-pompeo-might-be-the-only-guy-trump-trusts/
注65 http://www.nytimes.com/2016/04/28/us/politics/transcript-trump-foreign-policy.html?_r=0
注66 http://m.greenevillesun.com/opinion/national_columns/in-defense-of-trump-s-cabinet-picks/article_2d627bcf-f4c2-5120-931b-7dd2d2707761.html?mode=jqm
注67 http://www.redstate.com/jenvanlaar/2016/11/29/breaking-trump-name-steven-mnuchin-former-soros-employee-treasury-secretary/
注68 Ibid.
注69 Ibid.
注70 http://thehill.com/regulation/administration/312229-trumps-team-draws-target-on-federal-regulations
注71 https://www.bloomberg.com/politics/articles/2016-03-09/billionaire-wilbur-ross-would-support-trump-if-he-s-

nominated

注72 http://money.cnn.com/2016/12/02/news/economy/kfile-wilbur-ross-tpp/

注73 http://money.cnn.com/2016/12/02/news/economy/kfile-wilbur-ross-tpp/

注74 http://www.thetimes.co.uk/article/use-brexit-to-steal-uk-trade-says-trump-aide-22rkpmfr7

注75 https://www.axios.com/the-decline-and-fall-of-wilbur-ross-1516568275-c795e9b4-f84f-4080-a129-da23cb91ed2a.html

注76 https://www.axios.com/the-decline-and-fall-of-wilbur-ross-1516568275-c795e9b4-f84f-4080-a129-da23cb91ed2a.html

注77 https://thedaysofnoah.wordpress.com/2011/01/03/the-rothschild-1901-1919-the-secret-creators-of-world-war-1/

注78 http://americanfreepress.net/who-towers-behind-trump/?print=print

注79 http://www.nytimes.com/1987/03/10/business/trump-buys-73-stake-in-resorts-for-79-million.html

注80 http://www.economist.com/news/leaders/21663225-why-donald-dangerous-trumps-america

注81 https://www.foreignaffairs.com/articles/united-states/2015-12-10/trumping-history

注82 https://www.bloomberg.com/politics/articles/2016-03-09/billionaire-wilbur-ross-would-support-trump-if-he-s-nominated

注83 http://www.forbes.com/sites/chasewithorn/2016/11/29/what-you-need-to-know-about-likely-commerce-secretary-wilbur-ross-trumps-billionaire-pal/#1c60bcb28d60

第三章　トランプの政治運営

一　政権スタート

1　政権発足後の支持率

政権スタートから半年後の支持率を眺める。少なくとも二種のポール（世論調査）が現れた。

一つはＡＢＣ／ワシントン・ポストが実施したものであり「トランプ支持三六％、不支持五八％」[1]と出た。過去七十年来の最低支持率とされ[2]、七月十六日に大きく報道された。トランプは直ちに同日のツイッターで「選挙戦時にでたらめの予想値を出したメディアのポールか。約四〇％という数値は悪くはないな」と応答する。

トランプは別のポールにも気付いていた。これは小さく報道された「支持率五三％以上」とするＣＮＢＣポールであった[3]。中小企業主を調査対象としたこのポールの中身は、ジョージア、フロリダなどの大西洋岸では回答者の七六％、トランプ批判の多いカリフォルニアなどの太平洋岸でも五三％がトランプを支持するものであった[4]。

ＡＢＣ／ワシントン・ポストはトランプへの不信感を、ＣＮＢＣは信頼感を投げた。

トランプの三六％支持率は良くはない。しかしそれ以下の支持率に見舞われた大統領がいたのも事実である。例えばＷ・ブッシュは二七カ月連続でトランプの三六％を下回り、その中の一時期は支持率が二九％にまで落ち込んでいる[5]。そのほかにトルーマン、ニクソン、フォード、カーター、Ｈ・Ｗ・ブッシュなども三六％を下回った時期があった[6]。

二カ月後の一七年九月、上記のＡＢＣ／ワシントン・ポストが同一ポールを重ねて実施した[7]。トランプ支持が三ポイント上がり三九％になった。内訳は共和党員の八〇％、民主党員の一二％、無党派の三九％がトランプを支持した。共和党員がトランプを支持し民主党員がトランプを支持しないのは当然としても、無党派から三九％もの支持がある点が注目された。

念のためにもう一つのポールを加えよう。同じく九月のNBC／ウォールストリート・ジャーナルである。このポールは大統領就任直後のトランプ支持率を改めて四四％とし、八月のそれを四〇％、九月では四三％になったとする。[8] そもそも支持率は経済の実績値と政治運営の期待値の写し絵である。トランプの場合は、ポール回答者は経済面での良い数値を脇に見ながら、政治運営面の異例性に懸念していることが窺える。アンケートがなされたさいに、トランプの経済実績が回答者に示されていれば支持率はもっと上がったとみられる。

多くのメディアはトランプの功績を報じない。以下は六月末の閣議の冒頭の場にメディアを招き、トランプが発言した部分である。

「失業率（四・三％）はこれまでの最低だ。NY株価は史上最高値だ（二万一九六一ドル：ダウジョーンズ六月末終値）。ほとんど報道されてないが、直近のGDP成長率は二・六％という誰も想定しなかった数値だ。想い出して頂きたい。自分が以前に、やがては三％になると言ったら一％だろうと嘲笑された。ところが今や二・六％という信じられなかった数値が出ている[9]（六月三十日）」

右を補充しよう。失業率は過去十六年以来の最低である。NY株価は政権スタート時（一万九七三二ドル）から一一・三％上昇した。GDPについては一六年の第４四半期（オバマ最終期）にみられた一・九％が政権発足後二・六％になったのである。[10]

さらに政権発足満一年後（一八年一月十九日）の数値を加えよう。失業率は四・一％[11]になった。NY株価が二万六一一五ドル[12]になった。政権スタート時から三二・三％上昇した。直近の一七年第4四半期のGDP成長率は二・六％[13]であった。もっともこれはトランプ政権が願っていた三％を下回った。

2 国民の関心

どの大統領の場合も、第一次政権スタート時に格別な関心が注がれる。八〇年代のレーガンの就任以来（H・W・ブッシュを除き）、大統領の再選が当たり前になり国民が新大統領に接するのが八年に一度になったからである。

しかしトランプの場合は別種の関心が重なった。この大統領がはたしてポピュリズムを採用するだろうか、これまでの大統領が大声を上げなかった「グレイトアメリカの復活」と「アメリカファースト」が本当に実現されるかであった。

トランプは選挙戦中でも就任演説でも「ポピュリズム」という言葉を一切使わなかった。自身がポピュリストでないことを自覚していたことと、同氏のポピュリズムがこれまでのものとは大きく異なるからであった。

強いて言えばトランプのポピュリズムはピープル基盤ではなく、ピープルとメディアが合体した形の「ポピュラリズム」に近いポピュリズムである。

アメリカのアメリカによるアメリカのための政治。これがトランプの綱領である。アメリカを「人民」に置き替えればリンカーン大統領の言い回しと同文になる。しかし両者を較べることはさほどの意味がない。

現在の米国の置かれた環境が百五十年前とはまるで異なっているのである。

トランプではリンカーンになかった国外マターが意識されている。当時のリンカーンは国外マターどころではなかった。南北に分断した米国という一国の統一を旗頭にし、これを最終的に実現した。ちなみに日本ではリンカーンの奴隷解放が一人歩きしているが、これは誤解に近い。奴隷解放は原因ではなく結果であった。

トランプの「アメリカファースト」には「これ以上外国にはなめられないぞ」の意味が込められている。トランプは大統領就任演説で「アメリカ、アメリカン」を三八回唱えた。これまでの三〇回を超える新記録であった。[14]その反面で、これまでの大統領が用いた「民主主義、平等」などの言葉はトランプの口から出なかった。トランプはイデオロギーを述べるだけでは国民が納得しない段階にきていることを承知していたのである。

トランプのイデオロギー回避の姿勢は一八年一月の一般教書演説でも維持された。トランプはアメリカファーストの国内版である「不法移民排除」ポリシーを効果的に訴えるために、不法移民者による犯罪被害者を傍聴席で起立させた上で同政策の当否を国民に提示する戦術を用いた。北朝鮮政策についても同国の人権蹂躙というイデオロギー基盤の表現を避け、韓国から呼び寄せた脱北者、ならびに、北朝鮮刑務所から釈放され帰国直後に亡くなった米国人学生の両親を起立させながら北朝鮮の脅威を国民に対して、視覚で示す方法を用いた。

一般教書の場では「アメリカ、アメリカン」が一年前の大統領就任演説での発言回数の倍を上回る八四回になった。この単語をほとんど全てのテーマにリンクさせたのである。トランプの国民宛の発信特色は、「アメリカ」と「事実の指摘」を繋ぐリンク術になりつつある。

3　借りなし、約束なし、予測不可能性

トランプ当選直後の十一月、キッシンジャーはトランプを次のように評する。

「トランプには借りが全くない。トランプは自分の戦略で大統領になり、いかなるグループへのいかなる約束事もしていない[15]」

数週間後キッシンジャーは、ノーベル平和賞委員会（自身が受賞者）年次総会のキーノート演説でトランプを礼賛しトランプを世界デビューさせた。[16]「借りなし、約束なし」はその後「トランプの予測不可能性[17]」を生む。

ラヒマン記者（ファイナンシャル・タイムズ）は一七年五月、トランプの予測不可能性が「世界秩序を不安定にする[18]」とコメントする。長話を避けるがこのコメントは的外れである。

この記者は「エスタブリシュメント層：安定した地位を得た人々」の目線でトランプを疑心暗鬼に眺める。この層は当然のことながら自分たちのこれまでの安定が不安定になるのを恐れる。

トランプの目線は非エスタブリシュメント層であり、これまで不安定であった同層を上向きに安定させる（ことを試みる）という約束の下で大統領に選ばれている。ラヒマン記者はエスタブリシュメント層と非エスタブリシュメント層を区別するのを忘れている。同記者のいうようにトランプによって世界秩序が不安定になったか。この点は、トランプは世界秩序を不安定にするというあいまいなものではなく、世界秩序を変えると見るのが正しい。後述するがパックスアメリカーナからの撤退である。

世界秩序を不安定にすることと世界秩序を変えることは似たような表現であるが、それぞれの意味の次元が異なる。前者は安定か不安定かという評価の問題であり後者は秩序というシステムが変わるか変わらないかという事実の問題である。同記者はこの区別も忘れている。

トランプの政治運営では正直な話、トランプ自身が把握するポピュリズムと、同じく自身が納得する限度のエスタブリシュメント思考がミックスされよう。ミックスの度合いがメディアに分からないだけに米国政治の実態が分からないという報道が今後も続きそうである。[19]確かにポピュリズムという社会の中低層から出る目線とエスタブリシュメントという社会の高層から出る目線は衝突する。

しかしこれは原理であり実際には両者がミックスされないと国家運営が成り立たない。ミックスの必要性はキッシンジャーの「選挙戦と政権運営は異なる」[20]とするワンフレーズに上手く現れている。

エスタブリシュメントの政治面での典型は米国議会である。もっとも独立派のサンダース、民主党のウォーレンなどの上院議員などはエスタブリシュメントではない。さらに、であるが、実際の政治運営は官僚集団という別種のエスタブリシュメントの力を借りなければ動かない部分が多い。トランプは大統領としての立場でその配下に置かれている官僚集団を牛ずることができる。しかし議会は大統領の配下ではない。昔から筆者は米国には一〇一人の大統領がいると唱えているが、このうちの一〇〇名は上院議員を指す。ここから想像できるようにトランプ対議会というシナリオの実際は、トランプ対上院の衝突として現れる。一七年の十月から十一月の大きな国内の出来事として、オバマケア国民医療法案、トランプ減税法案に関わる議会議論がみられたが、トランプが衝突した相手は下院ではなく上院であった。

トランプは選挙戦で見せたようなさまざまな仕掛けを対上院でも用いている。ある場合は共和党寄りの、他の場合は民主党寄りの、さらには二大政党色とは一線を画した「国民党」のイメージを用いた言動を展開することさえある。過去の大統領とは著しく異なる。

これまでの大統領は取り巻きの意見に依存した。トランプはそうではなく自身の直感力に依存する。直感が固まるまでは取り巻きの意見を泳がせる。この辺りの事情がトランプ政権は分からない、支離滅裂とまで言われるようになる。

4 トランプの政策展開

トランプの場合はトランプ政権の政治というよりもトランプ個人の政治である。この政治の根幹は、トランプが選挙戦で見せた当選のために、自分のアイディアを実現するために、自分の限界力を尽くすに置き換えられる。と言うことは、トランプ政治は実際には同氏が大統領に立候補した一五年初頭から始まったとも言える。

これまでは政治コメンテーター達が新政権の政策展開を予想する場合、新大統領がどちらの政党に属するかが決定的な鍵とされていた。直近の三政権がスタートしたさいにはその鍵が見付かった。いずれもが政党カラーに染まった大統領として選ばれたからである。トランプの場合はそうではない。トランプは共和党の衣装をまとうが生身はそうではない。トランプの国内インフラ整備構想などは民主党の目玉でさえある。

トランプ政権はこれまでの意味での思想がない代わりに、直前の三政権が示さなかったものを提示する。「グレイトアメリカの復活」と「アメリカファースト」である。トランプは思想展開を押さえて、というか飛び越えていきなり裸の国策を掲げる。これほど分かりやすい政治展開の入口はない。しかし入口の奥に何があるかは見えてこないとするのがメディアの言い訳である。

選挙では候補者は有権者と一対一で対決し、そのカードは有権者が持つ。候補者達は有権者の最大数に気に入ってもらうためにベストメニューを提供する。このさい企業は有権者ではない。ところが政権運営では一対一が、一対アメリカ全体に膨張する。ここでの全体には有権者以外の国民（未成年者）と企業が入ってくる。しかもカードは大統領側に移る。したがって大統領と有権者の関係は希薄になる。

しかしトランプの場合は「ツイッター」の活用、これまでの大統領とは異なる独特のピンポイント演説などで自分のカードを最大限に使いこなしている。

トランプは時折「ザ・トランプ」をちらつかせる。これはご存知のようにポーカーで用いられる最強力の「トランプ」カードである。大統領名のトランプとゲームでのトランプが偶然にも重なったが、この事実はトランプ政治の特長を表す。

トランプは大統領に選ばれた後も選挙公約を全うする姿勢を示した。選挙後ハーバード大が実施したポールによれば、調査対象者の六四％が「トランプは公約を守るであろう」[21]と回答した。ややこしいがこの数値は支持率とは異なる。

ただ筆者は、トランプの選挙公約にみられるメニューは、やや末端国民向けの美味し過ぎるメニューであるために、長期的には政治運営のテーブルに運ばれてくる可能性には若干の疑問を抱く。その最も大きな理由は政権運営の段階では否応なしに企業、労働組合、外国政府という三種のパワーが大統領の面前に登場し、末端国民が手にするパイの量は縮まらざるを得ないからである。

二　トランプの国内政策

政権スタート半年後の八月、ホワイトハウスは以下の七項目を「大統領イッシュ[22]」として掲げた。この項目はトランプが大統領予備選に勝利した後に発表された「有権者との契約」のリセットである。その限りで目新しいものではなく、メディアは「ああそうか」と報道するのが精一杯であった。しかし有権者は「ああそうか」を超える印象を得た。

トランプが「有権者との契約」を守っている、少なくとも守ろうとしていると受け止めたのである。過去の大統領にもそれなりの公約がみられたが、トランプほどの詳細なものではなかった。ましてや政権発足後に有権者との公約を再公約する大統領はいなかった。

(1) アメリカファーストのエネルギープラン
(2) アメリカファーストによる外交政策
(3) 雇用と成長の取り戻し
(4) 強力な米国軍事力の復活
(5) 米国インフラストラクチャーの再構築
(6) 国民医療制度オバマケアの廃棄と代替ケアの創設
(7) 治安に関わる法執行部門の立ち上げ

大統領イッシュはトランプが選挙戦で掲げた「有権者との契約」の全てではない。例えば同契約のうちのトランプ減税はここには表れていない。

なお、上記項目のうちの「(2) アメリカファーストによる外交政策」と「(4) 強力な米国軍事力の復活」については国内というよりも国外に関わるので、本書では「第五章　トランプ外交と米国安全保障」の事項になる。

1　アメリカ有権者との契約：ワシントンの腐敗[23]

大統領選を翌月に控えた一六年十月、トランプは以下の「アメリカ有権者との契約[24]」を発表した。契約の相手方が有権者となっていることに意味がある。つまりアメリカ国民となっていない。ここからトランプ特有の直接かつ具体的な戦略が読み取れる。国民とすると聞こえは良いが焦点が散る。なおアメリカ有権者との契約は別名百日プランと呼ばれた。以下はその原文の全文である。

〈ワシントンの腐敗、利権グループ談合を清浄するための六つの措置〉
・全議員の任期を制限するための憲法改正を提案する。
・公務員を自然減で縮小するために軍、公共安全、公共健康部分を除き新規雇用を凍結する。
・政府が一件の規制を実施する場合二件の既存規制を廃止する要件を設ける。
・ホワイトハウスならびに議会職員につき退職後ロビイストへの就業を五年間制限する。
・ホワイトハウス職員の外国政府ロビイストへの就業を終世制限する。
・外国ロビイストによる米国選挙活動を完全に制限する。

以上は選挙でのワンフレーズ「泥沼を排水しよう」の中身である。泥沼では泥が水の流れを阻んでいる。トランプは政治の停滞性を泥沼と名付け、その泥を三種類に分けた。

一つ目は数十年にわたって議員を続ける上下両院議員たちが実際に国政に役だっているかという根本疑

問である。勤続五十九年のディンゲル、同五十三年のイノウエの他多くの長期勤続政治家たちがはたして国政に奉仕してきたか。むしろ逆ではないかとする疑問である。トランプは任期制限を憲法に明記すべきとする。トランプはビジネス界でみられるモノ／サービスにはおのずと寿命があり、消費者はたえず新製品と新サービスを求めることを念頭に置き、政治の場合も同様ではないかと唱える。

二つ目は官僚界にも泥があるとの指摘である。過剰な数の連邦官僚が自己生存のために編み出す過剰規制を問題視する。

三つ目は規制の宛先をロビイストにも向けるべきとする。ホワイトハウスを含めた連邦官僚経験者は退職後五年間ロビイングに携わってはいけない、とりわけホワイトハウス経験者は、終世外国政府ロビイストになれず、同ロビイストは米国の選挙活動から閉め出されると明言する。

ちなみにロビイング活動は米国政治を運営するためになくてはならない存在になっている。各種立法が誕生する背景にはロビイスト集団と上下両院議員の立法担当補佐官集団との共同作業がみられる。これは筆者が三十年近く観察してきた米国政治の実態である。

ロビイストの一部は依頼者と政府機関間のネットワーク作りにも関与する。ワシントンの日本大使館などはＦＲＢ（米国中央銀行）との接点作りなどにもロビイストを利用しているがこれは行き過ぎの感を免れない。ただ大例外がみられる。トランプが「退職政治家のロビイング活動を制約しようとしない」ことである。これは「政治家は終世政治家である」という別の大きな理由からくる。トランプ当選後、八六年の共和党大統領候補であったドール元上院議員が国際ロビイストとして台湾総統とトランプ間の電話会談を設定したが、[25]これは政治家出身ロビイストでないとできない芸当である。

以下は「有権者との契約」が百日後にどうなったかを示す。

大方のところ、有権者達はトランプが公約に着手したのを確信するに至った。そのうちの少なからずは、着手を超えた実現であった。ちなみにここでも大手メディアはトランプが実現した部分を小さく、実現しなかった部分を大きく報道するパターンがみられた。

・議員の任期制限：法案が出た（一月三日）
・公務員数の縮小：着手された（一月二十三日）
・新規制一件につき既存の規制二件廃止：着手された（一月三十日）
・退職後五年間ロビイスト就業制限：着手された（一月二十八日）
・外国政府ロビイスト就業終世制限：実現した（一月二十八日）
・外国ロビイストの米国選挙活動完全制限：未着手。

2　アメリカ有権者との契約：労働者保護[26]

◆米国労働者を保護するための七つの行動

・NAFTA貿易協定（北米自由貿易協定）からの撤退又は再交渉を宣言する。
・TPP協定からの撤退を宣言する。
・中国が通貨操作国であることの認定を財務長官に指示する。
・米国労働者に不公正な影響を及ぼす外国貿易の濫用解明と、同濫用を直ちに終わらせるために米国法ならびに国際法を用いることを商務長官ならびにＵＳＴＲ代表に指示する。
・雇用創出をもたらす五〇兆ドル相当の埋蔵米国エネルギー資源への規制を廃止する。これにはシェール、天然ガス、クリーン石炭が含まれる。
・オバマ／クリントンがもたらした障害を取り除き、キーストーン・パイプラインプロジェクトなどの主要エネルギーインフラを前進する。
・数十億ドルもの国連気候変動への拠出を取り消し、拠出金相当額を米国の水源ならびに環境インフラへの投資に転用する。

以上は「グレイトなアメリカの復活」ならびに「アメリカファースト」を表すものであり、その宛先を米国経済とする。米国労働者がこれまでの米国経済政策の被害者になっているという発想である。

トランプは米国がこれまでに締結してきたＮＡＦＴＡなどの貿易協定を抜本的に見直そうとする。ちなみにこの点はロス（現商務長官）とナバーロ（現ＮＴＣ国家経済会議事務局長）が本選挙前の九月に共同執筆した『トランプ経済プラン査定：通商、規制、エネルギー政策の影響』[27]が土台になっている。

以上の中でエネルギー開発の部分が重要である。これは「大統領イッシュの一」でもある。トランプのいうエネルギー開発は環境保護に衝突する場面が多いためにこれまでの民主党政権が同開発に歯止めをかけてきた。また、共和党政権でも焦点化しなかった分野であった。

トランプは米国には五〇兆ドル（五五〇〇兆円）相当の埋蔵エネルギー資源が眠っていると前置きし、シェール、天然ガス、クリーン石炭などの資源を例示しながら同資源開発に対するこれまでの規制を廃止しなければならないと唱える。ただ、このトランプ論には二つの大きなブレーキがかかっている。

一つはシェラクラブなどの環境保護団体からの法廷闘争を含む強力な反対運動である。[28] シェール事業は米国各地で地盤沈下という副作用を生んでいるのも事実である。[29] クリーン石炭なるものはおよそ存在しないというのが科学者の通説とされている。[30] もう一つのブレーキはその後に生じた国際原油価格の底値止まりである。同価格は〇八年六月の史上最高値一四一・三二ドル／バレル[31]から一七年六月末には四〇ドル台[32]と、約三分の一にまで下がった後、トランプ政権発足満一年目の一八年一月になり六八・六一ドル／バレル[33]になった。世界市場での新たな価格競争が始まったのである。

新たにロシアが加わった同競争を度外視するかのように、米国は増産を続け、一六年一月を境にして米国はエネルギー輸入国から輸出国に変わった。[34] 一七年一月には初めての米国産シェールLNGが新潟港に着いた。[35]

次にトランプはカナダ産石油を同国からメキシコ湾岸の石油精製施設に大陸縦断させる「キーストーン・パイプライン・プロジェクト」を完遂させようとする。[36] このプロジェクトは環境保護に与するオバマ政権が差止めたが、トランプはこの差止めを取り消した。

最後の国連気候変動への拠出金問題であるが、トランプはその前提になるパリ協定からの脱退を示唆するに至った。[37] 同協定は他国に利益をもたらし、米国には利益をもたらさないという理由である。[38]

ちなみにトランプは原発の是非に触れない。というのは米国では原発は核廃棄物の処理費用を含めると採算に合わないことがほぼ国民のコンセンサスになったことと、トランプの化石燃料推進政策を抑制するからである。

以下は百日後までに現れた結果である。

・NAFTAからの撤退又は再交渉：再交渉が実現した（四月二十六日）
・TPPからの撤退：実現した（一月二十三日）
・中国が通貨操作国であることの認定：習主席の訪米でいったん中断（四月十二日）。今後の動向は不明。
・外国貿易の濫用解明など：着手された（三月三十一日）
・エネルギー資源への規制廃止：着手された（三月二十八日）
・キーストーン・プロジェクトの前進：実現した（三月二十四日）
・国連気候変動への拠出取り消し：議会の判断待ち。

3 アメリカ有権者との契約：国内安全[39]

国内安全と憲法上の法の支配を保持するための五つの行動

・オバマ大統領が出した違憲な行政行為、メモランダム、命令の全部を取消す。
・空席になった最高裁判事の後任につき、米国憲法を支持かつ擁護するためにトランプ推薦二〇候補者のうちの一名を選出する手続きを始める。
・不法移民をかくまう都市への連邦資金支出を取り消す。
・刑事罪状に服する二〇〇万を超える不法入国者の米国退去を始める。不法入国者を本国に帰還させない国へのビザ発効を取り消す。
・テロ指向地域からの移民を中止する。

これは「グレイトなアメリカの復活」の各論である。トランプはオバマの違憲行為を取り消すと唱えるが、それが本当に違憲になるか、場合によってはトランプの取り消し措置が憲法違反になるのではないかの問題も生ずる。

次にトランプは最高裁判事であったスキャリアが一六年二月に急死したために生まれた空席補充に触れる。米国では最高裁を含めた連邦裁判事が就任するためには上院の承認を要し、判事候補者は上院司法委員会に喚問された場で自身の憲法観、過去に関わった判決の根拠などを詳しく問われる。ちなみにトランプが司法長官に指名しかつ最終的に同職に就任したセッションズ上院議員は、過去にレーガン大統領により連邦判事に指名されたが、上院司法委員会の審査の場で同氏の人種差別と解釈され得る発言が出たために、審査をパスできなかった[40]。

トランプは判事指名権が大統領専権であることを利用し、自らの憲法観に合致するコロラドのゴーサッチ判事を一七年四月、最高裁判事に就任させた。

トランプは不法入国者を米国から排除する政策の一環として不法移民擁護都市への連邦資金支出を取り消すとする[41]。これは「大統領イッシュの七」でもある。

不法移民擁護都市にはロスアンゼルス、シカゴなどの大都市が該当するが、これらの都市は別面で不法移民の労働力に依存しているのが実情である。その後これらの都市からトランプへの抵抗が生じているが、トランプはその実行に踏み切った。続けてトランプは二〇〇万を超える刑事罪状を有する不法入国者の米国退去を開始すると唱える。

トランプは選挙戦初期段階では一千数百万にも達するとされる不法入国者全員を米国から強制退去させると唱えていたが[42]、結果的にはトーンダウンしたことになる。最後にトランプは、テロ指向地域からの移民を中止することを加える。これも選挙戦初期にみられた「イスラム圏」という特定対象が「テロ指向地域」にトーンダウンされた。[43]

以下は百日までに現れた結果である。

・オバマ大統領の違憲行為など取消に着手（三月二十八日）
・空席になった最高裁判事の後任にゴーサッチ新判事就任（四月十日）
・不法移民をかくまう都市への資金支出取消に着手（一月二十五日）
・不法入国者などの米国退去に着手（一月二十日）
・テロ指向地域からの移民中止に着手（一月二十七日）

4　議会への働きかけ

・中間所得層の税救済と税制の単純化のための税法改正立法。
・海外移転事業者産品が米国輸入時に賦課される新関税立法。
・国内投資一〇〇〇億ドル達成に資するエネルギーインフラ立法。
・チャーター・スクール選択を視野に入れた学校選択立法。
・オバマケア法の廃棄かつ代替立法。
・所得税から子供・高齢者扶養控除の充実立法。
・不法移民排除のためのメキシコ国境上の高壁立法。
・地域社会の犯罪を撲滅するための地域安全法立法。

・軍備強化、退役軍人保護充実に資する国家安全保障法立法。
・ワシントン政治腐敗を清掃するための倫理立法。

議会への働きかけとは議会への立法要請を意味する。米国は日本の議院内閣制と異なり三権分立制度が徹底しているので、大統領は立法に直接関与できない。大統領が関与するのは議会への働きかけに過ぎない。しかし大統領は議会を通過した法案への「署名拒否権」を有するので実際には議会は大統領の意向を踏まえた法案を通過させなければならない。大統領が拒否権を行使した場合には三分の二以上の多数決で再議決しなければならなくなるからである。議会への働きかけは政権を問わずロビイング形式で常時続いている。トランプ政権でのロビイングは、トランプ大統領から議会側のトップ（共、民）へ、ケリー首席補佐官から議会側の幹部（共、民）へ、ショート立法担当補佐官から同じく議会側の議員補佐官に向けられている。トランプは通常、共和党議会トップと電話会談するほかに、場合によっては同トップをホワイトハウスに呼び寄せる。

その中で十一月二十八日、トランプ自らが議会を訪れた[44]。極めて異例な出来事であった。これはトランプ減税法案を成立させるためのロビイングであった。このロビイングは結果的に翌月に生じた同法案成立の踏み台になり、成功裏に終わった。

三　実現したトランプ減税

それぞれの大統領にはそれなりの経済政策がみられる。トランプの場合は、①減税立法、②オバマケア法の改定、③ドッドフランク法の廃棄、④輸入関税の引き上げなどが国民の関心を最も集めた。

この中のドッドフランク法の廃棄とは、〇八年に生じた世界金融危機リーマンショックを受けた民主党過半数議会が金融機関への規制強化法を通過させ、オバマ大統領がこれに署名した法律の廃棄を意味する。これまでに共和党は、同法が米国金融機関の競争力を低めたとする理由で同法の廃棄を求めてきたが、成功しなかった。共和党はトランプの支持の下で引き続き同法の廃棄に取り組んでいる。

以下では「減税立法」に焦点を当てる。この立法に向けたトランプの取り組みはトランプが有権者との契約の中で「議会への働きかけ」の冒頭項目にしたことから窺えるように、トランプ経済政策の最大関心事であった。

まず、米国では何が大統領の最大関心事であるかは、誰が大統領経済顧問（ＣＥＡ〔経済諮問委員会〕議長）に就任したかにより読まれる。前大統領オバマは金融危機管理分野の著名学者ローマー（カリフォルニア大）を選んだが、その理由は大統領就任の前年に生じた世界金融危機リーマンショックを速やかに、かつ上手く処理させるためであった。

トランプはハセット（保守系シンクタンクＡＥＩ出身）を選んだ。ハセットは著名な学者ではなかったが、トランプは著名であるよりも自分の減税立法政策を確実に理論付けしてくれる専門家を選んだのであった。

1　トランプ減税の背景

米国では所得税課税の当否につき根本議論がみられる。

課税は国民福祉をより充実させるための必要不可欠の資金源である。この点は超党派で共通に理解されている。

しかし共通しない部分がある。高所得者への高率課税を良しとする民主党思考。いやそうではない、高所得は努力の産物でありそれよりも政府の役割を縮小して政府支出を抑えるとする共和党思考。この二つが数十年来の議論ベースになっている。

ちなみに米国が所得税を導入したのは他国より遅れた一九一六年であった。[45] それまでの国家収入はもっぱら輸入関税に依存していたのである。[46]

トランプは共和党思考に立つとは言え、すでに選挙戦の段階で、政府の役割を即時に縮小することなどは現実として不可能であると認識していた。

そうすると、有権者からの「お前の減税案は良いがそれでは、減税で失われる国家収入をどのようにして穴埋めするか」という質問への回答を用意しなければならなくなった。これはやや長話になるが結論を言うと、貿易赤字をゼロにすることで国家収入を穴埋めしようとするものである。この先の箇所で触れる。

◆選挙戦中のトランプ経済チーム

まず、レーガン政権の支柱となったサプライサイド経済学は、民間による供給（サプライ）を増やすことで経済活性化を目標とする。そこでは企業減税と企業に利する規制緩和、国有資金の最低限化（小さな政府）を道具にしたマクロ経済学が登場する。この思考は、経済が発展するためには場合により（というか事実上常時）政府資金の投入を要するとするケインズのマクロ経済学と著しく異なる。

トランプの所得税減税の奥底にはトランプが選挙戦中に合流した人物からの影響力があった。掘り下げてみよう。トランプは予備選勝利後の八月、以下のメンバーからなる経済チームを立ち上げた。[47] 同チームは「ポピュリズムとサプライサイド経済学の合体[48]」と呼ばれるようになる。

・バラック（Colonyキャピタル〔ヘッジファンド〕CEO）
・ビール（Beal銀行CEO）
・コーク（Federalセービングズ銀行CEO）
・ファインバーグ（Cerberus〔ヘッジファンド〕CEO）
・ハム（Continnental Resources〔油田開発〕CEO）
・ローバー（Vector Group〔不動産〕CEO）
・ポールソン（Paulson&CO〔ヘッジファンド〕CEO）
・ロス（Roth）（Vornado Realty〔不動産〕CEO）
・ディミッコ（元Nucor〔鉄鋼〕CEO）
・マルパス（レーガン政権財務次官補）
・ムーア（リテッジ財団主席エコノミスト）
・ナバーロ（現NTC事務局長、元経済学教授）
・ムニューチン（現財務長官）
・ロス（Ross）（現商務長官）

上記メンバーの中で最後の三名（ナバーロ、ムニューチン、ロス〔Ross〕）は、トランプ政権成立後の要職に就任した。ちなみに上記メンバーは伝統的な意味での米国経済界の主要ブレインではない。

これまでの三大統領（クリントン、W・ブッシュ、オバマ）の場合、それぞれが大統領選の予備選で勝利した後に、ノーベル賞受賞者を含む経済界の著名識者が裏表で候補者に助言するパターンがみられたが、トランプの場合にはそれがなかった。トランプ経済チームの中でエコノミストと呼ばれるのはナバーロとムーアのみである。ブルームバーグ情報は「トランプ時代にはエコノミストが不要になるのではないか[49]」とまで酷評した。

同チームにエコノミストがいなかったことは次の事情による。まず、トランプの経済プランには分析に必要な底の部分がなかったと解釈されていたことと、そもそも経済界が同氏を大統領に当選させないための潮流を作っていたからであった。

NABA（全国ビジネスエコノミスト団体）のエコノミスト（四一四名）を対象にした大統領予備選直後（八月）のポールによれば、その過半数（五五％）がヒラリー支持に回り、トランプ支持は全体の一四％に過ぎなかった[50]。ちなみに米国にみられる経済学者全体の党派地図は、おおまかなところ一対四の割合で民主党系が多いとされているが、その状況下でも共和党の著名エコノミスト達（フェルドスタイン、テイラー、マンキュー、コクレーン、ハバード、シュマレンシー、プール）までもがこぞってトランプを批判していたのである[51]。

2 トランプ減税――一七年十二月立法

トランプはサプライサイド経済学のうちの「限界税率[52]」の部分を政策に取り入れようとする。これは減税実施で生まれる納税者の可処分所得の増加分をデマンドに誘導しようとするものである。これが実現すれば経済はケインズの言う国家資金によるデマンド介入を要せず、したがってそのための資金を税収で手当てする必要もなくなるかもしれない。

しかし限界税率をどこに設定するのかは至難の技になる。その技として、ラッファー曲線、労働の弾力性などという道具が用いられるが、多くの経済学の分析法がそうであるように、試行錯誤の域を出ないようである。さらに、減税で生まれることになる可処分所得の増加が実際にデマンドの領域に移って行くかという根本問題も残されている。

一七年十二月、トランプ減税が立法化された。三十一年ぶりの大幅税制改正であった。同立法の中身に入る前にそれまでのトランプ構想を眺める。

トランプは少なくとも二〇〇〇年の時点で、自己流の減税構想を有していた。[53] 同氏は選挙戦中に複数の減税プランを発言したが、以下は同氏が選挙戦終盤期の九月に発表したシナリオである。[54]

◆一六年九月構想

①非課税所得の上限を現行の六三〇〇ドルから一万五〇〇〇ドルに引き上げる、②所得収入者の全部が恩恵を受ける（ヒラリー案：全部ではない）、③全所得者平均では年一八一八ドルが減税される（ヒラリー案：一七六ドル増税）などの特色が窺えた。[55] もっとも実際には高所得者のほうが低所得者よりも多い恩恵を受けるのは否めない。[56]

［**所得税**］現行の所得税七分類税率（最低一〇％、最高三九・六％）が次のように四分類税率（最低〇％、最高三三％）に改革される（一六年九月二十三日発表（donaldtrump.com）。[57] この内容はこの先の表3に掲げる。

［**法人税**］現行の三五％を一五％に下げる。企業の海外保留所得については同所得が米国に戻された時点で一〇％（現行三五％）を課税する。[58]

［**キャピタルゲイン税**］原則として現行税率（〇～二〇％）を維持する。[59]

［**相続税**］原則として廃止する。[60]

表3　トランプ減税法

単位：ドル

税率	所得額： 現行 2017	税率	トランプ減税法	税率	同： トランプ選挙戦
10%	0 - 9,525	10%	0 - 9,525	0%	0 - 15,000
15%	9,525 - 38,700	12%	9,525 - 38,700	12%	150,00 - 37,500
25%	38,700 - 93,700	22%	38,700 - 82,500	25%	37,500 - 112,500
28%	93,700 - 195,450	24%	82,500 - 157,500	33%	112,500+
33%	195,450 - 424,950	32%	157,500 - 200,000		
35%	424,950 - 426,700	35%	200,000 - 500,000		
39.60%	426,700+	37%	5000,000+		

一七年十二月立法（税改正雇用法）

「税改正雇用法」の名称で一七月一月下院に提出されたトランプ減税法は十二月、立法化された。下院での賛成二二四、反対二〇一、上院での賛成五一、反対四八が示すようにいわゆる難産立法であった。難産の主な原因は次の通りである。

民主党の多数議員は減税による政府収入の減少により社会福祉などの規模が縮小することと、減税の恩恵が実際には高額所得者に行き着くのを懸念した。

共和党の少数議員は減税による政府収入の減少が実際には政府負債を拡大させるのを懸念した。

難産のもう一つの原因は、問題としてほぼ常時登場する議会ルールであった。下院では過半数の賛成票が得られれば法案が通過するが、上院では、実際には全議員の五分の三、つまり上院議員一〇〇名のうちの六〇名が賛成しないと法案が通過しない仕組みがあるためであった。この仕組みは複雑でありここではその詳細説明を差し控えるが、今回の減税立法では同仕組みの中の例外条項が共和党側の策によって最大限、かつ巧みに用いられるに至った。

［所得税率］トランプ減税法
［法人税率］現行三五％を二一％に減税。

［キャピタルゲイン税率］現行税率（二〇％）を維持。

［相続税率］現行の控除額を倍増。

［企業海外利益の米国移転税率］現行三五％を八～一五・五％に減税。

［所得からの控除］扶養家族（チャイルド）控除額の倍増（イバンカ・トランプの発案）。

［企業設備の減価償却］現行の数年サイクルを一年に短縮。この恩典は一七年九月二十七日以降（つまり遡及的に）に購買された設備に適用。


以上の中で最も国民の関心を集めたのは個人所得税率の低減であった。立法はトランプが選挙戦中に提示した分類と税率を満足させるものではなかったが、国民は概ね「サンキュー」で応えた。所得税減税は永久的なものではなく、差し当たっての五年間の時限立法であった。なぜ五年かについては話が複雑になるが、前の箇所で触れた議会ルールの要求する上院六〇票ルールを巧みに避けるための共和党の戦術からきた。

他方で企業は「サンキューベリーマッチ」で応えた。国民の減税税率を超える一四％ダウンの新税率が企業に与えられたのである。この立法では①製造業企業の国外脱出の阻止、②すでに脱出した企業の呼び戻し、③外国企業の米国誘致、④国内企業の新規ないし拡充投資が狙われた。

以上の立法を受けてビッグスリーのクライスラー社は②で応えた。アップル社は、実際は複雑であるが、④で応えた。多くの企業は減税ボーナスの名目で立法成立後直ちに従業員に現金を支給した。

それでは減税によって失われる政府収入をどのようにして補塡するのか。失われる額については論者により金額が異なるが、今後十年間で一兆ないし一・五兆ドルの政府収入が失われるとされている。

財務省は減税法が成立した直前（十二月十一日）、以下を要旨とするわずか一ページのメモを発表した。[61]

［**財務省メモ**］今後十年間、実質GDP成長率がこれまでの予測値二・二％から二・九％に上がると見込まれる。差異の〇・七％は個人・法人税減税、規制緩和、国内インフラ整備のプラス効果からくる。この〇・七％は一兆八〇〇〇億ドルに置き替えられる。

以上のメモに対しては直ちに議会内委員会、民主党系学者の双方から批判が寄せられた。[62]

JCT（議会内税制委員会）「トランプ減税は今後十年間、GDP〇・八％をかさ上げするだろう。しかし同時に一兆ドルの政府赤字を増やすだろう」

ケイミン（ニューヨーク大、オバマ政権経済顧問）「財務省メモはジョークに類する。減税がそこから生ずる政府赤字を補填することなどは出来っこない」

ファーマン（ハーバード大、オバマ政権経済顧問）「財務省メモは当惑させるジョークだ」

トランプ減税を眺めたIMF（国際通貨基金）は、「米国の減税が政府負債を増やし、それが米国金利を上げ、結果的には長期的な成長を妨げ、株式市場を脆弱にし、突然の株価急降下になるのを懸念する」[63]とコメントする。

ラガルドIMF専務理事は一月末のダボス経済会議の場で、「米国減税は短期的にはたしかに米国ならびに他国に有効な効果をもたらすが、重大なリスク要因にもなりかねない。金融の脆弱性にインパクトを与える。現在、世界中で資産価値が高騰化している」[64]と述べる。

3 貿易赤字の解消による減税補塡（トランプ経済プラン）

前記の財務省メモはそれとして、トランプは大統領選前の九月、トランプ減税案から生ずる政府収入減を補塡するためのプランを国民向けに発表している。このプランはその後廃棄されたわけではなく現在でも生きている。同プランは前記の財務省メモがそうであったように、経済学者の多くから批判されたが、トランプは同批判に反論を加えることなく、同プランが導いた結論を着々と実行している。貿易赤字のゼロ化である。

まず、トランプの当時の減税が実施実されると今後十年間で二兆六〇〇〇億ドルの税収減になるとの指摘がなされた（TaxFoundation）[65]。

ロス商務長官とナバーロＮＴＣ事務局長が共同執筆した「経済プラン」は「減税」と「貿易」をリンクさせている。同プランは今後十年間で減税によって失われる政府収入のうちの一兆七四〇〇億ドルを新たな貿易戦略から得られる収入で補塡しようとする。

同プランは正式には『トランプ経済プランの査定：通商、規制、エネルギー政策の影響[66]』と名付けられた。以下の表現で始まる。

「我々のプランは、減税、規制削減、エネルギーコストの低下、恒常的な貿易赤字の除去を提示する。我々は米国ＧＤＰ成長率を画期的に高め、数百万の雇用を生み、数兆ドルの新たな税収を目標に置く[67]」

このプランでは、①減税、②恒常的な貿易赤字の除去、③新たな税収の三点がチェーンで結ばれている。

表4　政府負債（2015年末，米・中・日　）

GDP 単位：億ドル

	米国	中国	日本
GDP	18 兆 3600	11 兆 0070	4 兆 1230 ドル
政府負債 /GDP	104.17%	43.90%	229.20%

減税が実行されると国家収入が減るので、減税分に相当する国家予算が削減されなければならない。この削減を避けるための方法の一つは政府負債を増やすことになりがちになる。

しかし政府負債の増額は共和党が最も嫌う部分である。ちなみに米国は一五年のデータによれば、以下の表4が示すようにGDP／年をやや超える（一〇四・一七％）約二〇兆ドル（二二〇〇兆円）の政府負債を抱えている。このパーセンテージは日本の場合よりもベターであるが、中国の公称値には劣る。

［税収増］トランプ経済プランによれば、以下でみられるように「貿易政策の改革」により一兆七四〇〇億ドルの税収増が得られるとする。

貿易政策の改革から　　一兆七四〇〇億ドル
規制政策の改革から　　四八七〇億ドル
エネルギー政策の改革から　　一四七〇億ドル

貿易政策の改革の中身は「恒常的な貿易赤字のゼロ化」である。ではどのようにして貿易政策の改革から一兆七四〇〇億ドルという巨大な額が生まれるであろうか。

◆トランプ経済プランの中身

まず、同プランは二〇一七年時点の税率を根拠にしているのであり、この税率は、実際には、一八年十二月に成立したトランプ減税法という新法によって下がっている。その意味で実際には同プランが目指すほどの税収増が生じない。仮に、同プランの提示する税収増の二割が新法により失われるとしよう。そうだとすれば、上記の一兆七四〇〇億ドルの税収増は一兆四一九二億ドルにまで減る。後者の額は依然として巨大であり、これは新法によって生ずる政府収入減を十分に補填できる額である。

次に同プランの中身であるが、ここでは、トランプの考え方の方向性が分かる範囲で、その一部を紹介する。

◆中身：貿易赤字五〇〇〇億ドルとGDP

トランプ案は二〇一五年に生じた米国の貿易赤字約五〇〇〇億ドル（五五兆円）を素材にする。ちなみに同年以降の数値は、五〇二三億ドル（二〇一六年）[68]、五六六〇億ドル（二〇一七年）[69]というように、同赤字がさらに拡大している。

原文「米国は(A)二兆三〇〇〇億ドルを輸出し、(B)二兆八〇〇〇億ドルを輸入した。(C)五〇〇〇億ドルの赤字になった」。

トランプ案は(C)から出発する。まず、五〇〇〇億ドルは米国GDPの三・三八ポイントに相当する。(C)がなかったとすればGDPの実際値は五・九七ポイントに上がった筈だ。(C)を解消するためには輸出増か輸入減（またはミックス）をしなければならない。同案はこのように思考する。つまり同案はレシプロカル（相互収支ゼロ）貿易を求め、これが実現すると赤字五〇〇〇億ドルが消えるとする。

赤字五〇〇〇億ドルが消えた場合のシナリオ（原文から）

［個人所得税の増収］　ＧＤＰの四四％が人件費であることを前提にすると、(C)でいう五〇〇〇億ドルのうちの二二〇〇億ドルが失われた労働者所得に該当する。この二二〇〇億ドルに現行所得税率二八％を掛けると、(1)六一六億ドルの税収が得られた筈である。

［企業所得税の増収］　企業が一五％の利益を得ることを前提にする。この利益に一五％の法人税が課されたとすれば、(2)一一二億五〇〇〇万ドルの税収が得られた筈である。さらに税引き後の利益を見よう。この利益の三分の一が配当されたとすると一八％のキャピタルゲイン税が課されたことになり、(3)三八億三〇〇〇万ドルの税収が得られた筈である。

以上(1)、(2)、(3)の税収増は全体で単年度七六六億八〇〇〇万ドルになる。これを十年間に換算すると七六六八億ドルの税収になる。

さらに配当されなかった四二五億ドルの利益についてであるが、この額が五％／年の利率で再投資されたとすれば同額は十年間で一二〇二億一〇〇〇万ドルになる。ここからは(4)一八〇億四〇〇〇万ドルの税収が得られた筈である。

(1)、(2)、(3)、(4)の合計は七八四八億四〇〇〇万ドルになる。

トランプ案の説明はさらに続き、最終的に一兆七四〇〇億ドルの新税収が得られることを提示するが、ここでは以上の範囲の説明にとどめる。

上記をまとめれば、トランプは赤字額五〇〇〇億ドルがなかったとすれば、さまざまな「答だ」が生まれ、結果的には税収が伸びるとする。これは手品に近い思考とも言えるが、この案を、論理的かつ完全に打破することも難しい。

◆トランプ案への批判

トランプ案が発表された後、ヒラリー応援の民主党系経済学者グループ三七〇名（ノーベル賞受賞者八名を含む）が「トランプ経済政策に欠陥あり」とする文書に署名した。[70]その後署名者数は選挙直前までに七九〇名に増えた。[71]同グループとは一線を画する共和党ブレインの経済学者マンキュー（ハーバード大）までもが、トランプ案には「まさにがっかりする。経済学部の一年生の知識さえない」[72]と酷評する。

他方でトランプの当選後になりエコノミストの一部がトランプ案を真剣に眺めるようになる。例えばフォルカートランダ（ドイツ銀行主席エコノミスト）は「トランプ案は現状維持というこれまでの路線を改革しようとする点で注目に値する」[73]と述べる。オーストラリアのエコノミスト・スローンは「多くの経済学者はトランプを危険人物とするがその根拠は薄弱ではないか」[74]と指摘する。

◆貿易赤字とGDP

トランプ経済プランにみられる貿易赤字とＧＤＰの関係は、その詳細の当否は別として、通常、経済界が拠り所にする見方である。

以下は経済情報ウェブサイト「MarketWatch」に現れた表現である。

「一七年第4四半期に生じた貿易面の大赤字が第3四半期に達成されたGDP成長率三%が続くのを阻止した（一八年二月六日）[75]」

ここから窺われるように、貿易赤字はGDPにマイナス影響を与えている。

筆者を含めた実務家にとって大事なことは、トランプという大統領がこれを信念として米国を運営しているという事実である。トランプ案が経済学者という村社会の（ほぼ）コンセンサスに一致するかどうかは第二の問題にならざるを得ない。経済学者が政治を担当しているわけではないのである。

注

注1　http://www.businessinsider.com/trumps-six-month-approval-rating-plummets-to-a-record-low-2017-7

注2　Ibid.

注3　http://www.cnbc.com/2017/07/14/heres-where-people-on-main-street-give-trump-a-76-percent-approval-rating.html

注4　Ibid.

注5　http://www.cnn.com/2017/10/30/politics/trump-approval-quarter-interactive/index.html

注6　Ibid.

注7　https://www.washingtonpost.com/politics/poll-far-more-trust-generals-than-trump-on-n-korea-while-two-thirds-oppose-preemptive-strike/2017/09/23/5cc4377c-9fbb-11e7-8ea1-ed975285475e_story.html?utm_term=.03eed25295f3

注8　https://www.yahoo.com/news/nbc-wsj-poll-43-approve-140551458.html

注9 https://www.whitehouse.gov/the-press-office/2017/07/31/remarks-president-trump-cabinet-meeting
注10 https://www.bea.gov/newsreleases/national/gdp/2017/gdp4q16_adv.htm
注11 https://seekingalpha.com/article/4135610-unemployment-rate-signaling-recession-update-january-5-2018
注12 http://www.nasdaq.com/article/stock-market-news-for-jan-19-2018-cm907658
注13 https://www.bea.gov/newsreleases/national/gdp/gdpnewsrelease.htm
注14 http://www.telegraph.co.uk/news/2017/01/20/president-donald-trump-gets-work-immediately-inauguration-day/

注15 http://thehill.com/homenews/campaign/306949-kissinger-trump-has-no-baggage
注16 http://www.politico.com/story/2016/12/trump-kissinger-russia-putin-232925
注17 http://thehill.com/homenews/administration/329373-the-memo-trumps-unpredictability-brings-risks-and-rewards

注18 https://www.ft.com/content/b56c7c9c-3ecf-11e7-82b6-896b95f30f58?mhq5j=e3
注19 https://www.thenation.com/article/mad-men-trump-may-be-the-perfect-vehicle-for-kissingers-philosophy/
注20 http://www.theatlantic.com/international/archive/2016/11/kissinger-order-and-chaos/506876/
注21 http://thehill.com/homenews/administration/307791-exclusive-majority-expect-donald-trump-to-keep-promises
注22 https://www.whitehouse.gov/america-first-energy
注23 http://www.factcheck.org/2017/04/100-day-action-plan-scorecard/Summary
注24 https://www.donaldjtrump.com/press-releases/donald-j-trump-delivers-groundbreaking-contract-for-the-american-vote1

注25 http://www.cnn.com/2016/12/07/politics/bob-dole-donald-trump-taiwan-lobbying/
注26 http://www.factcheck.org/2017/04/100-day-action-plan-scorecard/Summary
注27 https://assets.donaldjtrump.com/Trump_Economic_Plan.pdf
注28 http://www.sierraclub.org/policy/energy/fracking
注29 http://www.dukechronicle.com/article/2016/01/study-shows-fracking-leads-to-falling-property-value
注30 http://www.factcheck.org/2009/01/clean-coal-confrontation/
注31 https://inflationdata.com/Inflation/Inflation_Rate/Historical_Oil_Prices_Chart.asp
注32 http://www.nasdaq.com/markets/crude-oil.aspx
注33 http://www.macrotrends.net/2480/brent-crude-oil-prices-10-year-daily-chart

注34 http://www.wsj.com/articles/u-s-exports-first-freely -traded-oil-in-40-years-1452643962

注35 http://www.nikkei.com/article/DGXMZO1577870S7A110C1000000/?n_cid=MELMG002

注36 http://www.politico.com/story/2016/06/donald-trump-keystone-canada-energy-224204

注37 http://www.cnn.com/2017/05/31/politics/trump-paris-accord/index.html

注38 http://www.politifact.com/truth-o-meter/article/2017/jun/01/fact-checking-donald-trumps-statement-withdrawing-/

注39 http://www.factcheck.org/2017/04/100-day-action-plan-scorecard/Summary

注40 http://www.huffingtonpost.com/entry/trump-attorney-general-jeff-sessions-racist-remarks_us_582cd73ae4b099512f80c0c2

注41 https://www.bostonglobe.com/metro/2016/11/14/state-sanctuary-cities-risk-losing-federal-funds/FdQaxUq0SsxFIVVSVr6zmI/story.html

注42 http://www.cnn.com/2015/11/11/politics/donald-trump-deportation-force-debate-immigration/

注43 http://www.cnn.com/2015/12/07/politics/donald-trump-muslim-ban-immigration/

注44 http://www.kob.com/news/president-donald-trump-congress-tax-reform/4685659/

注45 https://en.wikipedia.org/wiki/Taxation_history_of_the_United_States

注46 Ibid.

注47 https://www.donaldjtrump.com/press-releases/trump-campaign-announces-trump-economic-advisory-council

注48 http://www.theatlantic.com/politics/archive/2016/08/trump-econ-speech-detroit/494888/

注49 https://www.bloomberg.com/view/articles/2017-01-10/how-economists-can-stay-relevant-under-trump

注50 http://files.constantcontact.com/668faa28001/5ac72447-7e42-4a38-90d7-baf2872d0755.pdf?ver=1471625888000

注51 https://stanfordpolitics.com/conservative-economists-in-exile-in-the-age-of-trumpism-53e407678ba8#.epymjkq6

注52 Supply-Side Economics, James D. Gwartney, The Concise Encyclopedia of Economics, edited by David R. Henderson, Liberty Fund, Indianapolis, 1993, 2002, 2008 p. 482

注53 http://www.forbes.com/sites/anthonynitti/2015/06/16/donald-trump-announces-bid-for-presidency-what-is-his-tax-plan/#4fb391ed72b6

注54 https://www.donaldjtrump.com/policies/tax-plan

注55 http://www.realwcm.com/single-post/2016/10/14/Donald-Trumps-Tax-Plan

注56 http://www.npr.org/2016/11/13/501739277/who-benefits-from-donald-trumps-tax-plan
注57 https://www.donaldjtrump.com/policies/tax-plan
注58 Ibid.
注59 Ibid.
注60 Ibid.
注61 https://www.treasury.gov/press-center/press-releases/Documents/TreasuryGrowthMemo12-11-17.pdf
注62 http://www.businessinsider.com/treasury-report-trump-gop-tax-reform-bill-analysis-2017-12
注63 https://www.theguardian.com/business/2018/jan/26/imf-chief-warns-trumps-tax-cuts-could-destabilise-global-economy
注64 Ibid.
注65 https://www.donaldjtrump.com/press-releases/white-paper-on-djt-econ-plan
注66 Ibid.
注67 Ibid.
注68 https://www.bea.gov/newsreleases/international/trade/2017/pdf/trad1216annual_fax.pdf
注69 https://www.marketwatch.com/story/us-trade-deficit-in-trumps-first-year-soars-to-9-year-high-of-566-billion-2018-02-06
注70 http://thehill.com/blogs/pundits-blog/presidential-campaign/297719-economists-have-a-message-clintons-policies-are
注71 http://money.cnn.com/2016/11/01/news/economy/economists-letter-dont-vote-trump/
注72 http://www.newyorker.com/business/currency/trumps-muse-on-u-s-trade-with-china
注73 http://www.reuters.com/article/us-usa-trump-deutsche-bank-idUSKBN14U1MU
注74 http://catallaxyfiles.com/2017/01/10/economists-against-trump/
注75 https://www.marketwatch.com/story/us-trade-deficit-in-trumps-first-year-soars-to-9-year-high-of-566-billion-2018-02-06

第四章　トランプの国際政策

一　トランプ外交

一七年八月、「アメリカファーストによる外交政策」が大統領イッシュとして再確認されたことから窺えるように、トランプの外交政策はこれまでの政権のものに較べて明らかに異なる。アメリカファーストによる外交政策とは、次に触れるように米国のパックスアメリカーナからの撤退を意味する。

1　パックスアメリカーナ（PA）からの撤退

パックスアメリカーナ（Pax Americana アメリカによる平和：ラテン語）は地政学上の米国例外主義を意味する。[1]米国覇権主義とも呼ばれる。

米国は一九一〇年代初頭に英国から世界経済の支配力をバトンタッチされた。[2]その後米国は「孤立主義」、「世界大恐怖」などの苦い経験をした後、第二次世界大戦に参戦した。米国主導の連合国は大戦末期になり（ソ連は除外された）、やがては日独が降伏すると想定し、その後の世界経済秩序を固めるための「ブレトンウッズ協定」を締結する。同協定の中身を巡って英国のケインズ代表と米国のホワイト代表の間で「ブレトンウッズの戦い」と呼ばれる激しいやり取りがあったとされるが、[3]結果的に大戦終了後のワールドオーダー（世界秩序）が、経済面での米ドル依存、②安全保障面で米国軍事力依存として確立した。これがPA体制の序章であった。

同大戦は独降伏に遅れた日本も核爆撃被害の効果で降伏したことで連合国側の完全勝利に終わり、PA体制が名実共にスタートする。米国は同体制の下で、その後生じた米ソ冷戦、朝鮮戦争、ベトナム戦争、中東戦争（やや複雑）などに対処することになる。

　米ソ冷戦では人命が犠牲にならなかったが、それとは次元を異にする「確実な核報復：MAD」とされる核兵器基盤の威嚇競争が生じた。ただその裏面で核弾頭数制限（SALT）と、弾道ミサイル防衛の制約（ABM）が合意された。核弾頭数制限の下で現在、ロシアは約七〇〇〇発、米国は六八〇〇発の核弾頭を保持している。[4]弾道ミサイル防衛の制約は奇妙に映るが一言で言えば、ミサイル防衛をほどほどにせよという取り決めである。完全なミサイル防衛が完成すると確実な核報復が阻害され、核による報復という抑止力効果が働かなくなるからである。

　朝鮮、ベトナム戦争では第二次大戦の場合と異なり米国が完勝できなかった。9・11事件に始まった中東戦争は対テロの部分につきいまだに戦闘が続いている。しかしトルーマンからオバマに至る米国大統領はPA体制を少なくとも維持してきた。

　トランプは「アメリカファースト」を旗揚げして大統領選を勝ち抜いたが、この旗は「PA体制への反旗ではないか（ロウビニ：ニューヨーク大）[5]」とする懸念が選挙戦の渦中で出た。

　ニューヨーク・タイムズのコーヘン記者はトランプ当選後の十二月、「これでPA体制は終わりになった[6]」と報じた。これとならんで少なからずの同類のコメントが各方面から現れた。ちなみに筆者は大統領選挙戦の段階で（一六年四月二十七日）[7]、トランプのアメリカファーストの外交面が「パックスアメリカーナ体制からの撤退」になると把握し講演などで発信していた。

　トランプは大統領就任式の場で以下を明言する。

「米国は米国の立場を誰にも押し付けるものではない。むしろ米国は自らの立場を他者が追従する標本として磨いていく」[8]

これは一見、温厚な表現である。しかし地政学上の解釈は異なる。ザ・ユーラシア・グループ（国際コンサルタント）代表ブレナー（に限られないが）は上記を次のように読む。

「トランプの就任演説のこの部分は第二次世界大戦後にみられた初めての、米国大統領による米国例外主義からの離脱宣言である」[9]

ブレナーの言う「米国例外主義からの離脱」は「パックスアメリカーナ体制からの撤退」に置き換えられる。トランプの就任演説は評論家イグナチオにより「マキャベリアニズム」思想に著しく近いともコメントされた。[10] この思想は、いかなる手段や非道徳的な行為も、国家の利益を増進させるのであれば肯定されるというものである。

ちなみにアメリカファーストなる思考は過去の共和・民主の両政権でも「バイ・アメリカン（米国製品を買え）」「ハイア・アメリカン（米国人を雇え）」として掲げられていた。しかしその宛先は国内の国民と企業であった。トランプの場合のアメリカファーストは、過去の政権にみられなかったPA体制からの撤退として国外を宛先としているのである。

トランプは大統領就任後の五月、NATO加盟国に対して軍事負担費の増額を要求した。[11] 今後の米国はNATOを主導するものではなく同盟国の一国に過ぎないことを宣言するものであった。さらにはこれまでの十七年間米軍を釘付けにした中東（米・アフガニスタン）戦争の根本的見直し（七月）が始まった。[12] これもP

A撤退の適用例になる。
ロシアが日本の北方領土を軍事要塞化したにもかかわらずトランプ政権は事実上傍観している。同要塞が米国に直接の危惧を与えるに至っていないことが傍観の根拠と解すれば、これも同じくPA撤退の適用に加えられよう。つまり日本の関心事は米国の関心事にならないのである。

◆オバマの「世界の警察官撤退発言」

実はオバマ大統領も「世界の警察官撤退」に触れた発言をしていた。オバマは任期中最後の一般教書（二〇一六年一月）で次の言葉を発している。

「どんな方法で、世界の警察官にならずに米国の安全を維持し世界をリードしたら良いか[13]（拍手）」

これはまず、米国が世界の警察官になりたくないことを示唆する。その意味で表面的にはトランプのPA撤退に繋がるが。両者の背景は著しく異なる。オバマの背景はイラク・アフガニスタン戦争に飽きた国民感情を共有しようとするものであり、トランプのそれはアメリカファーストという新たな国民感情を築こうとするものである。

オバマは過去を、トランプは将来をそれぞれの頭に入れた。以上の意味でオバマ演説は国民が求める希望を与えるものではなかった。演説にみられた（拍手）は民主党議員からのものであり「ご苦労さん」以上の意味を有するものではない。

◆ＰＡ撤退は米国孤立主義を意味しない

ＰＡ撤退は米国孤立主義を意味するものではない。「撤退と孤立とは区別されなければならない[14]（一七年十月）」アメリカファーストをトランプと共同で練った前主席戦略官バノンはこのように説明する。トランプも同様に区別している。

トランプは一八年一月催されたダボス世界経済会議（スイス）の場で、改めて次のように明言する。

「自分は米国大統領として、常にアメリカファーストに立つ。これは他国もアメリカと同様に自国ファーストに立つべきと同じことだ。しかしアメリカファーストはアメリカの孤立を意味するものではない。アメリカファーストはアメリカが栄え世界が栄えるというものだ[15]（一月二十六日）」

他面でアメリカファースト（ＰＡ撤退）が貫かれるとすれば、過去の米政権が他国との間で締結した安保条約が廃棄されないでもない。トランプはそこまでは明言していない。北朝鮮問題が例になる。米韓ならびに米日安保条約はトランプ政権下でも生きている。同条約が仮に「アメリカファースト」の理念にそぐわないとしても、トランプは現況下では、「条約上の義務として日韓両国を北朝鮮から防衛する」[16・17]と明言している。ただ、この二条約についても将来の改定が予測されよう。米日安保条約との関係では同条約の現行文（第五条）は米国の日本防衛義務を定めるが、日本の米国防衛義務を定めていない。

◆トランプの二演説：ポーランド、ダボス

［ポーランド演説］トランプは一七年七月、安保条約が締結されているＮＡＴＯ加盟国ポーランドを訪問

した。注目に値するのはトランプが同国で初めて「トランプの安全保障観」をやや格調高く演説したことであった。

「現代の基本的課題は西洋が、生存するための意志を有するかにある。我々はいかなる犠牲を払ってでも我々の価値観を守るために、同価値観に確信を有するか。我々の文明を破壊しようとする国々に対して、我々は我々の文明を維持する願望とそのための勇気を有するか[18]（七月六日）」

ここでは根底に西洋文明が意識されている。「いかなる犠牲を払ってでも」は他国に依存せずにつまり米国に依存せずにを示唆する。トランプは続けて次の言葉を加えた。

「（国々の相互関係は）国家同士のコミュニティーである。その中で共同に作業しなければならない。自由で主権のある独立国家が我々の自由と我々の利益を守るためのベストな国防になる。だからこそトランプ政権はＮＡＴＯ全加盟国に対して完全かつフェアな財政負担を要求した[19]（七月六日）」

コミュニティーはどちらかと言えば弱い絆の組織を意味する。トランプは安保条約上の同盟を柔らかく解釈し、共同作業つまり主従を取り払った協力関係が重要だと説く。主権のある独立国家という言葉を加えたのは「米国依存は止めなさい」になる。その上で重ねてＮＡＴＯ諸国への財政負担要求を引き合いに出した。

［ダボス演説］ トランプは一八年一月、ダボス世界経済会議（スイス）に出席した。米国大統領が同総会で

演説するのは異例である。二〇〇〇年のクリントン出席以来の出来事であった。

「世界にはごろつき政権、テロ、異端パワーなどの塊が存在する。この塊から身を守るために米国は友好・同盟国に対し自らの防衛力への投資、ならびに財政負担を求めている。米国と友好・同盟国の安全保障はそれぞれの国がフェアな分担をすることである[20]（一月二十六日）」

ダボス演説はポーランド演説の延長線上に置かれている。トランプは自分が大統領就任以来ブレていないことを示したかったのである。ポーランドという小国ではなく今回は、世界のビジネスリーダーが集まったステージで「米国依存は止めなさい」「しかし米国は皆さんと同等の立場で皆さんに与しますよ」の二点を再言した。

2　選挙戦での外交政策発言

ここでは改めて大統領選挙戦中のトランプを眺める。大統領予備選前の一六年四月、居並ぶ一七名の他の共和党候補者と民主党のヒラリーを脇目にしてトランプ外交政策が披露された[21]。

◆トランプ外交政策（全文）

［軍事力の再構築］私の下では米国民と米国安全保障がファーストに来なければならない。米国は軍備を再構築しなければならない。ロシアと中国は軍事力を急速に拡大してきたが米国はどうだ。最終的な抑制道具である米国核兵器は萎縮状態に置かれ、速やかな改良化に迫られている。一九九一年以

来現役軍人数は二〇〇万から一三〇万に、海軍艦艇数は五〇〇から二七二に減った、空軍では三分の一が削減された。トランプ政権は軍事力再構築に要する費用を払う。米国の軍事制圧力は絶対的でなければならない。

【**勝つための戦争**】米国が戦うとすれば勝利のためにだけ戦わなければならない。トランプは必要不可欠の場合を除いては米国精鋭を戦場に送らない。そして勝利プランがある場合にだけ精鋭を送る。

【**同盟国問題**】これらの国々は公正な負担をしていない。米国が膨大な安全保障を負担している中で同盟国は財政、政治、人的面で貢献すべきだ。しかし多くの同盟国は実際には何もしていない。

米国が防衛している国々は安全保障コストを支払うべきだ。支払わないとどうなるかを言おう。それらの国々に自力防衛させることを米国は決意すべきだ。この決意は固い。

【**友好国問題**】これらの国々は米国に依存できないと思い始めている。オバマ大統領は友好国を遠ざけて、敵国に頭を下げている。こんな有様は米国歴史上初めてだ。イランを見るがよい。

核兵器が作られていくではないか。これは絶対に許されない。トランプ政権はイランの核開発を絶対に許さない。イスラエルは米国の最も大事な友好国だが、オバマ大統領は友人扱いしていない。バイデン副大統領までもがイスラエル批判に余念がない。米国は昔からの友人をこじらせてしまった。友人達は助けを他に求めて行く。

【**対立国問題**】米国の対立国の一部は自分たちが米国の同盟国と勘違いしている。キューバ、サウジアラビアなどは米国を全く尊敬していない。ひどいも甚だしい。

両国首脳は大統領機エアフォースワンが着陸したさい、空港にも姿を見せなかったぐらいだ。他にもある。オバマ大統領は北朝鮮の核開発を傍観しているだけだ。

［過激イスラム問題］米国は過激イスラムの拡散を阻むための長期プランを要する。このために米国はイスラム圏内に所在する同志と連携していく。しかしその方法は対面通行でなければならない。まず、その同志は米国の味方でなければならない。米国は援助するが同志はそれに感謝しなければならない。過激イスラムに向けた苦戦は米国内でも生ずる。米国は切れ目のない移民政策で過激主義の国内上陸を阻まなければならない。

9・11の世界貿易センター惨事は真珠湾惨事よりもひどい。真珠湾犠牲者は軍人であったが、9・11は民間人だ。米国は国の反応が想定できる国から想定できない国に変わらなければならない。

以上にみられる大統領候補トランプの外交政策は、大統領就任後のヨーロッパならびにアジア訪問のそれぞれでも維持された。多くのメディアは大統領当選後のトランプ発言に一挙一憂する傍で、すでに選挙戦中に披露された上記のトランプ外交政策の存在を忘れたかのようである。

◆選挙戦での外交政策発言のその後

選挙戦での外交政策発言のその後を眺めよう。

［軍事力の再構築］トランプは陸軍兵力数を五四万（現数四七万五〇〇〇）に、海兵隊を三六大隊（同二四）に、海軍艦艇を三五〇隻（現計画二八〇）に増強すると述べたが、この増強は年額経常支出を約八〇〇億ドル引き上げることになると査定された。[22] トランプは実際には同額を下回る五〇六億ドルの予算を要求をした。

ブルッキングス研究所研究員オハンロンはトランプの提示に対しその方向性に同意するが、やや行き過ぎではないかとする。[23]同氏は陸軍兵力につき二〜三万の増強で事足りるとする。海軍艦艇についてはは三〇〇隻をやや超える程度に押さえても良いとし、それでも対中戦争に備えた戦闘力「二対一」原則が維持されるとする。[24]

陸軍参謀総長ミリー大将は米国の実際の陸軍兵力は連邦軍四七万五〇〇〇ではなく、州兵約五〇万人を加えた一〇〇万でありこれで十分とする。[25]

［同盟国］ 同盟国は安保条約ないしそれに類する取り決めをしている国を指す。NATO加盟国、日本、韓国、オーストラリアなどがこれに該当する。この中でNATO、日本、韓国には米軍が常駐しているという特殊事情がみられる。オーストラリアについてもローテーション（巡回）取り決めの下で事実上、米海兵隊が常駐しているに等しい。

トランプはオーストラリアを除く各国につき、ホスト国による防衛費負担問題の見直し交渉を始めつつある。

［友好国］ 友好国の取り扱いについてはやや複雑である。トランプはイスラエルを例示し、とくに、同国がイランから攻撃されることを想定した上で、米国のイスラエル支援を唱える。ちなみにイスラエルは自ら核兵器と弾道ミサイルを保有していることから、ここでいう支援は外交支援を軸とする。

イスラエルは直近の米国三政権のいずれもが解決に失敗したパレスチナ問題を抱えている。トランプはこの問題につき、まずパレスチナ自治政府のアッバス議長との直談判を終え、トランプ独特の方法で両国間の緊張緩和策を試みている。トランプはさらに米国サイドから、エルサレムをイスラエルの首都とみなして米国大使館を現在のテルアビブからエルサレムに移転することを宣言し、一八年五月に移転した。

［対立国］ トランプは選挙戦時に、対立国としてキューバ、サウジアラビア、北朝鮮を例示した。もっと

もキューバはオバマ政権により国交が回復されていること、サウジアラビアについてはイラク戦争時のW・ブッシュ政権に米軍の兵站拠点を提供したことから窺われるように、トランプ流の烙印はこれまでの米国政権の方針とは異なる面が見られる。

米・サウジ関係についてはトランプの大統領就任後、状況が一変した。トランプが選挙戦時に指摘していた「サウジ首脳が空港にも姿を見せなかった」がトランプ訪問時になり、国王サルマン自らがトランプのエアフォースワンを出迎えた。トランプも同国を最初の海外訪問国に選んでいたのである。こんなことがなぜ生じたか。

最大の理由は「マネー」である。サルマン国王はトランプとの会談の場で米国製武器、総額三五〇〇億ドル（今後十年）の買い付けに合意し、そのうちの一一〇〇億ドルが直ちに実行されることになった[26]。このマネーの巨額さは日本の一七年度防衛予算（約五〇〇億ドル）と較べれば分かろうというものである。なおこの取引はトランプ訪問時以前に両国政府間で固められていた。そうでなければトランプが大統領としての最初の訪問国にサウジを選ぶ筈がなかった。

［過激イスラム問題］トランプのいう過激イスラムの最大組織は「IS（イスラム国）」である。ISが世界に散在する中でトランプはシリアならびにアフガニスタン所在のIS壊滅に焦点を当てる。

この壊滅作戦は現在も続いているがトランプ政権は一七年十月九日、「両国でのIS壊滅度については、政権成立後の八カ月間にオバマ政権が八年間で成し遂げた成果を上回った[27]」と発表する。

シリアの状況に絞ってみる。同国は現在、①政府軍（アサド政権）、②反乱軍（フリー・シリアン・アーミー）、③連合軍（クルド族など）、④外国軍（ISなど）という四勢力が登場する内戦に巻き込まれている[28]。トランプが述べた「イスラム圏内に所在する同志と連携していく」でいう同志は、四勢力の中のクルド族を指す。

トランプの前任者オバマはアサド政権の崩壊を狙いクルド族を含む複数の反アサド勢力を支援していた。オバマ路線が一定の範囲内で引き継がれた中で、トランプはオバマ以上にIS壊滅に力を入れた。トランプはクルド族を抽出し、この勢力に米軍正規軍に配備されている装備と同一のハイテク高性能武器を供与しIS掃討に取り組ませた。[29] しかし副作用も生じた。クルド族の戦略拠点がトルコ国境に近いシリアに所在するために、トルコがクルド族の米軍供与装備に不安感を抱くに至ったのである。トルコはどちらかと言えば親米的な国柄であるが、トランプのクルド族への新装備供与に反発したトルコは五月になり、同国からの米軍撤退を要求するに至った。[30]

3　トランプ外交への疑心暗鬼

まず外交という本体を確かめよう。外交というと国連での演説、TPP交渉でみられた外交官の振る舞いがイメージとして浮かぶがこれは外交の一現象に過ぎない。外交の本体は別物である。

オバマ政権で国務省政策担当部門の長に抜擢されたプリンストン大のスローターはストレートに、外交の本体は「大砲と爆弾による安全保障と、マネーによる経済の合体である[31]」と説明する。この定義はトランプ政権では微妙に変わる。

トランプは「米国の利益に合致する限りで」をこの文章の前に置く。したがって実際にはオバマとは異なる外交政策を展開する。

トランプの「TPP撤退」が具体例の一つになる。トランプはオバマが仕上げようとしたTPPのみならず、同氏が仕上げたKORUS（米韓貿易協定）を眺めて、これらは聞こえの良い米国主導であったが，その実態は米国の行き過ぎた妥協であったと解する。

二　米国軍事力の強化

1　なぜ強化するのか

トランプは米国軍事力の強化を唱える。これは選挙戦中も大統領就任後も一貫した発言であり、大統領イッシュの中でも重ねて明示されている。この点についてはティラーソン前国務長官も同じであった。ティラーソンは一七年五月三日演説にみられるように、「米国を守るための外交は強力な軍事力を要する」と述べている。米国はすでに世界最強の軍事力を有するのではないか。それにも増してなぜ強化するのか。

「平和を求めたいなら戦争を準備せよ。Si Vis Pacem, Para Bellum」がトランプに宿っている。

強化の具体的な理由は少なくとも三つある。⑴米国のパックスアメリカーナからの撤退、⑵中国ならびにロシアの軍備拡張路線への対処、⑶米国軍需産業の発展的維持になる。まず、⑴と⑵を掲げる。⑶についてはこの先の「本章二—3　米国軍事産業への影響」で触れる。

「パックスアメリカーナ（PA）からの撤退」　これまでのPA体制の下では世界秩序が米軍の物理的プレゼンスと、それにリンクする安全保障ネットワークにより維持されてきた。主なプレゼンスとして、米国を一方の当事者とする安保条約をベースにしたドイツ、韓国、日本などの国に駐留するそれぞれ数万単位の米軍の存在が知られている。あまり知られていない例としてはアフリカ駐留の米軍がみられる。この米軍は安保ネットワークをベースにし、アフリカ五四カ国のうちの五三カ国に総数約六〇〇〇名の実働部隊が駐留している。[32]

ＰＡ体制は、実際は、米軍のみによる秩序維持ではなかった。同体制に与した各国の軍隊が米軍と共同行為をすることがセットされていた。

九三年に勃発した湾岸戦争を例にしよう。この戦争は米国の意志で始まったが開戦後、米軍兵員数（一六万五〇〇〇人）に加えて三九カ国の兵員（六万七九一七人）が参戦した。[33] 参戦理由は国ごとにニュアンスを異にするもののその根底には共通感があった。各国が世界の警察官としての米軍の役割に賛同し、補助警察官として参加したのである。

ＰＡ体制が消えると上記の例では、三九カ国の参戦意思が乱れることが容易に想像される。何を好んで米国だけの利益のために参戦しなければならないかという意識が生まれる。

トランプの下では米国は少なくとも三九カ国が貢献した部分を自前で補填しなければならなくなる。これは比喩であるが、米国は少なくともその分の軍事力を強化しなければならなくなる。

［中国ならびにロシアの軍備拡張路線］中国軍ならびにロシア軍の発展的軍備整備が続いている。これは今に始まったものではない。

注目に値するのは両国がトランプのＰＡ撤退を好機として海外基地の充実を図ろうとしている点である。

中国は一七年八月、アフリカ北東部で中東産油国に面するジブチ国に海軍基地を正式に発足させた。[34] 中国最初の海外軍事拠点である。ロシアはこれまでに日本国領土である択捉、国後両島を要塞化しているが、新たに、千島列島中部のマトゥア島（松輪島）で海軍軍基地建設を計画している。[35]

中国ならびにロシアにみられる新たな軍事拠点のデビューは両国の世界戦略の一端であり、しかも序の口である。トランプは現在これを冷静に眺めている。

トランプは一七年十二月に文書として発表した「米国安全保障戦略」の中で「中国ならびにロシアの脅威」を重視している。同文書上には「中国」が三三回、「ロシア」が二六回登場している。これに比べて「北朝鮮は」一四回に過ぎない。

ニューズウイーク記者オッコナーは一八年二月、「米国に向けられている中ロ軍事同盟ならびに、両国戦闘力の合体がこれまで以上に強くなることにより、そこから生まれる脅威が今後の米国安全保障政策に重要な影響を与える[36]（二月十四日）」とコメントする。

筆者のコメントを加えよう。まず中ロ両軍は二〇一二年以来、合同軍事演習を毎年実施している。一七年の場合、両国海軍の軍事演習が七月二十四日から四日間バルチック海で催された。ここまではさほど驚くことではない。

他方でトランプが九月十九日の国連総会で北朝鮮非難演説をすることが予測されていた。中ロ両国は急遽、同日にオホーツク海ならびにロシア領土内で八日間の軍事演習を催したのである。同演習は「北朝鮮を米国の意のままにさせない」とする両国からトランプへのメッセージであった[37]。

2　何を強化するのか

強化は、国防費支出の増額から始まった。米国の同支出はすでに世界第一位である。第二位から第七位までの国々の総額を上回り、中国（二一六〇億ドル：二〇一六年[38]）の約三倍、日本（四三六億ドル：二〇一六年[39]）の約一七倍である。

表５　国防予算推移

単位：億ドル

	2018	2017	2012	2007
	＜トランプ＞			
経常支出	5745	5239	5304	4315
非経常支出	646	737	1266	1693
総支出	6391	5976	6570	6013

［国防予算］　表５は会計一八年度のトランプ予算とこれまでの五年ごとの国防総省支出である（資料：国防総省[40]、行政予算管理局[41]）。

以上の中で「経常支出」が重要である。この部分は対前年度比で五〇六億ドル増加した。支出は軍人を含む職員給与、装備調達、国内外の基地運営費に充てられる。これに対して、「非経常支出」は戦闘関連経費である。戦費の当否については放任されているわけではないが、現に戦闘状態が継続している限りペンタゴンの戦略企画担当者の要求額を削減するのは事実上困難である。実際はこのほかに「関連官庁支出」がある。例えば核兵器に関わる経費はエネルギー省支出になるので国防総省予算には表示されない。これまでの関連官庁支出は、一七五九億ドル（一七年）、一五九三億ドル（一二年）、一二〇二億ドル（〇七年）であった。

一七年度の経常支出額は十年前のイラク戦争時に較べて二一・五％増えたがその反面で、五年前よりも下回った。その理由は一三年度から施行された国防予算の上限自動カット法の影響からきた。同法は少なくとも「経常支出」に関する限り、理由が何であれ所定の上限を超えさせないとするものであった。選挙戦ではトランプ（ヒラリーも同じ）は同法の廃止を訴えた[42]。

非経常支出（戦費）は、一七年では十年前の半額にまで縮小した。中東地域の米軍戦闘部隊が大幅に引き揚げたためであった。

しかし関連官庁支出は十年前に較べてむしろ増額された。これはすでに触れたように核戦力面を担当するエネルギー省予算が国防総省予算に含まれていないこと、米国国防政策が以前よりも複雑化していること、これらの官庁は自動カット法が適用されないことによる。

国防総省（一七年十月発表）によれば、米国は9・11事件から現在までに一四〇兆ドル（一五四兆円）の直接戦費を支出した[43]。ブラウン大学（十一月）は、外国支援などの関連支出を含めると総支出は五六〇兆ドル（六一六兆円）になると査定する[44]。これは日本の年間国家予算の約五倍に相当する。

◆トランプの国防費増額支出先

トランプの国防費増額支出先は以下のようである（資料：五月二十三日国防総省予算要求[45]）。支出のうちの四三八億ドルが軍需産業に流れていく調達費である。国防総省全体の調達費が二〇八六億ドル（二三兆四六〇〇億円）であるからこの増額は全体の二割強になる。

・前年認められた陸軍・海兵隊の兵員増加の維持、新たに空軍・海軍兵員数を増加。
・四軍の稼働経費・兵站・維持、訓練・予備費の増額。
・海軍工廠能力の増強・海軍航空機兵站の増強。
・陸軍での航空訓練の増強。
・空軍での武器装備の増強。
・パイロット／整備要員不足で生ずる末端能力の増強。
・高性能軍事装備への投資増額。
・四軍全般施設に関わる維持・保全・近代化の加速。

支出の宛先（調達・研究開発）が以下のリストにみられる。先の箇所で触れた対前年度比五〇六億ドル増加のうちの四三八億ドルが下記に現れている。その差額六八億ドルは四軍の兵員増加を含めた「その他の支出先」に行く。

・F‐35戦闘機：七〇機（一〇三億ドル。単価一四七万ドル（一五〇億円））
・KC‐46空中給油機：一五機（三一億ドル。同二〇六万ドル（三二〇億円））
・B‐21爆撃機：B‐2の後継機として開発継続（二〇億ドル（二二〇〇億円））
・バージニア級潜水艦：二隻（五五億ドル。同二八億ドル（三〇〇〇億円））
・DDG‐51駆逐艦：二隻（四〇億ドル。同二〇億ドル（二二〇〇億円））
・CVN‐78航空母艦：一隻（四六億ドル。（五〇〇〇億円））
・装甲車両：二六四七両（一一億ドル。単価四一万ドル（四五〇万円））
・科学技術支出：一三二億ドル
・上記合計　四三八億ドル（四兆八一八五億円）

F‐35戦闘機。この戦闘機は多用途ステルス機として爆撃機の役割も演ずる。海兵隊が一五年七月に、空軍が一六年八月にそれぞれ運用を開始した。三七年までに計二六六三機が製造され、七〇年に予定される退役年までの総経費として、一兆五〇八〇億ドル（約一六五兆円）が見積もられている。

V‐22オスプレー。日本でなにかと話題になる多目的チルトローター機である。〇五年十二月に運用が開始され、これまでに三五〇機以上が製造された。この機は国防費増額の宛先にはなっていないが、一八年度の通常調達対象として六機が製造される。

◆トランプ政権の核戦力

一九八六年時点で世界中に、七万〇三〇〇発の核弾頭が所在していた。[46] その後、米ロ間の核兵器削減条約でこの数は大幅に減った。現時点で米国は六八〇〇発の核弾頭を保持し（ロシア七〇〇〇発）、実際に米軍に配備されているのは一八〇〇発であり残余は備蓄状態に置かれている。[47]

一八〇〇発の中の弾道ミサイル核弾頭については、主要配備先はノースダコタならびにワイオミング両州に所在する地上ICBM発射基地と全世界の海中に展開された米海軍の戦略原子力潜水艦である。後者のうちでよくメディアに登場するのがオハイオ・クラス原潜（一八隻）であり、この原潜のうちの一四隻がはトライデントC‐4核弾頭（射程七四〇〇キロ、ICBM）を二四発装備している。[48] したがってこの原潜は、インパクト目標地点から七〇〇〇キロ以上も離れた海中から敵国を破壊できる能力を有することになる。以上に加えて、米空軍のB‐1ならびにB‐2爆撃機が核弾頭の運搬手段として用いられる。

配備されている一八〇〇発の核弾頭のうちの五〇〇発が戦術核とされる小地域破壊力弾頭（B61）である。[49] トランプ政権は一七年九月までに、その超小型化を含む戦術核の近代化、言い替えれば改良化に着手した。[50] この背景には、「少なくとも万単位の人命を奪いかねない通常の核弾頭を用いることは実際には大決断を要する。それならば破壊力の劣る小型弾頭を通常戦力を補完する目的で用いても良いではないか」の思考が宿る。[51]・[52]

実は核弾頭の小型化構想はオバマ政権時に始まり、同政権は一五年秋までに、戦闘機搭載の小型核弾頭（B‐61‐2型）のテストをネバダ州の砂漠で成功させていた。[53] しかし小型核弾頭が本格的に導入されるためには一兆ドルとも試算されたプログラムの下で弾頭の改良をするのが望ましいと査定された[54]。国防総省は一八年二月二日、「核体制の見直し」文書を発表し[55]、その中で核弾頭の小型化と同小型核弾頭のさらなる近代化が改めて確認されるに至った。

◆議会からの支持

軍事力の再構築は「トランプ政権イッシュの四」にも重なるが議会からの支持はどうか。この再構築課題はまずトランプの一八年度予算教書（一七年五月発表）で国防省通常予算六〇三〇億ドル要求（日本の防衛予算の約一〇倍）として現れた。オバマ時の要求額プラス三％である。

これについては七月になり、上下両院軍事委員会が六四〇〇億ドルを認めた。要求額を超える額が認められたことになるが、議会が軍事費につき政府要求額を超える額を認めるのは米国では良く見られる現象である。

トランプの軍事力の再構築構想は大まかなところ超党派で支持されている。トランプが批判した「海軍艦艇数は五〇〇から二七二に減った」は、二七二が三五〇に上方修正されつつある。最新鋭戦闘機F‐22を現有数一八七機以上に増やす案なども浮上したが同機の場合はF‐35に較べて整備費（とくに整備時間）コストが異常に高くなるためにF‐22増数案は見送られそうである。

トランプは軍人給与の増額を掲げている。今回の予算では公務員全体の平均賃上げ率を一・九％とし、軍人については二・一％、他の公務員については一・四％の賃上げ率が設定された。これも超党派で支持されそうである。

なお、軍事力再構築への議会の支持は北朝鮮情勢の悪化と中国の軍事拡張路線への懸念にスライドしている。

3　米国軍事産業への影響

［軍需産業の発展的維持］　米国はすでに世界最大の軍需産業国である。二〇一六年にみられた同産業の総売上は国内GDP約二〇兆ドルの一%（二〇〇〇億ドル：二二兆円）を占める（ディフェンス・ニュース資料[56]）。そのうちの海外売り上げはすでに全世界需要（約一〇〇〇億／年）の約三分の一を占め[57]、これも世界のトップである。以下で、一六年の米国上位一〇社につき、世界ランキングと同年の売上をリストアップする。

・ロッキードマーチン（世界第一位四三五億ドル：四・八兆円）／ボーイング（二位二九五億ドル）／レイセオン（四位二二四億ドル）／ノースロップグラマン（五位二〇二億ドル）／ジェネラルダイナミックス（六位一九七億ドル）／L3テクノロジーズ（八位八九億ドル）／ユナイテッドテクノロジーズ（一二位六九億ドル）／ハンチントンインガルズ（一三位六八億ドル）／テキストロン（一六位四四億ドル）／ハニウエル（一七位四四億ドル）／一〇社合計一六六七億ドル（一八兆三三七〇億円）

ちなみに同年の日本軍事産業はどうか。以下がトップ三社である。

・三菱重工（二一位四〇億ドル：四四〇〇億円）／川崎重工（六八位九億ドル）／小松（六九位九億ドル）

日本一位の三菱重工にしてもロッキードマーチンと較べるとその一〇分の一でしかない。なおこの両社には第五世代戦闘機F‐35につき、製造開発メーカーとライセンス製造メーカーという関係がみられる。

トランプは七月（二十一日）、米国軍需産業の強化を図るための大統領命令を発した[58]。

ＰＡ体制が終わると同体制下に置かれていた各国の安全保障は米国依存型から独立型に変わる。これにより、米国（ならびにヨーロッパ）軍事産業にとっての需要増が確実に予測されるのが大統領命令の背景にみられる。

三　トランプの国家安全保障戦略

一七年十二月十八日、大統領としてのトランプ発議会宛の国家安全保障戦略文書が発表された。ホワイトハウスは義務として数年に一度この文書を発表する。直近では一五年のオバマの発表がみられる。

この文書は、トランプが選挙戦で掲げたガバナンス公約の延長線上に置かれるものであり、その意味ではとくに目新しいものではなかった。しかし別の意味では著しく重要なものになった。それはトランプがこの文章に署名した十二月までに、トランプ自身がヨーロッパならびにアジアを旅行を通じた自分の目で眺め、中ロを含む各国の首脳と会談し、北朝鮮問題という喫緊の課題に対処したという環境下に置かれていたことである。トランプの戦略文書はオバマ政権のそれとは著しく異なるものになった。

トランプは「アメリカファースト」を国家安全保障の基盤に置き、米国のＰＡ（パックスアメリカーナ）体制からの撤退を披露したが、オバマではＰＡ体制の維持を踏まえた「国際協調主義」が強調されていたのである。例えばオバマの一五年文書ではＴＰＰ協定が引き合いに出され、同協定を通じての国際協調が唱えられた（オバマ文書二四頁）。

両大統領共に「アメリカンリーダーシップ」を認めるが、ここでも両者間に開きがあった。トランプのリーダーシップは結果として生ずるリーダーシップである。オバマのそれは最初から同リーダーシップを意識して戦略が立ち上げられた。言い換えれば、トランプは冷めた現実主義の見方に立つが、オバマでは理想主義に傾くやや興奮気味の姿勢がみられた。

トランプが公表した戦略は以下の言葉で始まる（文書、一頁）。

「アメリカファースト基盤の国家安全保障戦略は、米国の諸利益を新鮮な目で吟味しようとするアメリカン原理にもとづく。これは米国が直面している外からの挑戦に立ち向かう決意でもある。この戦略は現実主義（リアリズム）を原理とし、イデオロギーではなく物事の結果により導かれる。この戦略は平和・安全保障・繁栄を強固な主権国家に依存させ……アメリカの諸原理が世界の『善』に向けた不消滅の力を実現するということに帰着する」

以上から。「現実主義」と「主権国家」の二つがキーワードになっている。

現実主義はトランプの大統領就任演説の言い回しにもみられた。トランプは過去の大統領と異なりイデオロギーを訴えなかった。主権国家はすでに本章で触れたトランプのポーランド演説（六月）に明示された。これは十一月のアジア訪問でも繰り返された。そこには「安全保障をアメリカに依存するな」の意味が込められている。

つまり主権国家が誕生したウエストファリア体制（一六四八年）に戻れである。誤解を恐れずに言えば、世界各国は北朝鮮のような自立国家になれ、とトランプは言う。

1　四つの柱

トランプは国家安全保障戦略を次の四つの柱に分ける（七頁〜一四頁）。この部分が全体（六四ページ）の約六割を占める。なお、これとは別に地域別の戦略が加えられた（五五頁）。

(1)　米国民、米国本土、米国人の生活様式を保護すること
(2)　米国の繁栄を促進すること
(3)　力による平和を維持すること
(4)　米国の影響力を増進すること

(1)では、米国本土と領土を守れ、脅威の源をなくせ、サイバー攻撃から守れ、(2)では、国内経済を再始動せよ、レシプロカル（相互収支ゼロ）貿易を促進せよ、研究開発・技術・知財・イノベーションを主導せよ、豊富なエネルギー資源を育め、(3)では、軍・軍需産業基盤・核分野の部隊・宇宙・サイバー・諜報に関わる分野、競争性を有する米国外交分野の双方でアメリカの優位な競争力と能力を再始動せよ、(4)では、米国にアプローチする同盟国を激励せよ、多国籍フォーラムでベターな結果を達成せよ、アメリカの価値を揺るぎないものにせよ、などが記された。

2　大量破壊兵器とサイバー

トランプの戦略文書は個別事項として、大量破壊兵器とサイバー問題を以下のように記述する。

〔大量破壊兵器：ＷＭＤ〕北朝鮮は米国を狙った核兵器を使用する。この国はミサイルによる化学・生物兵器も開発している。中国とロシアは米国のクリティカル・インフラストラクチャーと指揮・管制機能に脅威を与える高性能兵器と能力を開発している。米国の優先アクションは以下のようになる（八頁）。

・ミサイル防衛を強化すること。
・ＷＭＤを探知・破壊すること。
・ＷＭＤの拡散防止を強化すること。

〔サイバー時代のアメリカの安全〕米国で発明されたインターネットは、全世界と全世代の未来を米国の価値が反映されたものにしなければならない。強固で防衛能力のあるサイバー・インフラストラクチャーは経済成長を促進し、我々の自由を擁護し、国家安全保障を推進する。これに関わる優先アクションは、以下のようになる（一二頁）。

・リスクを認識し、同リスクを差別化すること
・六方面のキー・エリアを検証すること（1）国家安全保障、（2）エネルギー・電力、（3）銀行・金融界。（4）保健・安全、（5）通信、（6）運輸）
・防衛能力ある政府ネットワークを構築すること
・サイバー・アクターを抑止、破壊すること

・情報共有並びに探知力を改善すること。
・防護された防衛インフラを配備すること。

3 経済戦略

トランプの戦略文書は経済戦略を次のように掲げる。

「国力は経済力に依存する。過去数十年に及んだ米国製造業の海外脱出が米国経済を衰退させたとの疑いが出た。

二〇〇八年世界金融危機はこの疑いを確信に変えた。

経済システムは米国労働者を繁栄させ、イノベーションを保護するものでなければならない。

貿易相手国ならびに国際機構は貿易収支の不均衡を取り上げなければならない。少なからずの国々は自由貿易の形に与してきたが、自分たちの利益追求が先立ち、協定の一部分を選別することに固執した。

米国はフェアでレシプロカル・ルール尊重の経済関係を求める（一七頁）」

「米国は数十年間フェアではない貿易慣行を許してきた。他国はダンピング、差別的な非関税障壁、技術移転の強要、非適格経済、産業補助、国家補助、国有企業などによる経済利益を得てきた。

米国は他国がフェアでない利益を得るためにルール違反した場合にはルールの執行を追求していく（一九頁）」

ここではとりわけ、(1)貿易のレシプロカル(収支ゼロ)化と、(2)海外脱出米国製造業の本国への呼び戻しが狙われている。

(1)、(2)はトランプ減税法(十二月二十二日成立)に密着している。(1)との関係では、減税法によって今後十年間の政府歳入が一兆五〇〇〇億ドル(一六五兆円)減ると見積もられたが、これを補填するための方法の一つが、貿易のレシプロカル化による政府収入増プランである。

(2)との関係では、法人税率の低廉化(二一%)と海外利益の本国移転税率の低廉化(一五・五%)が達成された。この恩恵を利用した形でアップル社が一八年一月になり海外に所在する利益二四五〇億ドル(約二七兆円)の本国移転声明を発表した[59]。

4 中国・ロシア・北朝鮮

この三カ国については次の記述がみられる(一二頁)。

「中国とロシアは米国の安全保障と繁栄をないがしろにするために、米国のパワー、影響力、利益に挑戦している。この両国は自由でフェアな経済を低め、軍事力を強化し、国内情報を管理し、国内を抑圧し、政府の影響力を拡大する決意をしている。

北朝鮮とイスラム・イランの独裁者は地域を不安定にし、自国民に残忍な仕打ちを加え、米国と米国同盟国に脅威を与えている」

［中国の反応］トランプの国家安全保障戦略文書に対しては予期されたように、中国外交部が翌日以下のように同文書を批判した。

「米国または文書が事実を曲げ、悪意の誹謗を浴びせるのは無益である。中国の戦略意図を意図的に捻じ曲げるのを止めて、過去の冷戦思考とゼロサムゲームを放棄したらどうか。

中国の特色である社会主義が中国の置かれた状況に整合するのはすでに歴史と現実が証明している。この状況は中国人に幸せを与え国家繁栄を可能にする[60]（十二月十九日）」

上記に加え中国の駐米大使館が、「他国の国益の上に自国の国益を置く試みは自己の孤立に向かう自己中心性を反映するものである[61]（同日）」と米国を非難した。その後。国営新華社通信は以下のように重ねて米国を非難した。

「米国がWTO上の中国の地位を、非経済国としたり、中国が知的財産ルールを守らない、と声明したことは中・米関係を台無しにした。新たな一八年を迎えるにあたって米国が独自路線を貫けば中国は報復措置をとる。十一月に合意された二五〇〇億ドルの商取引も稀薄化する[62]（一月二日）」

［ロシアの反応］ロシアの場合はプーチン大統領が次のように応答した。

「トランプの国家安全保障文書は外交用語を用いながらも明らかに攻撃的である。軍事用語に変えれば紛れもなく侵略的である[63]（十二月二十二日）」

5　トランプの国家安全保障文書の意義

この文書が与える影響は大きい。トランプは前月のＡＰＥＣ会合で中・ロ両国首脳と談笑し、その限りで少なくとも最低限の友好姿勢を示したにもかかわらず、今回の文書ではまるで逆さまのメッセージに転換した。両国を経済・軍事の両面での米国の仮想敵国とみなしたのである。なぜだろうか。

結論から言えば、トランプは確かに談笑したが，その場での発言を分析する限り、具体的な何かを相手方と約束した形跡は全くみられなかった。談笑のための談笑であった。トランプの場合は裸のトランプと衣装をまとったトランプとは全く異なる。過去の大統領も衣装をまとったが、それはトランプに比べて薄く、しかも「パックスアメリカーナ」という下着を着ていた。今回の安全保障戦略文書は裸のトランプが表明した宣言である。その意味で同文書はそこに盛られた課題に関する限り、今後のトランプ政策の中核を示す指針になる。

では対外関係で何が重要課題になっているか。この重要度を計る方法の一つとして社会科学の分野ではキーワードが何度出ているかが用いられる。この方法を援用しよう。

今回の文書で最も繰り返された国名は「中国」の三三回（オバマ文書一一回）であった。この回数は「北朝鮮」の一六回（同三回）、「ロシア」の二五回（同一六回）を上回った。ちなみに「日本」は五回（同四回）であった。

以上から導かれるのは、トランプが中国戦略を最重要視していることである。次いでロシア、北朝鮮の順位になる。この三国はハリス太平洋軍司令官が一七年四月の上院軍事委員会で証言したように，制服組の間ではすでにオバマ政権時から「仮想敵国」になっている[64]。

下で説明しよう。

◆ロシア問題について

ロシアについては第七章でロシアコネクションを取り上げるがそれとは局面を異にするロシア問題を以下で説明しよう。

［トランプのプーチン礼賛］

トランプがプーチンを礼賛していたことに触れて置く。まず、トランプにとってロシア事情は中国のそれと著しく様相を異にしていた。トランプの大統領立候補宣言の前年である一四年、特記すべき二つの出来事が生じた。

一つは大幅なキャピタルフライト（海外への資産流出）であった。「一四年にロシアから一五四一億ドルが消えた」[65]。一五年五月（一日）のモスクワ・タイムズはこのように報ずる。実際の数値は二倍に近いとされた。ロシアは中国GDPの約八分の一（一六年）の経済力、低レベル止まりの対米貿易に加えて、国際価格ダウンに見舞われたエネルギー輸出の停滞などの現象が生じていた。

もう一つの出来事は同年、ロシアは軍（厳密には国籍識別章を外した軍隊）を東ウクライナに侵入させ、同国クリミア半島を併合したことであった。

同併合に接したオバマ政権はロシア政府を非難すると同時に経済制裁を発動した[66]。

大統領戦中のトランプはオバマ政権までの米ロ関係を見直し、融和性基調のロシア外交を新たに進めるものと観測されていた。これは同期間にみられたトランプの対中外交姿勢とは一八〇度異なるものであった。トランプは親ロシア、嫌中になると予測されたのである。

トランプのプーチン礼賛は実は古い。〇七年の時点でＣＮＮに「プーチン大統領はすばらしい仕事をこなしている」[67]と語り、選挙戦終盤期の九月にも「プーチンは素晴らしい人物だ。オバマよりも指導力がある」[68]と発言する。

発言にとどまらずトランプ周辺には親ロシア人物がみられた。ホワイトハウス首席戦略官に就任するに至ったバノン（ゴールドマンサックス出身）とロシア金融界との接触[69]、商務長官になったロスのロシア金融界との共同事業[70]、いったんはトランプの選挙戦略を取り仕切ったマンフォート[71]、同じく安保担当大統領補佐官に選ばれたフリンの両名に見られるロシアコネクション[72]、などが知られていた。

トランプのロシア寄り姿勢に対しては共和党内部からも懸念が出た[73]。米国政府ならびに議会は、レーガンの力量で八〇年代末に生じたソ連との冷戦終焉後も一貫して、ロシアを仮想敵国としてきたのである。ロシアで芽生えた民主主義思考のペレストロイカは一過性の出来事に終わり、米国政府はその後のロシア指導者達の行動に監視の目を絶やさなかった。

［オバマのロシア制裁］

米国政府のロシア監視はその後オバマ政権の下で非難に変わり、さらには制裁発動にエスカレートした。この制裁は米国企業にも影響を与えた。例えばエクソン社が一一年ロシア政府との間で締結した北極圏ロシア領域内の油田開発取り決めが凍結された[74]。オバマは「ロシア諜報機関が米国大統領選挙に関わる民主党内部情報をハッキングした」として一六年末、メリーランド、ニューヨーク両州内の人里離れた場所に所在するロシア諜報機関（とされる）建物を閉鎖させ、ロシア外交官三五名に対し七十二時間以内の国外退去命令を出した[75]。ロシア政府は抗議声明を発することなく翌日同外交官全員を本国に呼び戻した。

注

注1 http://paxamericanahtx.com/

注2 https://www.wto.org/english/res_e/booksp_e/world_trade_report13_e.pdf p. 49

注3 https://www.forbes.com/sites/johntamny/2013/03/31/keynes-white-and-the-battle-of-bretton-woods/#3df107d65e58

注4 http://time.com/4893175/united-states-nuclear-weapons/

注5 https://www.project-syndicate.org/commentary/trump-isolationism-undermines-peace-worldwide-by-nouriel-roubini-201
7-01?utm_source=Project+Syndicate+Newsletter&utm_campaign=2697d604ef-roubini_america_first_8_1_2017&utm_medium=email&utm_term=0_73bad5b7d8-2697d604ef-104316533

注6 https://www.nytimes.com/2016/12/16/opinion/trumps-chinese-foreign-policy.html

注7 http://nationalinterest.org/feature/trump-foreign-policy-15960

注8 http://www.cnn.com/2017/01/20/politics/trump-inaugural-address/index.html

注9 http://www.businessinsider.com/bremmer-trump-inauguration-speech-2017-1 http://www.zerohedge.com/news/2016-10-02/im -bernie-sanders-voter-heres-why-ill-vote-trump

注10 https://www.washingtonpost.com/opinions/donald-trump-is-the-american-machiavelli/2016/11/10/8ebfae16-a794-11e6-ba59-a7d93165c6d4_story.html?utm_term=.4b8bcd1a0e3b

注11 http://www.bbc.com/news/world-europe-40037776

注12 http://www.military.com/daily-news/2017/07/20/trump-pentagon-review-new-strategy-afghanistan.html

注13 https://obamawhitehouse.archives.gov/the-press-office/2016/01/12/remarks-president-barack-obama-%E2%80%93-prepared-delivery-state-union-address#annotations:12671551

注14 https://www.nbcnews.com/politics/white-house/bannon-defends-trump-s-no-islamophobe-or-isolationist-n813471

注15 https://www.rferl.org/a/trump-davos-united-states-resurgence/29000216.html

注16 https://www.reuters.com/article/us-usa-trump-japan/trump-says-u-s-committed-to-japan-security-in-change-

from-campaign-rhetoric-idUSKBN15P17E
注17 https://www.c-span.org/video/?436838-1/president-trump-says-makes-sense-north-korea-come-negotiating-table
注18 http://time.com/4846924/read-president-trumps-remarks-on-defending-civilization-in-poland/
注19 Ibid.
注20 https://www.politico.com/story/2018/01/26/full-text-trump-davos-speech-transcript-370861
注21 https://www.donaldjtrump.com/press-releases/donald-j.-trump-foreign-policy-speech
注22 http://www.nytimes.com/2016/09/08/us/politics/donald-trump-speech.html?_r=1
注23 http://www.usatoday.com/story/opinion/2016/12/23/trump-military-defense-budget-michael-ohanlon-column/95102656/
注24 Ibid.
注25 http://www.wpxi.com/news/politics/trump-faces-national-security-test-with-speech-forum/438411098
注26 https://www.cnbc.com/2017/05/20/us-saudi-arabia-seal-weapons-deal-worth-nearly-110-billion-as-trump-begins-visit.html
注27 http://thehill.com/homenews/administration/354634-sanders-indisputable-trump-has-done-more-to-defeat-isis-than-obama
注28 https://www.militarytimes.com/news/your-military/2017/05/07/syrian-kurds-are-now-armed-with-sensitive-us-weaponry-and-the-pentagon-denies-supplying-it/
注29 Ibid.
注30 https://www.militarytimes.com/news/pentagon-congress/2017/05/14/in-turkey-new-demands-to-evict-us-forces-from-incirlik-air-base/
注31 https://www.washingtonpost.com/opinions/feeling-typecast-madam-secretary/2012/12/07/5029a89c-3fbe-11e2-bca3-aadc9b7e29c5_story.html?utm_term=.7634ee154355
注32 https://www.globalresearch.ca/the-us-military-is-occupying-53-of-54-african-nations/5615145
注33 https://en.wikipedia.org/wiki/Multi-National_Force_%E2%80%93_Iraq
注34 http://www.reuters.com/article/us-china-djibouti/china-formally-opens-first-overseas-military-base-in-djibouti-idUSKBN1AH3E3
注35 https://www.jiji.com/jc/article?k=2017102601176&g=pol
注36 http://www.newsweek.com/russia-china-bring-valentines-day-treaty-back-life-military-power-806950

注37 http://www.latimes.com/world/la-un-general-assembly-live-updates-while-trump-threatens-to-destroy-1506014766-htmlstory.html

注38 http://www.politifact.com/truth-o-meter/statements/2016/jan/13/barack-obama/obama-us-spends-more-military-next-8-nations-combi/

注39 http://asia.nikkei.com/Politics-Economy/Policy-Politics/Japan-s-defense-budget-to-hit-all-time-high-for-fiscal-2017

注40 http://comptroller.defense.gov/Portals/45/Documents/defbudget/fy2018/fy2018_Press_Release.pdf

注41 https://www.thebalance.com/u-s-military-budget-components-challenges-growth-3306320

注42 http://breakingdefense.com/2016/12/congress-dont-wait-on-trump-to-boost-defense-budget/

注43 https://insidedefense.com/insider/dod-has-tallied-14-trillion-war-costs-911

注44 http://watson.brown.edu/costsofwar/

注45 http://comptroller.defense.gov/Portals/45/Documents/defbudget/fy2018/fy2018_Press_Release.pdf

注46 http://www.washingtonexaminer.com/trump-calls-for-nuke-buildup-amid-obamas-1-trillion-modernization-plan/article/2610247

注47 http://time.com/4893175/united-states-nuclear-weapons/

注48 http://nationalinterest.org/blog/the-buzz/ohio-class-ballistic-missile-submarines-the-us-militarys-22343

注49 https://www.defensenews.com/news/your-military/2017/09/18/mattis-use-of-tactical-nuclear-weapons-discussed-with-south-korea/

注50 https://www.politico.com/story/2017/09/09/trump-reviews-mini-nuke-242513

注51 https://www.thenation.com/article/trumps-pentagon-wants-to-make-nuclear-weapons-more-usable/

注52 https://www.politico.com/story/2017/09/09/trump-reviews-mini-nuke-242513

注53 https://www.nytimes.com/2016/01/12/science/as-us-modernizes-nuclear-weapons-smaller-leaves-some-uneasy.html

注54 http://www.washingtonexaminer.com/trump-calls-for-nuke-buildup-amid-obamas-1-trillion-modernization-plan/article/2610247

注55 https://www.defense.gov/News/Special-Reports/0218_npr/

注56 http://people.defensenews.com/top-100/

注57 HTTPS://WWW.CNBC.COM/2017/02/28/A-100-BILLION-GLOBAL-ARMS-RACE-TRUMP-WANTS-TO-

WIN.HTML
注58 https://www.reuters.com/article/us-usa-trump-defense/trump-orders-review-to-strengthen-u-s-defense-industry-idUSKBN1A621G
注59 http://www.latimes.com/business/la-fi-apple-repatriation-20180117-story.html
注60 http://www.fmprc.gov.cn/mfa_eng/xwfw_665399/s2510_665401/t1520766.shtml
注61 https://thediplomat.com/2017/12/trumps-national-security-strategy-faces-severe-backlash-in-china/
注62 http://www.xinhuanet.com/english/2018-01/03/c_136869280.htm
注63 https://www.usatoday.com/story/news/world/2017/12/22/putin-slams-u-s-national-security-strategy-aggressive/976306001/
注64 https://www.armed-services.senate.gov/imo/media/doc/17-36_04-27-17.pdf
注65 https://themoscowtimes.com/articles/russia-massive-capital-flight-continues-46263
注66 https://www.state.gov/e/eb/tfs/spi/ukrainerussia/
注67 http://www.latimes.com/opinion/op-ed/la-oe-boot-trump-russian-connection-20160725-snap-story.html
注68 http://www.realclearpolitics.com/articles/2016/09/10/trumps _praise_for_putin_galls_both_parties.html
注69 http://www.dailykos.com/story/2016/11/18/1601406/-Everything-You-Need-to-Know-About-Steve-Bannon-Breitbart-Russia
注70 http://www.motherjones.com/politics/2016/12/trump-commerce-pick-wilbur-ross-financial-ties-russians
注71 http://www.latimes.com/politics/la-na-pol-manafort-charges-20171030-story.html
注72 http://www.marketwatch.com/video/opinion-journal-gen-flynns-russia-connection/D03493AB-AA4E-4864-8B29-24BD7A282915.html
注73 http://www.cnn.com/2016/12/16/politics/republican-party-tension/
注74 https://www.cer.org.uk/sites/default/files/publications/attachments/pdf/2015/frozen_sanctions-10787.pdf
注75 http://www.cnn.com/2016/12/29/politics/russia-sanctions-announced-by-white-house/

第五章　トランプのＴＰＰ撤退

トランプはTPPをご破算にした。一方でTPPは日本、オーストラリアが米国抜きのTPPイレブンを模索し始めた。このイレブンが成立するか否かを別にして、TPPの経緯とその中身を咀嚼する必要がある。オバマがTPPに連動させて実行した「リバランス」の成果はトランプによって確実に受け継がれている。少なくともトランプの唱える米国軍事力強化はオバマのリバランス政策の延長線上に置かれている。

一　TPP撤退命令

1　トランプの大統領命令

トランプが大統領としての最初の執務をスタートした一月二十三日（月曜日）、ニューヨーク・タイムズが「トランプTPP（撤退）を断念」[1]の見出しを掲げた。「自由貿易協定への宣戦布告」[2]とする報道も現れた。同日、トランプは執務室に呼び寄せたメディアの面前で、以下の文面からなるUSTR（米国通商代表部）宛ての「TPP撤退命令メモランダム」[3]に署名した。

「当職はTPP締約国としての合衆国の撤退を、すなわちTPP交渉からの永久的撤退を命令する。米国産業を促進し、米国労働者を守り、米国人賃金を引き上げるための二カ国間貿易交渉の開始を命令する」

大統領命令を受けたUSTRは同月三十日、TPP協定文書の寄託国であるニュージーランドに次の文面を送付した。

「米国はＴＰＰ協定の当事国になる意思のないことを通告する。これにより米国は二〇一六年二月四日の調印から生ずる法的責務はなくなる。この旨をニュージーランドから他の締約国に対して通知されたい[4]」

この大統領命令に向けて議会は異なった反応を示した。マケイン議員を含む共和党からのＴＰＰ撤退批判と、ブラウン議員に代表される民主党側からの撤退賞賛であった。とりわけサンダース上院議員からは「新たな貿易政策をトランプ政権と共同作業することを喜びたい[5]」とするコメントが寄せられた。

2　トランプの撤退理由

大統領選挙戦中に生じたＴＰＰ調印（一五年十月）を眺めたトランプは、「ＴＰＰはとんでもない[6]（十一月）」と発信した。さらに大統領予備選の前月には「ＴＰＰは米国を蹂躙し米国製造業を死に追いやる[7]（一六年六月）」と続けた。

ＴＰＰ反対を最初に発したのはサンダース候補であった。サンダースは調印日の翌日、それまでの反対姿勢を再言した[8]。トランプは予備選勝利後の七月、自身のＴＰＰ撤退理由がサンダースのものと同じであると認めるようになる[9]。

翌月、トランプはＴＰＰ撤退を「有権者との契約」として公約した。トランプの反対理由には先に掲げた二点のほかに、「ＴＰＰ協定は無意味だ。中国を利するだけだ[10]」が加わった。

「中国を利するだけだ」は、例えば協定文にみられる原産地ルールには中国産品が一定限度（五五％）でＴ

ＰＰの参加国産品とみなされる規定があることと、参加国でない中国は協定が課すさまざまな制約から逃れることになり、かえって中国原産品の米国輸出が増えることになるとトランプは解釈した。

ちなみにトランプ政権の前国務長官ティラーソンは上院委員会（一七年一月）で、「私はＴＰＰ協定そのものには反対しないが、同協定は米国の利益に最大限に奉仕しない」[11]と証言する。

◆ヒラリーとサンダース

ヒラリー候補はＴＰＰが調印された三日後、「ＴＰＰ協定の文面を現時点までに知った限りではこの協定は医薬品企業を利する。他方でこの協定には通貨操作が盛り込まれていない。これは問題である」[12]と述べた。
ここで小事が生まれた。まだ公開されていない筈の文面を民間人ヒラリーがどうして知ったかであった。この部分のヒラリーの不透明発言が後になり、ヒラリーは翻意するだろうと解される一因になる。国民は大統領当選後のヒラリーがＴＰＰを復活させると読んだのである。米国民ばかりでなく日本の安倍首相もそのように読んでいた。同氏はこの読みを踏まえて大統領選挙の前々月（九月）、滞在中のニューヨークのホテルにヒラリーを招きヒラリー当選後のＴＰＰへの翻意に感謝すると解される会談を催している。[13]
ヒラリーは選挙戦の終盤期になりＴＰＰには問題があると述べるようになったが、トランプほどの明確さはなかった。ヒラリーの反対理由は有権者の声に迎合したまでであった。ヒラリーにはオバマ政権の初代国務長官に就任した〇九年から一五年の大統領戦時までに四五回のＴＰＰ支持発言が記録されていた。[14]そのうちの一つに、当時の岸田外務大臣向けのＴＰＰ勧誘発言がみられる[15]（一二年六月）。
ちなみにトランプ以外の共和党の大統領候補者達（ただケイジックとＪ・ブッシュ両候補にはＴＰＰ賛成と解釈される発言あり）も有権者の声に従った点でヒラリーの反対理由と大差はなかった。

サンダースの場合は独特の論調で、有権者の圧倒的多数を占める労働者の叫びを背負い、ＴＰＰが労働者の地位をより悪化させると訴えた。同氏は大統領予備選直前に慣例として発表される「民主党アジェンダ」に「ＴＰＰ反対条項」が盛られることを要求したが、党執行部の了解が得られなかった。党側の理由は「党最高指導者オバマの顔を潰せない」であった。

3　トランプはＴＰＰ撤退を撤回しない

一八年一月末になり突如としてトランプがＴＰＰ撤退を撤回するのではないかとのニュースが小記事として現れた。ところが日本ではこれが大記事にまで膨張した。

ニュースの発信源はダボス（スイス）滞在中のトランプが現地でのＣＮＢＣ記者との会話の中でＴＰＰを批判した部分であった。奇妙なことにメディアはトランプの批判発言を批判として受け止めずにそれを逆向きに報道したのである。一部始終を再現しよう。

トランプは一月二十五日ＣＮＢＣのカーネン記者に対し、前月成立したトランプ減税法などを引き合いに出しながら自分が米国をベターにしていると説明した。これとの関連で同時に米国が抱える貿易赤字問題との関連で多国籍協定を批判し二カ国協定の良さを次のように表現した。

「自分は二カ国間協定に与する。問題が出た場合に破棄できるからだ。多国籍協定ではそんな選択肢はない。ＴＰＰについてであるが、もし米国がその重要面を改善できるとするならば考慮しても良いかもしれない。この交渉は無残であった。この交渉の構造に関わる策が無残であった。もし構造面でベターな交渉であったとすれば自分としてはＴＰＰに異存はなかったであろう[16]」

上記のうちの「考慮しても良いかもしれない」が、トランプがＴＰＰに復帰しそうだと報道されたのである。トランプは翌日の演説でトランプ政権の方針を次のように明確化した。

「自分が従来から言っているように、米国は相互に有益な交渉にもとづいた二カ国間貿易協定をどの国との間でも締結する用意がある。この二カ国間協定はＴＰＰ上の全ての国がそれぞれ相手国になる。この点が重要だ。米国はすでにＴＰＰ上の数カ国との間で二カ国間協定を締結している[17]」

トランプの言う「すでに……ＴＰＰ数カ国」は「オーストラリア、チリ、ペルー、シンガポール[18]」の四カ国を意味する。したがってこのトランプ発言は実際には、日本との間ですでに始まったが暗礁に乗り上がっている二カ国間対話を叱咤激励する意味が込められている。

◆日本メディアの誤報道

日本メディアの多くは上記のトランプ発言を誤報道した。以下は一月二十五〜二十六日にみられた著名全国紙の表現である。

［日経新聞］米がＴＰＰ復帰検討　トランプ氏、再交渉条件に

トランプ米大統領は二十五日、訪問先のスイスで受けた米テレビＣＮＢＣのインタビューで、環太平洋経済連携協定（ＴＰＰ）への復帰を検討する用意があると表明した。「以前結んだものより、十分に

良いものになればＴＰＰをやる」と述べ、再交渉を条件とする考えをにじませた。ＴＰＰ離脱を掲げて大統領選を勝ち抜いたトランプ氏だが、就任二年目で通商政策の見直しに入る可能性がある。

［朝日新聞］トランプ氏、ＴＰＰ復帰検討を明言　ダボス会議で演説
トランプ氏は「米国はすべての国と相互に利益になる二国間貿易協定を交渉する用意がある。これはＴＰＰも含める。とても大事なことだ」と言及。

［毎日新聞］ＴＰＰ、米「交渉検討」トランプ氏が方針転換
トランプ米大統領は二十六日、スイスで開催中の世界経済フォーラム年次総会（ダボス会議）で演説し、環太平洋パートナーシップ協定（ＴＰＰ）について「すべての国の利益になるなら交渉を検討する」と述べた。自国に有利な内容を引き出すことを条件にしつつも復帰を検討する方針を表明し、従来方針の転換に踏み込んだ。トランプ氏は演説で「ＴＰＰ参加国は非常に重要であり、二国間交渉を検討する。すべての国の利益になるなら、恐らくグループとしての交渉も検討する」と述べ、これまで否定してきた多国間交渉への参加に言及した。

［読売新聞］トランプ氏、多国間協定に意欲…ＴＰＰ復帰検討
トランプ氏は米国が離脱した環太平洋経済連携協定（ＴＰＰ）について、「国益が十分に守られるならＴＰＰの加盟国と個別またはグループで協議することを検討する」と述べ、ＴＰＰのような多国間協定への意欲を示した。トランプ氏は演説で、「相互に利益をもたらす全ての国と二国間の交渉をする用

意がある。それはＴＰＰの国も含まれる」と述べた。その一方で、「公正で互恵的であれば、自由貿易を支持する」とも強調した。二国間協定を軸としつつ、自国に有利な条件なら多国間協定も除外しない考えを示したものだ。

日経新聞の「以前結んだものより、十分に良いものになればＴＰＰをやる」はトランプ発言に反する。「I would」という英語が正確に訳されていない。

朝日新聞の「米国はすべての国と相互に利益になる二国間貿易協定を交渉する用意がある。これはＴＰＰも含める」は原文の「この二カ国間協定はＴＰＰ上の全ての国がそれぞれ相手国になる」を正しく伝えていない。

毎日新聞の題名「トランプ氏が方針転換」は許される題名表現の自由を超えるものである。またトランプは「多国間交渉への参加」には言及していない。

読売新聞であるが、題名「多国間協定に意欲…ＴＰＰ復帰検討」は正しくないが、「国益が十分に守られるならＴＰＰの加盟国と個別またはグループで協議することを検討する」の部分はトランプ発言を正しく伝えている。

これ以上の深入りは避ける。トランプの正確な発言はホワイトハウス・ウェブサイトのほかＹＯＵＴＵＢＥからも容易に入手できる。

二　ＴＰＰとは何であったか

1　ブッシュTPP

Ｗ・ブッシュ（以下ブッシュ）が着想したＴＰＰは単なる自由貿易協定ではない。まず言葉としてのＴＰ

P（トランス・パシフィック・パートナーシップ）には貿易なる文字が入っていない。

〇三年、ブッシュは9・11事件（〇一年）に報復する目的と相まってイラクの核兵器を除去することと、米国勢による中東石油資源を維持するためにイラク戦争に踏み切った。〇七年になり同戦争への兵力投入数が約一七万に達した。米国はこれとは別に〇二年から続いていたアフガニスタン戦争にも約三万の兵力を投入していた。

中東集中の副作用が生じた。東アジア地域での中国軍の強化ならびに北朝鮮の核・ミサイル開発に対応するペンタゴンの関心度と資源が急激に衰えたのである。米軍の伝統であった地球上での同時二正面作戦を遂行する能力に陰りが出た。ブッシュはそれまでの「米軍のプレゼンス」を「米国のプレゼンス」に置き換える策を練った。後者は米国の有する潜在能力を意味する。

ブッシュは太平洋の四国家（チリ、シンガポール、ブルネイ、ニュージーランド）がすでに締結していたP4貿易協定（上記四カ国の経済連携協定）の存在に着眼した。ブッシュは最終的に同協定に米国を上乗りさせ、自らの圧力を用いて同協定を基盤としたＴＰＰ新協定を立ち上げた。ブッシュの関心は協定の経済効果ではなく、立ち上げそのものであった。新たな「パートナーシップ」をアジアならびに世界に宣言することで「米国のプレゼンス」を示威することであった。示威の最大の相手は言うまでもなく中国である。

以上の意味でブッシュＴＰＰは安全保障の取り決めであった。当時のＵＳＴＲ代表シュワブは上院公聴会で次のように証言する。

「米国のＴＰＰ主導は米国の国家安全保障の上で必要不可欠である[19]（〇八年三月六日）」

2　オバマが引き継いだTPP

オバマTPPはブッシュTPPと異なる。ブッシュTPPはオバマによって引き継がれたが、引き継ぎそのものは形式的なものであり、オバマの意図はブッシュと違っていた。〇九年秋に東京を訪れたオバマ大統領はブッシュが創った言葉であるTPPをそのまま用いて「米国の参加」を宣言した。

なぜ東京だったか。これには日本参加が暗示されていたことと、米国内の自由貿易反対派、つまり民主党を刺激しないためであった。

オバマが立つ民主党層は同党大統領クリントンが仕上げたNAFTA協定（九三年）以来、自由貿易に著しく懐疑的になった。それにもかかわらずなぜオバマはTPPを決断したか。オバマは前年（〇九年）米国経済を麻痺させた世界金融危機（リーマンショック）を脱するための何らかの旗振りをしなければならなかった。

ではなぜオバマは「米国主導」でなく「米国参加」なる言葉を選んだか。これは国際協調主義を第一とするオバマの巧みな表現であった。

やがてイラク戦争がオバマ政権の下で収束された。オバマが大統領選で公約した米軍の大幅撤退であった。米軍の中近東集中がひとまず和らいだのである。しかし中国の勢いは経済・軍事の両面で続き、太平洋国家の間で「米国を選ぶか中国を選ぶか」の雰囲気が出始める。

この雰囲気を払拭しようとしたのが、大統領オバマ・国務長官ヒラリー・NSC国際経済担当大統領補佐官フロウマンのチームであった。この三者は、ブッシュが立ち上げたTPPを軍事面でやや充実させ、そのかたちで中国を抱き込もうとする「リバランス」戦略を固めることになる。なお同戦略の裏にはキッシンジャーの存在があった。

3　中国参加構想

オバマチームが描いたのは将来的に「中国参加を視野に入れたＴＰＰ」構想であった。この点がブッシュＴＰＰと著しく異なった。この中国参加構想が実ると多くの太平洋国家が抱いた「米国を選ぶか中国を選ぶか」が少なくとも中和されると見込まれた。

ＴＰＰ交渉が実際に始まったのはオバマの東京宣言の翌年（一〇年）であった。オバマはＴＰＰ交渉が一定の成果を達成した時点で中国に参加を呼びかける積りであった。一方でヒラリーとフロウマンは、まずは、これまでのＦＴＡ（自由貿易協定）のレベルを超える協定条文への参加国間の合意作りに集中した。合意時期については一二～一三年が目処とされた。

一二年二月になり、キッシンジャーがフォーリンアフェイアズ誌に「オバマは中国にＴＰＰへの参加を呼びかけた」と書いた（Foreign Affairs March/April2012）。同じく同年、「国務長官ヒラリーが中国にＴＰＰへの参加を呼びかけた」[20]とする報道が現れた。

中国の反応は曖昧であった。キッシンジャー論文が出た月は国家主席就任直前の習副主席がホワイトハウスでオバマと初会見した月でもあった。[21]

九〇分に及んだ二者会談の中でＴＰＰが触れられたか否かは定かではなかった。[22] 翌年の一三年六月、国家主席に正式就任した習とオバマの会談がカリフォルニア州で催された。臨席したドニロンＮＳＣアドバイザーは後の記者会見で「そこでは習主席がＴＰＰに興味を示し、ＴＰＰを巡っての深入りした質疑があった」[23]と説明した。

オバマは中国が参加する可能性を抱き続けた。一五年六月、「中国はルー財務長官宛にＴＰＰ参加を打診した。中国は必然的にＴＰＰに参加するだろう」[24]とまで発言した。ただこの発言はやや思惑がらみのものであったと筆者は理解した。この月は議会がＴＲＡ（大統領貿易権限法）法案を審議していた月であり、オバマは同法案の可決に利する何らかの援護射撃を求めていたのである。

三　ＴＰＰ協定の中身

1　金融・知的財産

ＴＰＰ交渉では数十件もの議論が出たがその中で、以下の二項目が著しく重要であった。

◆金融サービスの章でのマクロプルーデンシャル措置

この件は、日本が交渉参加する以前の一二年に議論されていた。

マクロプルーデンシャル措置は、国外進出の金融事業（バンク、ファンドなど）がその投下資金を引揚げるさいにホスト国政府が同引揚げを制約する権利である。この問題は国際金融の世界では死活問題になる。ホスト国政府が資金の移動を制約できるとすれば同マネーは同国で差し止められることになり、刻々と変化する国際資金需要（実際にはリスクオン付き新移転先）に乗るチャンスを逃すことになる。他方で制約できないとすれば、同マネーは容易に国外に流れ、ホスト国の金融インフラが縮小する。

マクロプルーデンシャル措置が制約されていた時期に生じたアジア通貨危機を省みよう。九七年のタイ国ケースである[25]。

同国は前年までＧＤＰ九％の成長率を誇るＡＳＥＡＮ中の優等生であった。ドル／バーツは一／二五であった。ここで投資家ソロスなどによる大規模ドル買作戦が始まった。バーツが売られドルがタイ国外に流出し、ドル／バーツが一／五二にまで急変し、翌年までにタイの株式市場価値七五％が消えたのである。

ＴＰＰ交渉では最終的にホスト国のマクロプルーデンシャル措置を弱体化させる表現になった。つまりアジア通貨危機の再来を認めるものになった。これは同措置の強化を盛り込んだオバマ立法とされるドッドフランク法（一〇年）に逆行するものであった。

ＴＰＰによって、国内では同措置の強化、海外では措置の弱化という二重基準が生じたのである。言うまでもなくＴＰＰは米国金融事業の海外活路を応援するものとなった。

ちなみにＩＭＦ（国際通貨基金）の態度を一瞥しよう。ＩＭＦは通貨の自由移転性を支持していたが、一二年末になり「マクロプルーデンシャル措置が一時的であれば同措置を認めても良い」[26]に変化した。

これを大変化と見るか小変化と見るかは論者により異なる。しかし少なくとも自由移転を放任することはできないと決したのである。

◆知的財産の章でのバイオ医薬品ならびに著作権の保護期間

知財の歴史はイノベーション保護と独占禁止法の例外措置に密着する。ＴＰＰではこれまで以上に迅速に特許権を与える、特許権の対象を拡大するなどが合意された。しかし以上は先進国ですでに上がっていた課題であり驚くほどのことではなかった。

注目されたのはバイオ医薬品保護である。米国はこの分野のイノベーションで他国を抜く最先端国である。このイノベーション保護が条約史上初めてＴＰＰに盛られた。バイオ医薬品が独占価格化するお膳立てが整った。

TPPでは保護期間をどれだけにするかが争われたが、最終的には他国から抵抗のあった米国案十二年が八年に短縮された（第一八章五〇条）。「十二年対八年の戦い」と呼ばれた米国・オーストラリア間のこの対決は実に、TPP協定合意の前夜まで続いたことで有名になった。

著作権の保護期間延長についても争われた。この分野については最終的に米国の七十年案が筋書き通りに合意された（同六三条）。

2 フロウマンのTPP総括

USTR代表フロウマンはTPP協定が調印された翌月、同協定を以下のように総括した[27]。

六十年前「アイゼンハウアー大統領は、貿易が外交術で最大の武器になると述べる……これは貿易が経済と戦略をリンクさせることを示唆する。今、米国労働者は労働基本権が保証されていない外国の相手方と競争することを強いられている。米国企業は、政府補助下にある国有企業と環境基準を守らなくてもよい競争相手に立ち向かっている。

TPPにみられる自由なインターネット規定は、データの自由流通を保護し強制的な地域限定を防止するものであり、これは将来のグローバル・デジタル経済の基盤になる。

貿易リーダーシップとしての米国の重要性は経済活動の外枠にまで拡大する。この重要性には戦略論理も宿っている。貿易がもたらす強固な力、特にTPPがもたらす強固な力は今世紀最大の挑戦に立ち向かうための最も重要な道具の一つである。

近年になりさまざまな構造シフト（グローバリゼーション、技術変革、途上国経済の高揚）が第二次大戦後築かれた柱に挑む形で合体化してきた。

ＴＰＰの一番目の特長は、それが高基準の貿易協定であり、それは米国の価値と米国の利益に合致するグローバル貿易システムを保証する。選択は、なにもしないか又はＴＰＰかではない。

選択は、ＴＰＰか重商主義的アプローチかである。後者には労働者・環境保護がなく、知財保護に関わる取り締まりが弱く、国有企業が抑制されず、またインターネットについてはその自由と開放が保証されていない。二番目は、ＴＰＰが米国のパートナーと同盟国を強化し、ＴＰＰの生む利益が貿易という経済活動の外枠にまで及び、さらに同利益はパートナーと同盟国が念願する米国との政治ならびに戦略関係の強化をその基礎とする。例えば、安倍首相はＴＰＰという取引が日本経済のみならず日本の安全保障と地域安定にとっていかに重要であるかを極めて明瞭に発言している。三番目は、ＴＰＰは現在の秩序を拡大するために、社会全体の人々にこれまで以上の広範かつ平等な成長を促すことになろう。

以上のことから、ＴＰＰは米国のアジア宛のリバランス戦略につき、それを堅固に表明したものである。この表明はアメリカが同地域全体の繁栄と安全保障の主導力であることを世界に示す強い信号である。

すでに、他の数多くの経済活動つまり他国がＴＰＰ加入に向けた関心を表明している。ＴＰＰ市場と競うためには非加盟国であっても内部基準を高めざるを得なくなる。

3　トランプ目線からのコメント

フロウマン総括をトランプ目線からコメントしよう。同氏が「アイゼンハウアー大統領は、貿易が外交術で最大の武器になると述べる」とする文言の出所は、筆者の調べでは同大統領の経済政策演説（一九五四年三月）[28]を指す。

フロウマンは外交（経済と安全保障の合体）に占める貿易（ＴＰＰ）の重さを強調しようとする。これはアイゼンハウアーに限らずオバマ大統領に至るまでの米国の一貫した路線であった。

ところがトランプはこの路線を引き継がない。トランプはまず、経済と安全保障の合体を外交としない。合体ではなく、経済は経済、安全保障は安全保障と分ける。

トランプとアイゼンハウアーの違いは安全保障に現れる。トランプの安全保障は外交に依存しない安全保障である。

フロウマンは「アイゼンハウアーが、貿易を経済と戦略にリンクさせる」とするが、トランプの場合は貿易のリンク先は経済オンリーであり、戦略（つまり安全保障）にリンクさせない。トランプの特色は米国独自の戦力の強化であり、持ち出しの多い集団安全保障を採用しないのである。

フロウマンの総括は「パックスアメリカーナ体制」を基盤にしている。これは同氏の言う「二番目は、ＴＰＰが米国のパートナーと同盟国を強化し、ＴＰＰは……アメリカが同地域全体の繁栄と安全保障の主導力であることを世界に示す強い信号である」などの言い回しに見られる。

◆ブレなかったオバマ

ＴＰＰの当否とは別に、オバマ大統領は政権交代の最後までＴＰＰのメリットを説き続けたことに触れて置く。

大統領選投票日を二カ月後にした一六年九月（六日）のＡＳＥＡＮ会議の場で次のように述べる。

「ＴＰＰがアジア太平洋地域への中核的な柱になる。米国内の政治状況は困難であるが、大統領任期の終了前にＴＰＰが承認されるように米国議会に強く働きかける[29]」

一方、バイデン副大統領の発言トーンは低かった。同氏は同月（二十一日）ニューヨークで、安倍首相からの日米主導によるＴＰＰの早期発効要請に対して「（米議会での批准見込みは）偶然のレベルにも達しないほど難しい[30]」と率直に語る。

注

注1　https://www.nytimes.com/2017/01/23/us/politics/TPP-trump-trade-nafta.html
注2　Jan23´ 2017　http://theresurgent.com/trump-declares-war-on-free-trade-treaties/
注3　Jan23´ 2017　https://www.whitehouse.gov/the-press-office/2017/01/23/presidential-memorandum-regarding-withdrawal-united-states-trans-pacific
注4　https://ustr.gov/sites/default/files/files/Press/Releases/1-30-17%20USTR%20Letter%20to%20TPP%20Depositary.pdf
注5　http://www.businessinsider.com/sanders-mccain-trump-trans-pacific-partnership-2017-1
注6　http://www.politifact.com/truth-o-meter/statements/2015/nov/12/donald-trump/trump-says-china-will-take-advantage-trans-pacific/
注7　https://www.politico.com/story/2016/06/donald-trump-trans-pacific-partnership-224916
注8　http://www.politico.com/story/2015/10/trade-deal-bernie-sanders-reacts-214426
注9　http://www.politifact.com/north-carolina/statements/2016/jul/27/donald-trump/donald-trump-says-he-and-bernie-sanders-are-very-s/
注10　http://www.politifact.com/truth-o-meter/statements/2015/nov/12/donald-trump/trump-says-china-will-take-advantage-trans-pacific/

注11 http://www.cnn.com/videos/politics/2017/01/11/rex-tillerson-TPP-trans-pacific-partnership-confirmation-heari ng-sot.cnn

注12 https://www.pbs.org/newshour/politics/hillary-clinton-says-she-does-not-support-trans-pacific-partnership

注13 https://www.japantimes.co.jp/news/2016/09/20/national/politics-diplomacy/abe-clinton-meet-ny-restate-split-TP P-stances-weigh-pyongyang-threat/

注14 http://www.politifact.com/truth-o-meter/statements/2015/oct/08/hillary-clinton/hillary-clinton-now-opposes-tr ans-pacific-partners/

注15 http://www.politifact.com/truth-o-meter/statements/2015/oct/08/hillary-clinton/hillary-clinton-now-opposes-trans-pacific-partners/

注16 https://www.cnbc.com/2018/01/25/trump-says-he-would-reconsider-trans-pacific-partnership-trade-deal.html

注17 https://www.politico.com/story/2018/01/26/full-text-trump-davos-speech-transcript-370861

注18 https://www.trade.gov/fta/

注19 StatementofU.S.TradeRepresentativeSusanC.SchwabbeforetheU.S.SenateFinanceCommittee′ March6′ 2008

注20 https://www.coursehero.com/file/p463oin/China-was-invited-to-join-the-TPP-by-Hillary-Clinton-in-2012-Some-have/

注21 http://www.cnn.com/2012/02/14/world/asia/china-us-vp-visit/index.html

注22 http://www.cnn.com/2012/02/14/world/asia/china-us-vp-visit/index.html

注23 https://obamawhitehouse.archives.gov/the-press-office/2013/06/08/press-briefing-national-security-advisor-tom -donilon

注24 https://www.politico.com/story/2015/06/barack-obama-china-join-trade-deal-tpp-118598

注25 https://en.wikipedia.org/wiki/1997_Asian_financial_crisis

注26 http://www.heritage.org/research/reports/2013/05/congress-should-query-imf-support-for-capital-controls

注27 https://ustr.gov/about-us/policy-offices/press-office/speechestranscripts/2015/October/Remarks-Ambassador-Froman-Atlantic-Council

注28 http://www.presidency.ucsb.edu/ws/?pid=10195

注29 https://www.c-span.org/video/?414964-1/president-obama-holds-news-conference-laos

注30 https://www.reuters.com/article/us-usa-trade-biden/biden-sees-less-than-even-chance-of-u-s-congress-approving -tpp-deal-idUSKCN11S03W?il=0

第六章　トランプとアジア

トランプはアジアを知らずに大統領選に立候補した。この点が過去の三大統領と異なる。クリントンはアーカンソー州知事時代に中国人と密接に交流していた。W・ブッシュは父（H・W・ブッシュ）の攻撃機が父島沖で日本軍高射砲によって撃墜されたという身内の出来事があったほかに、イエール大での外国語教科に日本語を選んでいる。オバマは母親がインドネシア研究者であったことと、出生地がハワイであったことから高卒までの間、同州の日系人を含むアジア人の言動に接していた。

一　中国政策

大統領がトランプかヒラリーかに関係なく、アジアそのものが変わった。アジアの変化は中国の変化に置き換えられる。この変化は一七年秋になり、習近平主席の「世界制覇」を目指すと解される公式発言により、その目線が太平洋レベルから世界レベルに上がった。わずか3四半世紀前までは欧米と日本の事実上の植民地であった国が世界制覇を公言するほどのパワーを蓄積したのである。まずこれまでの中国の変化を次のように超短縮する。

1　中国のスパイラル発展

天才毛沢東が一九二一年に初動した政治革命運動が第二次世界大戦を耐え抜いた後、この国はしばらくして、ファーストステップとしての経済優先・低姿勢外交の鄧小平によって一定の経済変革を仕上げた。その裏面で鄧小平は七九年の中越戦争に敗北する。中国正規軍がベトナム民兵に完敗したのである。バトンタッチされた江沢民は軍備強化に力を入れ、産・軍並列路線が始まった。これが固まった後、鄧小平の親兵で胡耀邦（総書記経験者）からも好かれていた胡錦濤が国家主席に就いた。同氏は地味ではあったが総合調整力を発揮し、産・軍をさらに育み、やがて中国は同氏の下で世界第二位のGDPを達成する（二〇一〇年）。

ここで登場したのが新主席・習近平であった。胡錦濤が種を蒔いた新シルクロード構想、中国を軸とするRCEP（東アジア地域包括的経済連携）貿易協定構想、AIIB（アジアインフラ投資銀行）構想、軍拡継続構想などの一連の綱領が習近平により具体的に固められていった。とりわけ米国を揺さぶったのは、一三年に生じたオバマ・習カリフォルニア会談であった。習はオバマの面前で「太平洋二分論」を説諭したのである。これは太平洋（の価値）の半分を中国が支配するという前代未聞の発言であった。

2　選挙戦中の中国観

トランプは中国の政治思想にはおよそ関心がない。トランプの中国観の源は中国の政治プロパーではなく、米国製造業の国外脱出と国外から米国に輸出されてくる「モノ」の青天井という現象であった。トランプはすでに大統領出馬の四年前、自著『Time To Get Tough：タフな時期の到来』の中で輸入品への一律課税二〇%を提案していた。

選挙戦が始まるやトランプはまず出馬声明の中で民間企業フォードに焦点を当て、「貴社がメキシコから米国に輸出する自動車並びに関連部品に三五%課税する」[1]と発信した。

やがて批判の宛先が民間企業でなく、国としての中国（とメキシコ）に向けられた。トランプは輸入税率を四五%に高めるとまで発信した。[2]このトーンが大統領選挙前日まで繰り返される。

他方でトランプは中国の軍事拡大路線を警戒していた。一六年四月、ニューヨーク・タイムズとのインタビューで次のように述べる。

「我々が中国を再構築した。それにもかかわらずこの国は南シナ海で世界がこれまでに見たこともないような軍事拠点を築こうとしている。驚くに尽きる。中国は意のままに築いている。なぜかといえば、中国は米国大統領を尊敬せず、米国そのものを全く尊敬していないからだ（四月四日）[3]」

説明しよう。「我々が中国を再構築した」には二つの意味がある。一つは、米国が太平洋戦争の勝利により中国をリセットしたことを意味する。トランプは中国軍オンリーでは日本軍に勝てなかったことを暗示する。もっとも当時は中国軍という統一軍は存在せず国民政府軍（蒋介石）と八路軍（毛沢東）が別々の観点で日本軍に対峙していた。

トランプのもう一つの意味は、現在の中国の繁栄はニクソン／キッシンジャー訪中（七二年）に始まった米中関係の雪解けが鄧小平の訪米（七九年）を実現させ、その後、米国の強力な後押しで中国がＷＴＯ加盟（〇一年）を達成したとするものである。

3　習国家主席のフロリダ訪問

三月十三日、米国オンライン独立メディアが「四月六、七日の両日フロリダ州で米中首脳会談が開かれる模様[4]」とスクープし他のメディアが一斉にこれを引用した。中国はトランプの大統領就任後の翌月、王毅外相をワシントンに派遣し対米外交関係の矯正に踏み出していた。

中国はトランプ選挙戦の目玉にもなった対中貿易強硬策、トランプが当選後実施した米台電話会談など、オバマ時代と様変わりした外交関係を構築しようとしていたのである。

フロリダ会談のエピソードを入れよう。中国は最高幹部の序列を重視するように格式を重視する国である。トランプがまず試みたのは首脳会談の場をホワイトハウスではなく自身のフロリダ邸宅（一二六室）にすることであった。トランプは自分が習首席を個人的に包容するという印象を見せつけたかったのである。これは少なくとも中国基準からすれば受け入れられるものではなかった。クッシュナー上席参与のアイディアとされるこの場所設定は、最終的には中国側が折れた。トランプの試みが実った。

トランプは四月六日、国賓並みの接遇で儀仗兵ならびに軍楽隊を配置し、トランプなりの演出で習夫妻を出迎えた。その反面で習側は同私邸から距離を置いた民間ホテルに宿泊した。安倍首相が二月訪問で同私邸に宿泊したのと対照的になった。

米中首脳会談の内容は予測されたように両国間の貿易問題と北朝鮮問題になった。貿易問題についてはトランプの「中国製品への四五％課税」と「中国は通貨操作をしている」との過去の言い草が同日時点でも生きていた。北朝鮮問題についてもトランプが述べてきた「中国が北朝鮮に電話一本かければこの問題は解決する」も同じく生きていた。

しかしトランプの思惑は少なくとも、両首脳間で合意されなかった。その最大の理由は、習主席が半年後に直面する五年に一度の中国共産党党大会への環境作りであった。同大会では党規則により習主席と李克強首相は残りの五年間これまでの席を維持するが、他の五名の常務委員は入れ替わる可能性が高かった。米中課題が何であれ習主席が中国国益にマイナス影響を及ぼしかねない発言ないし応答するのは出来ない相談だったのである。

トランプはトランプで配慮した。同氏は常務委員の入れ替えに習主席の影響力を発揮させるために同主席のプライドを傷つける明言を極力避けた。会談の結果は予期されていたように両首脳間で一致しなかった。両者合同の記者会見も見送られた。両首脳は別々の場所設定で次のようにウインウインを演出した。

トランプ「米国は中国との間で傑出した進展を策定した。そしてさらなる進展を策定するであろう。習氏と自分との関係は、思うに、傑出している。信ずるに、多くの悪い問題点が消えようとしている(四月七日)」[5]。

習「中米両国はより深遠な理解に携わることになり信頼を築いた。信ずるに、両国は親密な関係を作るために揺るぎなき途を開発し続ける。両国は世界の平和と安定のために歴史上の役割を全うする(四月七日)」[6]。

以上とは別に同日の記者会見の場で、首脳会談に臨席した米国閣僚から以下の発言がみられた。これが後になり重い意味を持ってくる。

ティラーソン国務長官「(1) トランプ・習両氏は、朝鮮半島を非核化し、国連安保理の北朝鮮核開発中止決議を完全に履行すると述べた。

(2) 米国は中国の北朝鮮対処が中国側で格別な問題を生み、中国がそれに立ちはだかることになると理解している。したがってこの点で中国側が米国と協調できないとすれば米国は独自で行動することをトランプ氏は習氏に述べた。
(3) 米中両国が北朝鮮対処を平和的に解決できないかを見極める点については両国が共同作業をする約束をした。
(4) 米国のシリア空爆については四月六日午後八時四〇分にトランプ氏が習氏にミサイル発射数などを含めた情報とともに口頭で直接に伝えた。
(5) 習氏は上記通告と(空爆の)根拠説明に感謝した。同氏は私に対して子供が殺害されたこととの関係で米国が対処したことに理解を示された。
(6) (シリア空爆が米国介入の戦争レベルになるかの質問に対して)これは、米国がシリア政府の反応をどのように観察するかにより答えが異なる。
(7) ロシアの反応には驚いた。ロシアが引き続きアサド政権をサポートするからだ。つまり自国民に恐しい攻撃を加える政権をサポートする点だ。実に驚く。悲しいかな、あなた達(記者達)に伝えなければならない。全てが予想外ではないにしても。
(8) 米中両国は地域ならびに海洋安全保障につき率直な議論を行った。トランプ氏は東ならびに南シナ海で国際規範が遵守されることと、以前にみられた非軍事化に関わる諸声明の重要性を述べた[7]」

ムニューチン財務長官

「米国は今後、貿易、投資、その他の経済面での機会、バランスの取れた経済関係、とくに貿易に焦点を当てていく。中国の通貨操作問題については米国政府のレポートをまず待ちたい[8]」

ロス商務長官

「会談の画期的成果は両国間に百日プランが出来たことだ。米国の目標は米国の輸出を増加し貿易赤字を削減することだ[9]」

◆トランプ・習会談のまとめ

[安全保障] ティラーソン発言から。トランプが習主席に対して中国に敬意を払いながら、米国の北朝鮮への単独軍事介入の可能性を直接に明言した意義は大きかった。これは習氏に対する丁寧な北朝鮮戦争の事前通告でもあった。同じくトランプが東シナ海での中国の軍事拠点化にたいして警告を発し、その中で「東シナ海（尖閣諸島所在）」の部分に触れたのは、トランプの日本首相に対するサービス（政治的には将来のプレッシャー）であった。シリア空爆につき、習主席が一定の理解を示したとされる部分はトランプのプーチンへのプレッシャーになった。

[通商問題] ムニューチン・ロス発言から。トランプが選挙戦時から唱えてきた中国製品への高関税プラン、通貨操作問題が中国にプッシュされなかった。その理由はトランプが同議題を中国による北朝鮮問題の解決と引き換えに処理するという「かけひき」に絡むからであった。

4　トランプの北京訪問の準備

トランプは北京訪問にさいして一つの戦略を準備した。これは中国側にとっては「ノーグッドニュース」

であった。これは中国側が聞きたくない中国の「非市場経済」を指摘するものであった。

トランプは一七年十月二十六日、中国を非市場経済國に認定し、「非市場経済の中国」文書を商務省に発表させた。

この文書は一言で言えば、米国は中国の経済構造を信頼しないという見解になる。言うまでもなくトランプ訪中に合わせて作成かつ発表されたものであった。説明しよう。

中国は二〇〇一年になりWTO協定への加盟が認められた。米国・日本を始めとする各国が中国の加盟を承認したからであった。ところが中国の加盟には条件が付いていた。中国は「市場経済地位：MES」ではなく「非市場経済地位：NME」としての加盟になった。

NMEとは、輸出国の経済構造に国家の資源配分、国家統制、国営企業、過大な国家補助がみられるので、そこで生まれた産品価格が本来の市場価格を反映していない（と疑われる）経済を意味する。ダンピング（不当廉売）価格の可能性が高いという灰色の烙印が押されたことになる。

ダンピング認定はNME国産品でもMES国産品でも生ずるが、前者の場合は他国の価格と比較されるためにダンピングが認定されやすくなる。

他方でWTO規定（第一五条）は、「NME地位はWTO加盟年から十五年後に消滅する」とも定める。

中国側は十五年後に自動的に消滅すると解釈した。ところがトランプ側は中国の解釈を退けて、第一五条は「十五年経過後はダンピング調査で他国の価格と比較するな」とするものであり、中国がNME地位から脱したか否かは米国が十五年後も自由に認定できると解釈したのである。

中国は何よりもNME国という不名誉な地位から脱却したい。トランプは習主席との会談でNMEカードを少なくとも暗示できることになった。

5　トランプの北京訪問

トランプの北京（ならびに東京、ソウル）訪問に先立って、次のような発言がみられた。

トランプ「自分はアメリカの経済と国家安全保障の優先性を促進するためにアジアに旅行する（十月三十一日）[10]」

ホワイトハウス高官「米中会談ではトランプは両国間の貿易赤字を削減するために習主席に強硬な態度に出る（十月二十三日）[11]」

外交問題評議会アジア研究部長エコノミー「トランプ旅行は貿易、北朝鮮、米国のアジア責務の再吟味だ（十一月二日）[12]」

◆首脳会談後のトランプ発言

十一月九日、トランプ・習会談が催された。フロリダ会談の場合と同様に共同声明はなかった。しかし共同記者会見は設定された。習主席からは儀礼レベルを超える発言はなく、他方で報道陣から両首脳への質問は禁じられていた。トランプは以下を発言した。

（1）米・中首脳は新たなかつ重要な一連の事項につきコンセンサスを得た。首脳会談は建設的かつ生産的であった。自分は第一九回党大会で採用された習主席の政策を共有する。

（2）習主席にも申し上げたが、太平洋は中国と米国を包容できるほどに広い。重要なことは両国が相互の主権と領域を尊重することだ。

(3)米・中首脳は外交と安全保障にかかわる対話、包括的経済対話を最大限に活用することで合意した。

(4)対中貿易は一方通行でフェアでない。ただ中国を非難するわけではない。他国より秀でる能力のある国がそれを自国民のために利用するのが非難されようか。この点では中国を讃える。

(5)貿易収支の不均衡については(中略)より深い議論をすることが必要だ。米国はフェアでレシプロカルな貿易を求める。

(6)今回の訪問で両国は二五〇〇億ドルの商取引と両面通行の投資に署名した。

(7)習主席とは北朝鮮の完全な非核化に向けた両国の責務につき話し合い、過去の失敗したアプローチを繰り返さない点で合意した。

◆まとめ

[形式面]中国側は最大の配慮をした。トランプを出迎えるにあたって、トランプが大統領就任後ヨーロッパ訪問(G20、NATO会合)をしたさいにどのように接待されトランプがどのように応じたかを分析した。中国訪問に先立つ日・韓訪問で生じうる接待についても中国側は予測し、それを凌ぐ接待へのお膳立てをした。

まずトランプは国賓(国賓プラス:中国側発表)として迎えられた。ちなみに前大統領オバマも同じく就任年(九年十一月)に北京を訪問したが国賓ではなかった。オバマが国賓になったのは五年後(一五年十一月)の訪問時である。[13]

国賓トランプには終始、国家主席がアテンドした。トランプが次の訪問地ベトナムに出発後も、トランプ夫人の万里の長城個人ツアーに国家主席がアテンドするほどであった。

【実質面】サビッキー記者（独立系）は今回のトランプも九年のオバマも実質的には同類の成果であったと評した。[14] そうだろうか。甚だ疑問である。

トランプは習がすでにオバマに発した「太平洋二分論」につき習に同調し（前記(2)）、それとは別に中国の通商姿勢に理解さえ示した（同(4)）。習への同調は中国全土へのテレビで中継され、これに習の党大会演説を共有する（同(1)）とするトランプの習への傾斜がワンセットになった。

以上の中で、「中国を非難しない（同(4)）」の部分が米メディアの餌食になり、ワシントン・ポストなどはこれを「中国への降参」とまで報じた。[15] しかし、トランプにとってはイデオロギーめいた論よりもリアリズムとしての今後の米国の対中攻勢のほうが大事であった。

トランプはレシプロカル（相互収支のゼロ化）貿易の到来を強調した（同(5)）。これはフロリダ会談で示した「貿易赤字の削減」を再確認するものであった。習側はこれを予期して「二五〇〇億ドルの商取引」によりひとまずトランプのメンツを保たせた。

米国内ではこの取引は「真水」ではなく従来からの流れの多くを文書化したに過ぎないとの批判が出たが、[16] 仮にそうだとしても国家首脳同士が文書に署名した意義は大きかった。

トランプは中国を離れる直前のツイートで「過去の米国政権が中国の米国利用を許した。どうして中国を非難出来ようか」と結んだ。筆者はこれをドイツ系人物の規律と読んだ。自分の足が中国の地面から離れるまではいたずらに中国を批判するのを止めたのである。

北朝鮮問題につき米中両国が「北朝鮮の完全な非核化」を責務とした点（同⑺）についてもフロリダ会談の繰り返しになった感があるが、その政治背景が大きく異なった。フロリダ後に生じた中国共産党大会（十月）で習国家主席のパワーが単なる国家主席の再確認を超えた中興の祖のレベルになりつつあることである。

6 今後の米中関係

今後の米中関係に横たわる案件は経済と安全保障の両面に跨っている。

一八年三月に浮上、六月に実現した米朝首脳会談についてもその実質面は、金委員長の役割の半分は中国代理人としてである。

今後新たに生じ得る問題としては、トランプが目論む米台間のより深い経済・安全保障関係に対する中国の反応になる。可能性としてであるが韓国からの米軍撤退が米国の新たな台湾接近に変化する可能性が著しく高い。言い換えれば米国のこれまでの韓国シフトが台湾シフトに移行する可能性が払拭出来ない。

二　日本政策

1 戦後の米日関係

日本の敗戦で始まった新たな米日関係は、マッカーサー元帥を頂点にしたＧＨＱ（連合国軍最高司令部）による四六年の指示で新憲法が生まれたことである。この文言上の改正は実際には大日本帝国から日本への革命的転換を文書化したものであった。

憲法九条には「前項の目的を達するため、陸海空軍その他の戦力は、これを保持しない」と記された。この文章の前項には「国権の発動たる戦争と、武力による威嚇又は武力の行使は、国際紛争を解決する手段としては、永久にこれを放棄する」と書かれた。以上の二カ所のフレーズが七十年後になり、自衛隊の位置付けを巡って国論を二分するまでになる。

五〇年六月、北朝鮮軍が国境線を越えて韓国に侵入した。マッカーサーがその指揮下の日本占領軍を朝鮮半島に送ったために、それまで占領軍が所轄していた日本国内の治安維持に空白が生まれた。

マッカーサーは日本政府（吉田茂首相）に警察予備隊の創設を命じ、この組織が直ちに編成された。同予備隊の存在については前記の憲法九条との関連問題が生じた。吉田首相は問題点を単純化し「軽武装だから戦力にならない」と通した。

細かい経緯を省略するが、警察予備隊はその後保安隊、自衛隊と名称変更し、米・露・中・印・仏・英に次ぐ世界第七位の戦力にまで成長した（出所：グローバルファイアパワー・二〇一七年）[17]。もっともこの中で日本のみが装備面で敵国内の基地攻撃能力を有せず、さらには核兵器を保有しないという意味では奇妙な世界ランキングであった。

経済面に触れよう。戦後の混乱から立ち直った日本はGDP面で六八年、米国に次ぐ第二位の経済大国にまで成長した。しかし四十二年後の二〇一〇年、中国（胡錦濤国家主席）と日本が順位を交代した。爾来日本は第三位のランクを維持した。

戦後これまでの日本の経緯については各様の見方があるが、安保面での日米同盟と経済面での日米（ならびに日中）貿易が日本の繁栄に貢献した。その中でエンジンとして機能したのが米国のパックスアメリカーナ体制であった。良く言えば米国との連携、逆に言えば米国依存（ないし事実上の服従）であった。

表６　日中貿易（2012～2016）日本財務省統計

単位：百万ドル

	2012	2013	2014	2015	2016
輸出	144,174	129,093	126,459	109,236	113,894
輸入	188,450	180,84	181,039	160,625	156,608
貿易赤字	44,276	51,748	54,580	51,388	42,714

もう一つ加えよう。日本は先進国の中で稀にみる他国奉仕国である。かつては世界に誇るモノ製造国であり、ここから出る輸出力がＧＤＰ成長の原動力になっていた。ところが九〇年代から状況が一変する。中国が国家政策という強力な柱の下でモノ輸出に総力を注入したのである。ここまでは良い。

中国の躍進に比例するように日本の中国投資が急上昇した。問題はこの実態が日本の工場を中国に移転する形で現れたことであった。これが中国ＧＤＰの上昇と日本ＧＤＰの下降になった。当たり前の結果である。

見過ごせないのは日本政府が工場移転の旗振り役を演じたことであった。政府機関であるＪＥＴＲＯが事業主向けに工場移転のメリット情報を提供したのである。言い換えれば国策の一環として工場移転を奨励したことになった。このような日本政府の行状は米国ではあり得ない。米国政府（ならびに州政府）は一貫して米国への工場誘致に取り組んできている。

前の箇所で日本は経済面で中国に依存したと書いたが、この依存は貿易収支の黒字を意味するものではなかった。二〇一六年を起点とする直近五年間データを見る限り貿易収支は赤字の連続である。

［トランプの登場］　一七年、米国でパックスアメリカーナ撤退論者トランプが大統領として仕事を始めた。日本は少なくとも安全保障面で米国に依存しない体制、言い換え

れば憲法九条の改正を視野に入れた通常の先進国並みの攻撃・防御双方の能力を確実に求められることになった。

トランプの目線からは現行の日米安全保障条約は米国に不利な不平等条約になったのである。この問題はこの先の「米軍の日本防衛費負担問題」で再び触れる。

2 トランプと安倍首相との出会い

他国政府もそうであったが、トランプの大統領当選の報に接した日本政府はショックを受けた。主な理由の一つはトランプが選挙戦中に日本が聞きたくない内容を当選後の政策に掲げたからであった。トランプのいう米国の日本防衛費の見直し、米日貿易の赤字削減などはヒラリーが明言しなかっただけに、またメディアまでがトランプ当選を予期していなかったために、同氏当選の報は日本では「ウエルカム」ではなく「ノーグッド」として受け止められた。

安倍首相はとりあえず、トランプに会うことに注力した。この企画はトランプ当選直後に始まり一両日のうちにトランプ側からの了解が得られた。やがて十日後首相は会見できた。もっともこの会見は同首相のAPEC会議（南米）へのルート上で政府専用機の給油地がトランプタワーの所在するニューヨークに選ばれ、首相は空港・タワー間を車で往復したものに過ぎなかった。言い換えれば首相が白紙にもとづいて、トランプ会見オンリーを企画した訪問ではなかったのである。トランプはこの事情を明言しないが熟知している。

なぜ首相はトランプとの会見を急いだのか。このキーワードはヒラリーであった。首相はトランプの対抗馬ヒラリーが大統領選に勝つとの読みの下で選挙戦終盤期の九月十八日ヒラリーに会っていた[18]。この出来事につきロイター通信は「首相は当選後のヒラリーがTPPを完成することを要請した。同会見はヒラリーからの要請であった」[19]と報じる。率直に言ってこの報道は不可解である。

ヒラリーが超過密な選挙運動スケジュールを割き、自身が反対に転じたTPPの話を聴くために首相に会見を要請する筈がないのである。詳細な真相は分からないまでも、分かるのは首相がヒラリーを激励したことである。ヒラリーの行動を監視していたトランプはこの情報に接し「敵（安倍首相）がまた一人増えた」と受け止めた。

このようにしてトランプ当選は首相にとってトランプが抱いた安倍観を払拭するための注力に転換した。首相はトランプへの土産として金メッキ・ゴルフドライバー（三七五五ドル、四一万三〇五〇円）[20]を進呈しトランプはゴルフシャツ（二〇〇ドル：筆者推定）でお返しした。

その後になり、翌年二月の日米首脳会談が設定されていく。

3　安倍首相の米国訪問

一七年二月、安倍首相がホワイトハウスを訪問し、トランプとの共同声明が以下の内容で発せられた（声明全体を圧縮したが、文言は原文のまま）。

◆トランプ・安倍共同声明（二月十日）[21]

(1)　米国は地域プレゼンスを強化し、日本はより大きな役割及び責任を果たす。

(2)　両首脳は、日米安保条約第五条が尖閣諸島を含むことを確認し、東シナ海の平和と安定を確保するための協力を深める。関係国に対しては、拠点の軍事化を含め、南シナ海における緊張を高め得る行動を避け国際法に従って行動することを求める。
(3) 両国は、北朝鮮に対し核及び弾道ミサイル計画を放棄し、さらなる挑発行動を行わないよう強く求める。
(4) 両首脳は、自由でフェアな貿易ルールにもとづいて両国間及び地域における経済関係を強化することに完全にコミットしていることを強調した。
(5) 両国は、両国間の貿易・投資関係双方（中略）の重要性を再確認し、米国がＴＰＰから撤退したことを認識し（中略）、両首脳は共有された目的を達成するためのベストの方法を探求すると誓約した。これには両国間での二国間枠組みに関わる議論、日本の既存のイニシアティブを基礎とした地域レベルの進展の推進が含まれる。
(6) 安倍首相はトランプ大統領の本年中の日本への公式訪問とペンス副大統領の早めの東京訪問を求め、トランプ大統領はこの二訪問を受け入れた。

◆共同記者会見（二月十日）[22]

声明とは別に共同記者会見が催された。首脳同士の儀礼交換の後、次の一連の発言が出た。

トランプ「経済面であるが、米国は自由でフェア、レシプロカルな貿易関係を追求する。これが両国の利益になる」

ハルパー記者（ニューヨーク・ポスト）「安倍首相、米国のＴＰＰ撤退への貴下の反応を聞かせてください。これはアジアでの米国の位置付けを弱くするとお考えですか。米国大統領との何らかの貿易交渉につきどのように仕上げるかのビジョンをお持ちですか」

安倍「我々は避難民とテロリズムに……（後略）」

バーマン記者（Ｆｏｘニュース）「先ほどハルパー記者が質問したままの点ですが、米国がＴＰＰから撤退したのはミステークと感じますか」

安倍「トランプ大統領の決断はもちろん熟知している……」

以上から窺えるように安倍首相はＴＰＰに関わる記者からの質問への回答を避けることに注力した。

◆レシプロカルな貿易

トランプは共同記者会見の場で「レシプロカルな貿易関係を追求する」と述べた。レシプロカルは過去の大統領がとりたてて用いなかった文言であった。九カ月後生じたアジア旅行でも「フェア・レシプロカル貿易」の言葉が繰り返された。

この言葉は最初の訪問先四カ国（日・韓・中・越）首脳に明言された。日本ではトランプは「レシプロカル」の言葉を、赤坂の米国大使公邸、迎賓館のそれぞれの場（十一月六日）で何度も発した。米国帰国前日（十四日）のマニラでも安倍首相に重ねて強調した。この言葉は二一カ国参加のＡＰＥＣ会合の場でも話された。さらには一八年一月のダボス経済会議、全米国民に宛てた一般教書演説の中でも言及された。

日本メディアと日本政府は「レシプロカル」を「互恵」としたがこれは誤訳である。例えばＡＰＥＣ宣言（一七年十一月）第一一条を見て頂きたい。

「レシプロカルならびに互恵貿易（原文：reciprocal and mutually advantageous trade）[23]」

この言い回しがレシプロカルと互恵を区別しているように、レシプロカルは互恵ではない。

トランプはいつも簡易な言葉を用いる。英語国民であればレシプロカルは中学の数学で習った「逆数」を想起する。ところが日本ではこのような具体的な意味が伝わっていない。レシプロカルはフェアをより具体的に言い換えた言葉であり、それだけにフェアよりも意味が強い。もう少しレシプロカルを説明しよう。

一六年、日米モノ貿易は、日本からの輸出が一三三〇億ドル、米国からの輸出が六三二億ドルであった。米国輸出／日本輸出は六三二／一三三〇＝〇・四七八になる。六三二／一三三〇のレシプロカル（逆数）は一三三〇／六三二＝二・〇八八になる。

貿易の本来的な目標は「一」である。貿易を最初に理論づけたリカード（一七七二〜一八二三）の大前提はこの「一」であった。日米モノ貿易を「一」にするためには米国の輸出増〈〇・四七八から一への引き上げ〉、または日本の輸出減〈二・〇八八から一への引き下げ〉、または両者のミックスが処方箋になる。

4 トランプの東京訪問

十七年十一月、トランプが日本を訪問した。二月以来の首脳会談であったがそれまでの九カ月は、北朝鮮問題に関わる電話会談で両者間に密接なコミュニケーションが維持されていた。問題は両国間の貿易問題であった。この問題に焦点を当てたコミュニケーションは事実上皆無であった。

この問題は「麻生・ペンス対話」に丸投げされていたのである。日本国民がトランプ・安倍関係を強い絆と把握するとすれば、少なくとも経済問題に関わる限り正しくない。

トランプ訪日の前月、ブルッキングス研究所上席研究員ソウリスが次のコメントを発した。

表7　米日貿易（2012 - 2016※）

単位：百万ドル

	2012	2013	2014	2015	2016
輸出	69,975	65,237	66,891	62,393	63,236
輸入	146,431	138,575	134,504	131,383	132,046
貿易赤字	76,455	73,337	67,612	68,989	68,810

※ https://www.census.gov/foreign-trade/balance/c5880.html

「トランプと安倍は蜜月だ。貿易問題を話し合わないから」[24]

◆トランプの対日貿易赤字発言

トランプは訪日中、改めて対日貿易赤字問題を取り上げた。まず表7のデータを見よう。

以上から、直近五年間の貿易赤字総額は三五五二億三〇〇〇万ドル（三九兆七五〇億円）になり、年平均では七一〇億四〇〇〇万ドル（七兆八五四〇億円）になっている。輸出一対輸入二の比率である。

これが今世紀初頭以来パターンとして定着している。七兆円をゼロにすること。これがトランプの目的である。米国の対日赤字は対中赤字（三四七〇億ドル：一六年）に次いで高い。

米国の対中貿易の場合は米国製造業の多くが中国に移転したという独特の事情がある。これを分析すると米中貿易には実際には米国製造業の「企業内貿易」になる部分が大きな割合を占めている。

このことから対日赤字と対中赤字を同列には論じられない。本書では詳述しないが企業内貿易の事情を勘案すると、米国の真の対中貿易赤字は大きくダウンする。

対日赤字問題に関わるトランプならびに安倍首相の発言は以下のようであった（ホワイトハウス・ウェブサイト）。

◆トランプ発言：米国大使公邸十一月六日

早朝であったが米国大使公邸に米日ビジネス界のCEOレベルが集まった。トヨタ、ボーイングなどの顔触れがみられた。貿易の実際はビジネス界の出来事であり、トランプはビジネス界向けの発言をことさらに重視する。トランプは以下のように発言した。

「米国はフェアでオープンな貿易を求める。米・日貿易の現況はフェアでもなければオープンでもない。しかし、直きにフェアでオープンになると、私は見る。

米国は自由でレシプロカルな貿易を求める。現況は米・日貿易は自由でもなければレシプロカルでもない。しかし、直に自由でレシプロカルになると、私は見る。米国がそのための手順に着手してから長時間が経過したが、両国にフェアな貿易のあり方への交渉が決着できると、私は見る（十一月六日）」

以上にみられるように、トランプは「自分が決着させる」という意気込みを示した。このような言い回しは過去の大統領にはなかった。トランプから次の文言が続いた。

「米国は日本との経済関係改善にも責務を負っている。自分は米国大統領としてフェアで自由、かつレシプロカルな関係を達成する責務を負っている。対日関係で恒常的な貿易不均衡と赤字を削除するために作業中である。この作業は米日会談の当初からかなり精力的に続けられている（十一月六日）」

以上から、米側の経済戦略が二月の米日首脳会談の時点から練られていたことが窺える。

◆共同記者会見：赤坂迎賓館十一月六日

安倍「トランプ大統領と二カ国間経済課題を議論した。日本は先月催された麻生副総理とペンス副大統領間の第二回日米経済対話を歓迎した。そこでは二カ国間経済に関わる貿易・投資関係を強化することが確認された。我々は対話を深めて行く。我々は二カ国間の貿易・投資をさらに活性化するために議論を継続し、法の執行、エレルギー、インフラストラクチャーなどの分野での協力を強めていく（十一月六日）」

安倍首相はトランプと異なり問題点を「貿易・投資」に拡張していることが窺える。貿易での対米黒字問題を日本の米国投資にすり替える姿勢が読み取れる。ちなみに同首相は「二カ国貿易協定」でなく「二カ国間の貿易」と表現している。慎重といえば慎重である。安倍発言を続けよう。

「日米同盟の重要性は安全保障のみに限られず、経済分野でも当地域ならびに世界の繁栄に大きく貢献する（十一月六日）」

「日米同盟重視」は歴代日本政府の常用句である。それはともかくとして、安倍首相の言う日米同盟から生ずる「当地域ならびに世界の繁栄」はトランプにとっては関心がない。トランプは安倍首相が問題点を希釈していると把握する。安倍発言はさらに続く。

「私は、トランプ大統領と共に、単に二カ国間貿易分野だけではなくアジア太平洋地域での広範な貿易・投資に関わる高基準なルールメーキング面で主導役を演じる決意だ（shall）。日米両国が、同地域ならびに必然的には、同地域でのフェアで効果的な経済秩序を創造する両国の合体努力から生まれるグローバルな経済成長を堅固に主導するのを見極めたい（十一月六日）」

安倍首相は明言を避けたがトランプの横で「ＴＰＰ復活」を暗示した。そこでの「主導役を演じる決意だ」には「shall：ホワイトハウス翻訳」という極めて強い言葉が用いられた。マッカーサーが日本軍に追われてフィリピンを去った時の「I shall return：必ず帰ってくる」が歴史上有名である。

同首相は「トランプ大統領と共に」と述べるが肝心のトランプはそもそも同首相に与していない。トランプは選挙戦時から今日まで一貫してＴＰＰに反対している。

トランプ発言に移ろう。

「皆さんは米国がかなり、かなり強い行動を起こすのを観察されるだろう。同行動はすでに始まりそのための法基盤がやっと仕上がったところだ。かなり近いうちに、大変化を観察されるだろう。その根拠は、貿易につき多くの国々が米国をかなり、かなりアンフェアに扱ってきたからだ（十一月六日）」

強い行動のトップは「米日二カ国貿易協定」を意味する。かなり、かなりという同じ単語の繰り返しはトランプの癖である。

「米国は貿易などの様々な課題を強制するために作業して行く。晋三、あなたと共に居られるのは誇りだ（十一月六日）」

◆日米経済対話

日米経済対話の初回は十七年四月（十六日）東京で催された。米側からペンス副大統領が出席した。外交対話では初回に問題点の本質論が始まることはまずない。四月対話は一時間で終わり冗談を交えた一通りの顔合わせになった。問題は十月（十五日）の第二回対話で生じた。同月十日付のブルームバーグ経済情報が同対話への日本側の姿勢を次のように正直に報じたのである。

ブルームバーグ「日本政府関係者は十日、記者団に対し、米国抜きのTPP交渉が最終局面を迎える中、日米FTA（貿易協定）には応じられないと発言。日米間でFTAをめぐる協議が進めば他のTPP参加国が合意への意欲を失い交渉が決裂する懸念があると説明した[26]」

十月十五日、ワシントンで第二回目の交渉が催された。ペンス副大統領・ロス商務長官・ライトハイザーUSTR代表の米側は、米国貿易赤字解消を前面に出した「フェアな貿易」を改めて要求した。

これを受けた日本側の麻生チームは直接回答を避けた。同チームは「日本の米国への投資」の可能性を提示したのである。もっとも日本側はその側面で「米国産エネルギーの輸入」を示唆し、「米国産ポテトの輸入増」「米国自動車輸入時のテスト要件の緩和」に応じたとされるが、この辺りの動きは実際には米国貿易赤字解消という構造問題には焼け石に水の効果しかない。米国産業界はより具体的に、農畜産物の輸出増[27]、自動車の輸入減[28]を要求していた。

上記交渉の場で麻生財務相は、副総理の立場からか北朝鮮問題での両国の連携性を力説したが[29]、この点は米国内でも「これは筋違いの話ではないか」と見る向きが多かった。

もし日本側が貿易不均衡是正のための自主規制（例：対米自動車輸出規制、米国農産物輸入拡大）をするのであれば麻生発言は筋が通りそうである。しかし約七兆円（一六年）にも達する不均衡額を自主規制で解消するのは至難の技である。はたして日本の業界が納得するのか。

トランプは「そのための法基盤がやっと仕上がったところだ」と発言している。法基盤とは条約ないし政府間協定のための条文作りを意味する。

日本側は日米二カ国間貿易の本論に入るのを避けた。もっとも日本側は交渉の初期に米国側に抵抗し、その後突如として米国側の期待値を超えてまで妥協するパターンが多い。その限りで支離滅裂である。TPPでもこのパターンが見られた。ちなみに米国ではこのようなパターンが生じたとすれば議会が交渉担当官を招致し、直接にその理由を問う場合が多い。

◆トランプ来日前後の日本メディア報道

毎日新聞「経済では、米側が対日貿易赤字の是正について言及する可能性があるが、日本側は経済での対立構図は避けたい考えだ（十一月五日）[30]」

日本経済新聞「麻生太郎副総理・財務相は七日の閣議後の記者会見で、米国のトランプ大統領が言及した日米貿易不均衡の是正について、ＦＴＡでやることはないとの考えを重ねて示した。日米首脳は六日、貿易・投資のルールなど経済分野に関し、麻生副総理とペンス米副大統領が出席する日米経済対話で協議を続けていくことを確認している（十一月七日）[31]」

日経の麻生発言は米側の理解と辻褄が合っていない。「貿易不均衡是正はＦＴＡではなく経済対話で協議する」とされているが米側は経済対話はＦＴＡのための対話であると理解している。

また、米側は日本側からＦＴＡ交渉をしないという通告を受けていない（筆者米側情報）。

日本農業新聞「安倍首相は共同会見で、貿易問題は経済対話で議論すると強調（中略）日米の思惑の違いが鮮明になった（十一月七日）[32]」

この新聞が指摘するように、日米間には問題点の置き方に大きなギャップがみられた。

◆外交問題評議会シーラ発言

外交問題評議会スミス上席フェロウは日本研究者として日本でも良く知られている。同氏はトランプ来日後次のようにコメントする。

「トランプ訪日で、個人間の絆があるにもかかわらず、安倍（首相）の難題が浮き彫りになった。トランプは米国の貿易赤字が消滅しなければならないとする堅固な信念を維持している（十一月七日）[33]」

5　米軍の日本防衛費用負担問題

トランプは選挙戦中の一六年三月、ＣＮＮに現れ次のように発言した。

「日本は北朝鮮の狂人に対して自分で対処するが良い。率直なところ、韓国も自らで防衛すれば米国の理にかなう。この両国は自らで守るか、さもなければ米国に費用を支払わなければならない[34]」

これに類する発言はこれまでの歴代米国大統領にはみられなかった。トランプは自主防衛と米軍費用負担という二点を天秤にかけたのである。

まず、このトランプ発言は同氏の選挙戦略の一片ではないかと把握する向きがあるかもしれないが、そのような見立ては正しくない。この先で触れるが大統領就任後のトランプはドイツに対し具体的な金額を掲げて米軍費用の請求書を実際に送っていたのである。

◆根本的な背景

自主防衛問題は日本との関係では、日本政府が本格的に意識し始めた憲法九条に繋がる自衛隊のあり方にもリンクする問題になる。この問題の根本的な背景を以下に掲げよう。

話が遡るが、太平洋戦争敗戦（一九四五年）後に四三万の米兵士からなる占領軍[35]、として始まった在日米軍の役割の一つはボトルキャップ、つまり日本の軍国主義という瓶に栓をすることであった（歴史家ネイゲル、イリノイ大[36]）。

言い換えれば米軍は米国を守るために日本にいたのである。米国が占領費用の全てを自前で負担するのは当然であった。もっとも実際には、日本の国家予算の三二％（四六年の場合）が終戦処理費の名目で支払われていた。[37] この名目の費用計上はその後五年間続いた。

やがて日本はサンフランシスコ平和条約（五一年）により占領を解かれ、主権を回復したことで（五二年）占領軍の役割は終わった。しかし同条約原文をよく読むと「国としての日本」が本当に主権を回復したかにつき疑問が残るが、この辺りの議論を始めると話が前に進まなくなるのでここでは立ち入らない。

五二年に主権を回復した筈の日本には「軍」が出来上がっていなかった。敗戦後の暫定憲法九条に盛られた「戦力を保持しない」条項が改正されずに残っていたのである。日本はすでに占領下で警察予備隊を発足させていたが、この組織は名称が語るように「軍」から程遠いものであった。

日本が完全な主権国家になった日、つまりサンフランシスコ平和条約が調印された日に、調印会場からやや離れた米軍基地で平和条約とは別な日米安全保障条約が調印された。ここで話がややこしくなる。

まず占領軍が駐留軍になった。駐留目的が日本を守るためになった。駐留費用はどちらが払うか。これは同条約にも、この条約を受けた行政協定にも書かれなかった。書かれたのは、「日本国は……合衆国に対し……施設及び区域の使用を許すことに同意する（行政協定第二条）」であった。

その後日本は世界を驚かせる経済発展を達成する。ＧＤＰが米国に次ぐ世界第二位に上昇し八九年にはニューヨーク所在ロックフェラーセンター・ビルが三菱地所により買収された。その中で日本の安全保障は五一年に名称変更された在日米駐留軍により引き続き守られていた。

「ちょっと待て、日本には自衛隊がある」と言われるかもしれない。しかし現代戦では仮想敵国の基地攻撃能力を欠く戦力は抑止力として機能しない。さらに言えば「核」を欠く能力では抑止力として不十分である。米軍は両能力を有し自衛隊はいずれの能力をも有しない。これが現実である。

防衛費負担問題でいう防衛費とは何かになる。結論から言えばこれはカーター政権時の七八年（六二億円：同年）から実施されてきた「思いやり予算」という枝葉のものではなく、米軍のプレゼンスそのものへの費用になる筈である。この費用算出方法は、以下で見るように実際は複雑である。

一方の極に、例えば横須賀を母港とする第七艦隊の空母建造費、海兵隊岩国基地をホームとするF‐35の製造費などを組み入れた算出方法がある。これはビジネス世界での原価計算の原理である。他方の極は、機材などは米軍がどこに駐在しようが軍隊の必要不可欠な装備品目になり部隊と共に移動する性質のものであるから「ホスト国」つまり日本が同製造費を負担することは筋違いになるとするものである。

さらには、以上の二極とは別に、国のGDPの大きさを拠り所にする計算方法もみられる。この方法は次で紹介するようにトランプ政権がドイツに向けて用いた処方箋である。

◆米国政府の態度の変化

米軍ホスト国による防衛費負担問題を大統領として発言したのはトランプが初めてではない。すでに前大統領オバマがＮＡＴＯ諸国に対して「同諸国は米軍のプレゼンスにただ乗りしている（一六年三月十一日）[38]」と発言している。

オバマ政権は防衛費負担の詳細には踏み込まずに終わった。しかしトランプ政権はその詳細に踏み込んだ。これが両政権間の違いになる。

トランプは大統領就任後の三月、ドイツのメルケル首相との会見の場でドイツが相応の防衛費を負担せず、そのしわ寄せが米国の負担増になっているとしてメディアの前で、同首相との握手を拒んだ[39]。その理由はドイツに対して〇二年以来の同国に向けた国防費負担額三七六〇億ドル（四一兆三六〇〇億円）を請求していたにもかかわらず、ドイツが支払わなかったからであった[40]。この算出方法は次のようである[41]。

①NATO諸国は二〇一四年にそれぞれの国がGDPの二％を国防費に計上することを合意した。②他方でメルケル首相の前任者であるシュレーダー首相は〇二年、ドイツ国防予算の増額を誓約していた。トランプ側は算出起点を〇二年とした上で、二％に満たない部分のドイツ負担分を集計し、これに支払い遅延利息を加えた額を同国に請求したのである。

補足すればNATOの場合、GDPの二％を国防費に計上している国は現時点では米英の両国、フランス、ポーランド、エストニア、ギリシャのみであり、トランプは一七年五月のヨーロッパ訪問時にNATO諸国代表達に重ねて国防費の増額負担を要求した[42]。

ここで、主要国の対GDP国防費（二〇一六年）を披露すれば、ロシア五・四％、米国三・三％、韓国二・六％、フランス二・三％、中国一・九％、ドイツ一・二％、日本〇・九％の順になる（資料：World Bank）[43]。

再び日本による米軍費用の負担問題に触れるが、この問題を「思いやり予算」の延長線上に置くことは出来なくなる。現在の米国はトランプの「パックスアメリカーナからの撤退」によりこれまでの米国と様変わりしている。

現在は北朝鮮問題のあおりで米軍費用イッシュは一時的に傍に置かれているが、このイッシュは原理的には日本自らによる国防力の強化に反比例する形で、つまり日本が核戦力などの真の抑止力を充実すればむしろ日本が米軍の撤退を求めていくという形で議論されるものと読まれよう。この読みはトランプの読みでもある。

三　韓国政策

1　戦後の米韓関係

第二次世界大戦最終年の四五年、ポツダム会談の場で戦後の朝鮮半島につき南半分を米軍が北半分をソ連軍が占領する合意が成立した。

ソ連軍が日本の降伏前の同年八月八日に北側に侵入した後、米軍も日本の降伏文書調印（九月二日）後の九月八日になり南側に上陸した。南側にはそれまでハワイに亡命していた李承晩が、北側にはソ連軍将校であった金日成がそれぞれ暫定的な指導者として就任した。

朝鮮半島全体の統治については、終局的には統一政府の成立が意識されていた。その後米側は国内統一選挙の実施をソ連側に求めたが拒否された[44]。

五〇年一月、当時のアチソン国務長官がナショナルプレスクラブ（ワシントン）で「米国の防衛ラインは日本本州と琉球を結ぶ線に置かれている[45]」と発言した。これは朝鮮半島が米国防衛ラインの外側にあることを意味した。五カ月後の六月、北朝鮮軍（兵力一二〇万）の一部が境界線であった三八度線を超えて韓国に侵入した。金日成の「武力による統一」のファーストステップが始まったのである。韓国軍（兵力六万五〇〇〇人）はおよそ応戦出来る体制ではなくたちまちのうちに半島南端の釜山郊外にまで後退した。

その後マッカーサー元帥（ならびに後継者リッジウェイ大将）の戦略と指揮により新たに投入され米軍の本格的反撃で北朝鮮軍は同半島最北端にまで追い詰められたが、中国義勇軍（国籍章表示せず）一二三〇万人の戦闘参加に出会い[46]、今度は米軍側の後退が始まった。

五三年七月、最終的に米主導の国連軍と北朝鮮間で休戦協定が調印され（韓国は調印せず）、三八度線を挟んだそれぞれの政治体制が開戦前の状態に戻った。同状態の続く二〇一八年四月現在、当時に比べて韓国軍の通常兵器攻撃力が飛躍的に増強された中で、北朝鮮軍は核・ミサイル部隊の実戦能力をほぼ完成させている。

◆トランプの登場

トランプと韓国の関係はトランプと他国の関係以上に複雑である。トランプは一方で今後のＫＯＲＵＳ貿易協定を処理しつつ、他方では北朝鮮に隣接かつ対立する国としての韓国に関与することになった。韓国は一九五三年以来の安全保障条約上の同盟国である。

トランプが大統領に就任した一七年一月、韓国には有効な大統領が存在しなかった。朴槿恵大統領が前月に生じた大統領弾劾を受けて職務停止の状態に置かれていたのである。弾劾理由は韓国大統領史でパターン化していた賄賂に繋がる違法な職権行使であった。

トランプの韓国アプローチは韓国所在米軍の見直しとして始まった。

◆国防・国務両長官の韓国視察

トランプ政権発足の十二日後、マティス国防長官がソウル南方のキャンプ・ハンフリーズ米韓両軍統合基地に直行した。在韓米軍ならびに国連軍司令部を擁する同基地を訪れた目的は、北朝鮮情勢の生の情報と有事に備えた米韓両軍の反撃、ならびに可能性として生じ得る先制攻撃能力を査定することであった。

在韓米軍は米軍の指揮命令系統上は太平洋軍（ハワイ）の下部組織であったが、マティスは在韓米軍ブルックス司令官と参謀からの生情報に接したかったのである。これに加えて韓国軍合同参謀本部議長李淳鎮・陸軍大将との会談も開かれた。当時の見方としては、有事に至れば米軍単独の作戦遂行は考えられないためであった。

マティスはワシントンへの帰途上で米軍横田基地（在日米軍司令部）に降り北朝鮮有事に向けた在日米軍能力を改めて吟味した。なお東京では安倍首相、稲田防衛相などとの会談が催され、日本側が聞きたがっていた安保条約上の米国の日本防衛責務がマティスから確認された。この確認は一週間後に生じたトランプ・安倍会談でも生じた。

マティス訪問の翌月十七日、ティラーソン国務長官が訪韓した。この訪韓は後で語り草になったが、韓国外交部（外務省）との関係ではまるで意味のないものに終わった。韓国憲法裁判所が十日、朴大統領を罷免したことにより朴政権がガバナンス機能を失っていたからである。[47] 同政権外交部長官に就任していた尹炳世《ユン・ビョンセ》の更迭が確実視され、ティラーソンは去りゆく人物に向けて米国外交政策を披露することには関心がなかった。韓国側もティラーソンとの会食を設定しなかった中で同氏は街中の食堂でプライベートの夕食をとった。[48]

それよりもティラーソンのアジア訪問は、翌月に控えた米中首脳会談に向けての習国家主席との根回しが最優先課題であった。訪韓直前の訪日にさいしてもティラーソンの関心は日米プロパーの外交問題よりも日本政府が中国をどのように見ているかに置かれていた。

ティラーソンの訪問までに韓国では、大統領選候補者として、リベラル派兼、どちらかと言えば米国批判派の文在寅の人気が高まっていた。文候補はティラーソン訪問の直前、北朝鮮との「対話」を選挙戦の中で強調していた。[49]

2　新大統領文在寅が置かれた環境

五月九日、前回（一二年）の選挙で朴槿恵に敗北（五一・六％対四八％）していた文在寅が特別選挙で大統領に選ばれた（四一％。第二位二四％）。ほとんどのメディアが強調していないが文氏の支持者が前回よりも減っている点に留意されたい。同日ニューヨーク・タイムズのチョー記者が以下のコメントを寄せた。

「文氏は、北朝鮮に対してはワシントンのいう制裁と圧力への依存は有効打にならない、それよりも中国の唱える接触と対話の機会を与える時が来たと主張して来た。同氏は中国が反対する韓国本土へのペンタゴンによるミサイル防衛システムの見直しを求めている[50]」

◆新大統領の新環境

ここで文大統領は新たなガバナンス環境に直面した。トランプが選挙戦中に唱えた「自分の国は自分で守れ（一六年三月）[51]」「同盟国に自力防衛させることを米国は決意すべきだ（一六年四月）[52]」であった。

文氏はさらに、中立系メディアNPRソウル特派員フー記者がトランプ当選二日後に書いた記事「米軍基地閉鎖に関わるトランプ発言の日・韓への余波（一六年十一月）[53]」にみられるシナリオにも直面した。

トランプの米軍基地閉鎖構想は同国からの米軍撤退を意味するものであった。

ちなみに元大統領カーターも一九七五年、同構想を公言している。カーターは安全保障費に絡ませずに、次のように理由付けた。

「ソ連・中国の朝鮮半島への不侵攻が取り付けられれば米軍を韓国に張り付けておく必要はない。仮に北朝鮮が韓国に侵攻したとしてもそれは韓国マターであり、米兵士が命と引き換えに韓国を守る筋合いはない（ワシントン・ポスト：一七年六月十二日）[54]」

このカーター構想は最終的には、米国の巨大綱領「パックスアメリカーナ」の前に崩れた。

トランプの基地閉鎖構想は一面で安全保障費負担問題にリンクしていたが、トランプの核心は、安全保障を売ることではなく兵器を売ることであった。

つまりホスト国が米軍駐留費用を負担しても米国GNPに影響を与えない、しかし兵器が売れればGNPに貢献するであった。ちなみにトランプは念のためと言うか、韓国（ならびに日本）に向けて次のツイートを発している。

「自分は日韓両国が米国からこれまで以上の高性能軍事装備品を購買するのを許可する（九月四日）」

文大統領は米軍の韓国からの撤退の可能性という新環境に見舞われた。トランプが直ちに米軍を撤退させる可能性はおよそあり得ないとしても、トランプの有する撤退カードが何に使われるか分からないというシナリオが生まれたのである。

3　文大統領のワシントン訪問

文氏は翌月三十日ワシントンに飛んだ。ちなみに朴前大統領がオバマ大統領を表敬訪問したのは就任三カ月後であった。

韓国メディアの中央日報が「文氏のホワイトハウス迎賓館での三泊は韓国大統領では初めてであり、異例の礼遇という評価だ」[55]と情緒的に報ずる中で、トランプはバノン首席戦略官達と共に練った韓国政策を文氏に淡々と披露した。もっともその多くは米側からも韓国側からも公言されることはなかった。以下は同日発表された共同声明と共同記者会見の中身である（全体を圧縮）。

◆トランプ・文共同声明

（1）朝鮮戦争勃発六七年後の現在、トランプ大統領は北朝鮮からの脅威を受けている韓国への防衛責務を再確認した。
（2）両首脳は米韓安全保障条約にもとづく共同防衛責務を通じた基本使命の下で韓国を防衛することを再確認した。
（3）両首脳は北朝鮮からの平和・安全への脅威に対処するための同盟上の責務を再確認した。
（4）トランプ大統領は韓国による朝鮮半島の平和的統一を醸成するための環境づくりを支持した。
（5）両首脳は両国間のレシプロカル利益とフェア待遇を創始し、バランスの取れたかつ拡張された貿易の育成を責務とした。

◆トランプ・文共同記者会見（六月三十日）[56]

トランプ「米国の対韓貿易赤字が続いている。自分はフェアでレシプロカル貿易を始めていく。これまでの協定に誰が署名したかはご存知の通りだ。他方で今月、米国の液化ガスが初めて韓国に輸出された。この取引は二五〇億ドルにもなる。素晴らしい。バードンシェアリング（安全保障費共同負担）問題が極めて重要だ。自分の政権でさらに進めていく」

文「自分が当選したときに最初に電話を頂いたのはトランプ大統領だった。同氏は決断と実利主義の人物だ。自分は同氏のいう強い安全保障が平和をもたらす点に与する。我々両首脳は北朝鮮問題につき段階的なアプローチをする中で、制裁と対話を採用していく。大韓民国は自らによる防衛能力を構築していく」

文大統領の対米環境はとりあえずは緩和された。しかし共同声明が明示しなかった部分、明示できなかった部分への懸念は払拭されなかった。共同記者会見の場で発言した文氏の「北朝鮮との対話も採用していく」が少なくともトランプへのカウンターパンチになった。他面で「自らによる防衛能力を構築していく」は米軍撤退に備えた第一歩の発言と読まれることになった。

4　トランプのソウル訪問

トランプは四カ月後、韓国を訪れた。韓国大統領はまずトランプを国賓として接遇した。これは八〇年代初頭のレーガン訪韓以来の待遇でありトランプの直近四大統領にはみられなかった破格の持てなしであった。トランプのエアフォースワンが十一月六日、在韓米軍拠点であるハンフリーズ基地に隣接する米空軍オサン基地に着陸した。トランプはハンフリーズ基地に集まった米韓両軍の将兵に対し北朝鮮に立ち向かう米国の不屈の姿勢を改めて披露した。

トランプは招かれた韓国国会の場で演説した。米国では以下の部分がとりわけ注目された

「自分は力による平和を求める。北朝鮮よ、米国を見くびるな。米国と駆け引きするな。米国の都市が破壊されるという驚異にさらされることは許されない。力を行使する時が今やってきた（十一月七日）[57]」

上記の「米国の都市」つまり韓国というよりも米国を守る点が注目されたのである。CNNは直ちに「米国の都市が破壊されるという驚異にさらされることは許されない」の部分を速報した[58]。韓国では両首脳による共同声明が発せられたがここではそれをスキップして、共同記者会見の部分を掲げる。

◆共同記者会見（十一月八日）〈YOUTUBE〉[59]

［貿易問題］

トランプ「米韓両国が五年経過した（KORUS）貿易協定を再交渉しているが、自由、フェア、レシプロカルな結果を達成できるものと確信する。文大統領が韓国交渉官に交渉を急ぐように支持したことに感謝するが、率直なところ、これまでの（交渉の）成り行きは米国が十分に満足できるものではない」

文「両国にとって持続可能かつ未来志向の韓米同盟を追求するに当たって、経済協力が致命的な要素になるという見方を米韓両国が共有する。私とトランプ大統領はそれぞれの交渉官によるKORUS協議の迅速化につき合意した」

［北朝鮮問題］

トランプ「韓国国民が良くご存知のように、（北朝鮮問題は）緊急かつ重大な決意を持って対処することを要する。米国は必要とあれば他国とは桁違いの軍事力を用いて米国自らと同盟国を防御する準備ができている」

文「北朝鮮に対して強いスタンスを維持しなければならない。トランプ大統領と私は、米国戦略資源を朝鮮半島の内部と近辺に循環的に配備することで合意した。本日、韓国軍保有ミサイルに課されていたペイロード（弾頭能力）制限がトランプ大統領により完全に解除された。

我々（韓米）は北朝鮮が速やかに核・ミサイル挑発を止めて非核化に向けた対話に応ずるのを強く要請する。もし北朝鮮が正しい選択をすれば同国に明るい未来を提供することを我々は再確認した。米軍駐留費の分担課題についてもトランプ大統領との間で合意した」

［記者とのQA］

CBSマーガレット記者「大統領……」

トランプ「どちらの大統領か」（爆笑）

マーガレット「両大統領です。（**トランプ**がティラーソン国務長官に北朝鮮との直接対話は時間の無駄だと発言していたのを踏まえて）今でもそう思っていますか」

トランプ「米国は空母三隻と原子力潜水艦を投入している。さらに、もう一歩進む所存だ。（軍事力を）行使しないで済めば、と一瞬思うが」

マーガレット「直接対話についてですが」
トランプ「その件は言いたくない」
マーガレット「オーケイ」
トランプ「本当に言いたくないのだ。分かるだろう」
マーガレット「はい、分かります」

◆板門店視察の試み

トランプは韓国国会での演説の数時間前、軍事境界線である三八度線上の板門店視察を試みた。トランプは文大統領、在韓米軍司令官、その他の側近達と共に計五機からなるヘリコプターで現地に飛び立ったが途中で濃霧に出会い米空軍オサン基地に引き返した。その後約一時間天候の回復を待ったが、国会演説時間が迫ってきたので最終的にこの企画は断念された。[60]

四　APEC

1　APECでのトランプ

トランプは十一月十日、北京からベトナムに移動した。ダナンでのAPEC第二五回会合に米国首脳として参加するためであった。

同国に降りたトランプは北京での前日までの言動と著しく異なる発言を始める。ランドラー記者（ニューヨーク・タイムズ）は現地から「トランプ：北朝鮮問題で連携、貿易問題で独自路線」の見出しで次のように書く。

「北京ではトランプは習主席を褒めちぎった。一夜明けてベトナムに入るやトランプは対中貿易の批判に徹している[61]」

「トランプはＡＰＥＣ参加二一カ国首脳の前で、There is no place like home.（我が家にまさるところなし）」と発言したが、これは米国が再び地域貿易協定に署名するのはおよそあり得ないを意味するものだ[62]」

「（トランプ政権内の）外交担当者のリアリズムと経済担当者のナショナリズムは整合していない[63]」

他方でランドラー記者とは通常噛み合わない右派系メディア「ブライバート」のスピーリング記者は「トランプ大統領、ＡＰＥＣで中国とＷＴＯ（世界貿易機関）を批判」の見出しで次のトランプ発言を伝える。

トランプ「自分はいつもアメリカファーストを目指す。ここに集まった皆さん方がそれぞれの国ファーストを目指すように[64]」

説明しよう。まず両記者の視点は異なっている。ランドラー記者はトランプ政権内の矛盾を指摘するがスピーリング記者はそうではない。スピーリング記者はそのボスであるバノン（前主筆）の下でランドラー記事の類には関心がない。トランプ発言を続けよう。

トランプ「（中国を明示せずに）ＷＴＯルールの一部を自国の繁栄のために都合良く用いている国がある。米国はそのために大量の製造業雇用を失った。（中国が知的財産ルールを守っていないことを暗示して）ＷＴＯ規則は守らなければならない。これはＷＴＯそのものに問題がある。
産業発展は民間ベースであるべきなのに政府ベースの国が存在する。
多国間協定には問題がありすぎるので、米国は二カ国協定を貫いていく。貿易はフェアでレシプロカルでなければならない」

トランプはＷＴＯのおかげで繁栄するに至った中国を追い詰め、自分なりに把握する多国間協定の欠点を指摘した。なお中国の政府ベース政策を批判した点は前月二十六日に発表した米政府文書「非市場経済の中国」を再言するものであった。トランプと入れ替わりに習主席が演説台に立った。

習「これまでの数十年間グローバリゼーションが世界成長に貢献した。これは逆戻りさせられない歴史の流れだ。中国は自身の市場解放を緩めない。他国と共に一帯一路構想を、そして高基準の自由化、貿易・投資の促進を進めていく。ＲＣＥＰ（東アジア地域包括的経済連携）も速やかに仕上げていく[65]」

ここから読めるように習主席はトランプの国際経済の見方に鋭く反発した。ここでいうトランプの見方であるが一点補足しよう。
本書の前の箇所でも触れたがトランプは米国を孤立させようとはしない。トランプの原点はアメリカファースト、つまり「パックスアメリカーナからの撤退」の下で米国の繁栄を目指している。

トランプの視野はむしろオバマの視野を凌いでいる。初めてトランプが披露した「インド・パシフィック展望」[66]は、W・ブッシュとオバマが共作したTPP、つまり「パシフィック」展望よりもはるかに広域である。

他方で習はパシフィック二分論を唱えたがインドの部分が抜けている。この限りではトランプのオーラが習のそれを上回っている。

2　トランプ主張が盛られたAPEC宣言：レシプロカル、二カ国協定

ベトナムでの第二五回APEC宣言には前回までの宣言にみられなかった次の文言が盛られた。トランプ側の要求であった。

「……レシプロカル貿易の重要性……フェアでない貿易慣行に対処……市場をゆがめる補助金……の排除……（第一四条）」

「……二カ国間貿易……（第二一条）」

このようなトランプの持論が盛られたのは米側交渉団からのプレッシャーにもとづいていた。[67]とくに「補助金や政府助成……（第一四条）」の文言は中国を苛立たせたが中国は少なくとも結果的にはAPEC宣言に同意した。

3　トランプによるアジア旅行総括

トランプは帰国三日後、ホワイトハウスで次のようにアジア旅行を総括した。

「我々の旅行は次の三点を目標にした。

(1) 北朝鮮の核脅威に立ち向かうための世界連携、この脅威は過去の多数の政権存続時に高まったが現時点では緊急行動を要する。

(2) 自由かつオープンなインド・パシフィック地域での米国同盟・パートナーシップの強化、これは他国と自国民を敬い、外国支配と経済服従から解かれた繁栄・独立国家により築かれる。

(3) フェアでレシプロカル貿易を求める。この二語は米国とビジネスをしようとする全ての国への開放的招待である。同時にルールを誤魔化し、破り、経済侵攻をする国への警告でもあり、このような国がこれまでに、特に最近でも出ている(十一月十五日)[68]」

注

注1 http://www.politifact.com/truth-o-meter/article/2016/jun/21/donald-trump-has-floated-big-tariffs-what-could-im/

注2 http://beta.latimes.com/opinion/op-ed/la-oe-navarro-trump-trade-china-tariffs-20160721-snap-story.html

注3 http://www.politifact.com/truth-o-meter/statements/2016/apr/04/donald-trump/donald-trump-weighs-chinas-island-building-south-c/

注4 https://www.axios.com/scoop-trump-to-host-xi-at-mar-a-lago-2312677366.html

注5 http://www.reuters.com/article/us-usa-china-idUSKBN1792KA

注6 http://www.reuters.com/article/us-usa-china-idUSKBN1792KA

注7 https://www.whitehouse.gov/the-press-office/2017/04/07/briefing-secretary-tillerson-secretary-mnuchin-and-secretary-ross

注8 https://www.whitehouse.gov/the-press-office/2017/04/07/briefing-secretary-tillerson-secretary-mnuchin-and-secretary-ross

注9 https://www.whitehouse.gov/the-press-office/2017/04/07/briefing-secretary-tillerson-secretary-mnuchin-and-secretary-ross

注10 https://www.whitehouse.gov/the-press-office/2017/10/31/remarks-president-trump-and-business-leaders-tax-reform-industry-meeting

注11 https://www.reuters.com/article/us-northkorea-missiles-usa/trump-to-press-china-on-north-korea-trade-on-beijing-visit-idUSKBN1CS1XA

注12 https://www.usatoday.com/story/news/politics/2017/11/02/trump-heads-asia-talk-trade-north-korea-nukes/821329001/

注13 https://medium.com/@ObamaWhiteHouse/in-photos-the-official-china-state-visit-dcfa961861c8

注14 https://www.axios.com/how-trump-and-obama-had-similar-first-trips-to-china-2508109349.html

注15 https://www.washingtonpost.com/news/post-politics/wp/2017/11/08/in-beijing-trump-lavishes-praise-on-chinese-leader-touts-great-chemistry-between-them/

注16 https://www.wsj.com/articles/trumped-up-the-250-billion-in-u-s-china-trade-deals-may-not-tally-1510227753

注17 https://www.globalfirepower.com/countries-listing.asp

注18 https://www.reuters.com/article/us-japan-trade-clinton/japan-pm-stresses-importance-of-tpp-trade-pact-in-clinton-meeting-idUSKCN11Q0BK

注19 https://www.reuters.com/article/us-japan-trade-clinton/japan-pm-stresses-importance-of-tpp-trade-pact-in-clinton-meeting-idUSKCN11Q0BK

注20 https://www.washingtonpost.com/news/reliable-source/wp/2016/11/21/donald-trump-gets-3755-gold-golf-club-from-japanese-prime-minister/?utm_term=.84a80d9e842b

注21 https://www.whitehouse.gov/briefings-statements/joint-statement-president-donald-j-trump-prime-minister-shinzo-abe/

注22 http://www.shallownation.com/2017/02/10/video-president-donald-trump-japanese-prime-minister-shinto-abe-joint-press-conference-fri-feb-10-2017

注23 https://www.apec.org/Meeting-Papers/Leaders-Declarations/2017/2017_aelm

注24 https://www.politico.com/story/2017/10/15/japan-trump-trade-243767

注25 https://www.whitehouse.gov/briefings-statements/5769/

注26 https://www.bloomberg.co.jp/news/articles/2017-10-16/OXQSJ06JIJWR01
注27 https://www.agri-pulse.com/articles/9567-us-ag-sector-wants-trade-deal-with-japan-more-than-ever
注28 https://asia.nikkei.com/Spotlight/The-Trump-effect/It-s-not-fair-Trump-says-of-Japanese-auto-trade
注29 https://www.japantimes.co.jp/news/2017/10/15/national/politics-diplomacy/japan-labels-north-korea-significant-geopolitical-risk-global-economy/
注30 http://www.pressreader.com/japan/mainichi-shimbun/20171105
注31 https://www.nikkei.com/article/DGXMZO23179820X01C17A1EAF000/
注32 https://www.agrinews.co.jp/p42405.html
注33 https://japantoday.com/category/politics/opinion-first-stop-japan...but-more-to-watch-ahead
注34 http://www.cnn.com/2016/03/31/politics/trump-view-from-south-korea-japan/?iid=EL
注35 http://www.historynet.com/american-proconsul-how-douglas-macarthur-shaped-postwar-japan.htm
注36 http://ebook.umaha.ac.id/E-BOOK%20OF%20SOCIAL%20SCIENCES/GLOBAL`%20REGIONAL%20_%20INTERNATIONAL%20STUDIES/ [Stuart_Nagel] _Handbook_of_Global_International_Po(BookFi.org).pdf
注37 https://ja.wikipedia.org/wiki/%E7%B5%82%E6%88%A6%E5%87%A6%E7%90%86%E8%B2%BB
注38 https://www.theguardian.com/us-news/2016/mar/10/david-cameron-distracted-libya-conflict-barack-obama
注39 http://www.independent.co.uk/news/world/americas/us-politics/donald-trump-angela-merkel-germany-owes-nato-money-united-states-defence-a7636686.html
注40 http://foreignpolicy.com/2017/03/27/white-house-rejects-claims-trump-gave-merkel-fake-380-billion-bill-for-nato-payments-transatlantic-relationship-germany-europe-security-defense/
注41 https://www.thetimes.co.uk/article/germany-dismisses-white-houses-intimidating-300bn-bill-for-defence-dl7dk629k
注42 http://www.cnn.com/2017/05/25/politics/trump-nato-financial-payments/index.html
注43 https://data.worldbank.org/indicator/MS.MIL.XPND.GD.ZS
注44 https://www.encyclopedia.com/history/encyclopedias-almanacs-transcripts-and-maps/divided-korea-heads-war-1948-1950
注45 https://www.cia.gov/library/center-for-the-study-of-intelligence/csi-publications/csi-studies/studies/fall_winter_2001/article06.html
注46 https://calhoun.nps.edu/bitstream/handle/10945/5096/10Dec_Nam.pdf?sequence=1&isAllowed=y

注47 http://japanese.yonhapnews.co.kr/headline/2017/03/10/0200000000AJP20170310002400882.HTML

注48 http://www.businessinsider.com/rex-tillerson-asia-trip-press-2017-3

注49 https://www.voanews.com/a/tillerson-south-korea-visit/3766567.html

注50 https://www.nytimes.com/2017/05/09/world/asia/south-korea-election-president-moon-jae-in.html

注51 https://www.vox.com/2016/3/30/11332074/donald-trump-nuclear-weapons-japan-south-korea-saudi-arabia

注52 https://www.nytimes.com/2016/04/28/us/politics/transcript-trump-foreign-policy.html

注53 https://www.npr.org/sections/parallels/2016/11/10/501531166/japan-and-south-korea-rattled-by-trumps-talk-of-closing-u-s-bases

注54 https://www.washingtonpost.com/archive/politics/1977/06/12/carters-decision-on-korea-traced-back-to-january-1975/d21ffe33-35ae-4ef9-bcac-25b8fc999559/

注55 http://japanese.joins.com/article/659/230659.html

注56 https://factba.se/transcript/donald-trump-remarks-moon-south-korea-press-statement-june-30-2017

注57 https://www.whitehouse.gov/briefings-statements/remarks-president-trump-national-assembly-republic-korea-seoul-republic-korea/

注58 http://www.cnn.com/2017/11/07/politics/president-donald-trump-south-korean-address/index.html

注59 https://www.youtube.com/watch?v=XUo6w7kdAxo

注60 http://www.scmp.com/news/asia/diplomacy/article/2118848/us-president-donald-trump-forced-abandon-surprise-visit-dmz-due

注61 https://www.nytimes.com/2017/11/11/world/asia/trump-asia-danang-vietnam.html

注62 https://www.nytimes.com/2017/11/11/world/asia/trump-asia-danang-vietnam.html

注63 https://www.nytimes.com/2017/11/11/world/asia/trump-asia-danang-vietnam.html

注64 http://www.breitbart.com/big-government/2017/11/10/donald-trump-challenges-china-and-world-trade-organization-in-apec-speech/

注65 https://www.cnbc.com/2017/11/10/chinas-xi-delivers-speech-at-apec-summit-in-vietnam.html

注66 http://www.bbc.com/news/av/world-asia-41912990/why-trump-keeps-saying-indo-pacific

注67 https://www.nytimes.com/2017/11/11/world/asia/trump-asia-danang-vietnam.html

注68 https://www.whitehouse.gov/briefings-statements/remarks-president-trump-trip-asia/

第七章　ロシアコネクション

冷戦が終わって四半世紀過ぎた。しかし米国には冷戦の残映がいまだに残っている。米国人は概ね、ロシアと聞くと冷戦下の緊張を想起する。私事になるが筆者の妻はソ連からの核攻撃予測都市（軍都コロラドスプリングス）での小中高時代、核警報があった場合の校内避難訓練を数えきれないほど経験している。

このような背景の中で生じたトランプのロシアコネクションは米国では、日本人が想像する以上に深刻な問題として把握されている。ロシア警戒論はいまだに払拭されていないのである。

トランプの場合、大統領選時の少なからずの側近、主要閣僚の一部、さらにはトランプ自身とその身内に何らかの形でロシアとの関係がみられた。これは大統領史上初めてであった。

選挙参謀であったマンフォートとフリン、国務ならびに商務長官にそれぞれ就任したティラーソンとロス、二〇一三年のミスユニバース世界大会をモスクワで演出したトランプ本人、駐米ロシア大使と接触した娘婿クッシュナーなどは関係者のほんの一部である。

しかし「関係」があったことと「疑惑」があることは別問題である。例えばティラーソンはエクソン石油CEO時にロシア大統領プーチンに会っているが、疑惑があるとまでは言われていない。疑惑があることとそれが「違法」になることも同じく別問題である。この三点の違いをわきまえながらトランプ政権のロシアコネクションを眺めなければならない。

ロシアコネクション疑惑については大統領選挙年の一六年夏にFBIが捜査に乗り出した。翌年五月になり民主党ウォーレン上院議員などからの度重なる要求にもとづいて[1]、FBIとは別の独立組織である特別検察官指揮下の捜査団が発足し、特別検察官に元FBI長官モエラーが就任した。

さらにはこの捜査団とは別に議会独自の調査が始まった。NSCアドバイザー・フリンが就任後二十四日目に解任された経緯が議会の関心を招いたのである。上院では諜報・司法の両委員会、下院では諜報・政府監視の両委員会が調査を始めた。

以上にみられる米国の真実追求姿勢は、おそらく日本では想像もつかないであろう。日本のスタンダードによればせいぜい東京地検特捜部が腰を上げ、その傍で国会は「特捜部の捜査に委ねている」として実際は何もしない。しようと思っても国会内に専門スタッフがいないのである。

もう一点加えよう。それは米国（ならびにヨーロッパ）に多く所在するインベスティゲィティブ・リポーター（ＩＣＩＪ所属記者）による真相追求である。このリポーター達は一六年初頭に世界を賑わせたパナマ文書（租税回避・資産秘匿件）のほかに、一七年秋になりパラダイス文書（同件）を発掘したことで知られているように国家機関による捜査・調査とは一線を画したユニークな調査報道活動を担う。ちなみに日本ではＩＣＩＪに属する記者は皆無に等しい。日本には新聞界と一線を画した週刊誌記者が存在するがその作業姿勢はＩＣＩＪに比べて情緒的である。

一　三つの疑惑

1　英国機関の探知

ロシア疑惑の発端は英国機関ＧＣＨＱ（政府情報通信司令部、俗称：Ｍ６）から米国への情報提供であった。この事実は米国でもさほど報道されなかった。

米国では英国機関に相当するものとして、ＤＮＩ（国家諜報庁）ならびに下部組織としてのＮＳＡ、ＣＩＡ、ＦＢＩが存在する。英国ＧＣＨＱの前身ＧＣ＆ＣＳは第二次世界大戦中の枢軸国であった日・独・伊発着の機密情報をモニターしたことでも知られている。

二〇一五年末、英国機関が当時のトランプ大統領候補の周辺人物とロシアの諜報組織人物との交流の動きを探知した。[2] 同機関はその動きを米国（オバマ政権）DNIに提供した。[3] 一六年夏までに、その後に生じた交流内容が英国のほかにドイツ、エストニア、ポーランド、オーストラリアによっても探知されていく。[4] 実際にはカナダ、ニュージーランド、オランダ、フランスの諜報機関も関わったとされる。[5]

上記情報を提供された米国側の当初の反応は鈍かった。[6] 米国側が事の重大さに気付いたのは約半年後の一六年夏に、ハニガン英国GCHQ長官がブレナンDNI長官に情報を直接伝達した時点とされる。[7]

米国自らの情報収集が進まなかったのは、米国では米国人が当事者になる諜報収集は個人の人権の尊重から裁判所の令状を要し、この令状取得が容易ではないという司法システムから来る。このシステムは専門的には「FISA（外国諜報監視法）七〇二条」[8] 問題と呼ばれる。ちなみに民主党本部のサーバーがロシアによりハッキングされていた事実は英国からの指摘を待つまでもなく米国当局がすでに探知していた。

英国情報を直視したブレナン長官はその詳細な内容に改めて驚き、とりあえずは同情報を「長官預かり」として保留したが、やがては同情報がFBIを含む諜報機関の国家安全保障部門に配布された。

ロシア疑惑は次の三通りに分かれる。

・ロシアハッキング：ヒラリーの大統領当選を阻むためのロシアによるEメールハッキングへのトランプ側の関与
・ロシア制裁の解除：ロシアのクリミア併合を受けてオバマ政権が同国に課した経済制裁解除へのトランプ側の関与
・ロシアとの金融取引：トランプ事業のロシア金融機関などとの違法取引へのトランプ側の関与

2　ロシアハッキング

これはヒラリーとその側近サーバーをターゲットにしたロシアによるEメールハッキングである。ややこしくなるが、この件はヒラリーの国務長官時に生じた公私混同Eメールサーバー事件とは区別されなければならない。公私混同事件はFBIがヒラリーの個人サーバー内に国務省機密文書を発見したという国内オンリーの出来事である。

これに対してロシアハッキングはロシア諜報機関がヒラリー、民主党本部、ポデスタ選対委員長などの各サーバーを攻撃し、そこで得られたEメールをウイキリークスに提供し、ウイキリークスがそれを一般公開したという構造である。一七年六月になり、ウイキリークスに提供されたか否かは別として二一カ所の民主党地方本部がロシアによりハッキングされた疑惑も浮上した。

ウイキリークスであるがこの組織については一七年九月までに以下のことが判明していた。

　大統領予備選四カ月前の一六年三月からヒラリー送受に関わるEメールをリークし始め、同本選までに、公開効果のタイミングを選びながら計三万通を超える同Eメールと、これとは別のポデスタ氏送受の約二二〇〇通のEメールならびに添付書類などを世界にリークした。[9,10,11]

問題点の一つはロシア諜報機関とウイキリークスの間に中間者がいたかであった。ブレナン前DNI長官は一七年五月、「ロシア側は仲介者を介してウイキリークスに協力していると思われた」と議会証言する。ブレナンは特定名を証言しなかったが以下の英国メディアが報ずるように、英国政治家ファラージが同仲介者の一人であった。

◆ニゲール・ファラージ

英ガーディアン紙（一七年六月一日）はファラージがロシア諜報機関とウイキリークス間を仲介したと断定する。[12]同氏は〇二年に英国保守党を飛び出した後、極右とされる英国独立党を創設し、一六年まで同党党首を勤めた。同年の英国のブレグジット（欧州離脱）を実現させた政治家グループの強力な一員でもあった。[13]

ちなみにブレグジットの指揮官に選ばれた英国首相メイとトランプの両者が急速に蜜月関係にまで辿り着いたのは以下の出来事から、ファラージという接点のあったことが容易に想像された。

ファラージはトランプが共和党予備選で選ばれる二カ月前の一六年五月、「自分が米国有権者であればトランプに投票する」[14]と述べる。予備選当日の米国共和党全国大会にはロンドンから馳せ参じた。[15]ファラージはトランプが大統領本選に勝利した後に最初に面会した外国政治家でもあった。[16]

他方でファラージはすでに一四年、ロシア大統領プーチンを「最も賛美される政治家」[17]とコメントする。ファラージのウイキリークスとの関わり合いについては、同氏がロンドン所在のエクアドル大使館に逃避中のウイキリークス代表アサンジに面会し、ロシア諜報機関―ウイキリークス―トランプ選挙戦陣営という三角関係に関与していた。[18]

ＦＢＩならびにモエラー特別検察官はファラージを容疑者ではなく参考人として位置付けた。しかし同氏が外国人であることが主な理由になり、同氏を強制的に聴取（令状ならびに外交交渉が必要）するのは至難の業になった。仮にファラージが聴取に応じたとしてもトランプ側に有利になる部分の出来事を述べるにとどまり、問題点の真相を語らないことをモエラーは承知していた。

以上のロシアハッキングにつきトランプはその存在を一蹴する。同氏の次のツィッターが良く知られている。

「もしロシアであるにせよ他の機関であるにせよハッキングしていたと言うのであれば、なぜオバマ・ホワイトハウスはこれまでの長い間アクションを起こさなかったのか。なぜヒラリー敗北後の今になって急に問題化するのか。ドナルド・トランプ。二〇一六年十二月十五日」

他方でプーチンもロシアの関与を一蹴する。プーチンは一七年六月モスクワに飛んだ米メディア記者とのインタビューで「ハッカーはロシアに限らず世界中にいる。米国CIAがハッキングしたのではないか」[19]と応える。

3 経済制裁の解除

これはトランプの大統領就任を条件にして、オバマ政権がロシアに課していた経済制裁をトランプ政権が解除（ないし緩和）するというトランプ・ロシア間の政治取引疑惑である。

オバマ政権時の一四年二月、ロシアは軍事力を行使することでクリミアをロシアに併合した。これを批判したオバマ政権は翌月を起点とした数度の対ロ経済制裁を始めた。オバマ政権はロシアが同併合を撤回しなければ米国も同経済制裁を解除しないとの立場を維持した。

オバマ制裁はロシア経済を激震させた。[20] ロシア通貨の国際パワーは露ルーブル／米ドルで一四年二月の〇・〇二八から一六年二月までに〇・〇一二に落ちた。[21] 五七％のルーブル安である。もっとも同数値は一七年二月になり〇・〇一七というように若干は回復した。[22] GDPの変化については、ロシアGDPは一四年の二兆五三〇億ドルから一六年の一兆三三一〇億ドル（世銀資料[23]）にまで下がった。三五％の落ち込みであった。

制裁解除はロシアハッキングと関係がないように映る。しかしその底辺部分で両者間に絡み合いがあった。それはロシア側がハッキングによりトランプ当選に協力するのと引き換えにトランプ側は大統領当選を条件としてロシアに課された制裁を解除（ないし緩和）するというシナリオであった。国際間の裏取引である。

このような裏取引は国際政治世界（に限られないが）では良く生ずる。オバマ政権時の、米国側が日本の集団安全保障企画を後押し（ないし傍観）すれば日本側はTPPの米国案を後押しするという取引が例になる。

一七年四月に生じたものとして、中国が北朝鮮の核・ミサイル開発を中止させればトランプ政権は対中貿易での強硬方針を緩和するという取引があった。これは「裏」というよりはトランプが公言した取引であった。[24]

トランプ政権による対ロ制裁の解除問題は一七年一月に拡散した。本書の他の箇所でも触れたが、同政権にNSCアドバイザーとして就任することが確定していたフリンが就任前の十二月、「トランプ政権による制裁解除の可能性[25]」を駐米ロシア大使キスリャクに言及したとの報道が出たのである。[26]ウォールストリート・ジャーナルが最初にこれを報じたが、[27]同報道の源はインベスティゲイティブ・リポーターであった。

トランプ政権発足の直後（一月二十四日）、FBIがフリンから事情聴取した。[28]当然のことながら聴取内容は当初は発表されなかった。この先で詳述するが大統領に就任したトランプが、FBI長官に対し数度にわたりフリン捜査の中止を執拗に要請した。

4　ロシア金融機関との違法取引

これはトランプ事業のロシア金融機関ないしロシア人投資家との違法取引疑惑である。ここでいう違法とは、米国がロシアに課した経済制裁のうちで米国人に課された法規に違反するか、またはロシア人に課された法規の共謀行為になることを意味する。

一七年五月のモエラー特別検察官就任時点までには、この違法性に関わる直接証拠は出なかった。[29]一八年四月現在も出ていない。

トランプとロシアとの繋がりは一九八七年に遡る。[30]この年はトランプがモスクワでホテル建設を企画し同地を訪れた年であった。[31]その後ロシアとの繋がりはむしろ濃くなった。例えば二〇〇一年に完成したニューヨーク・トランプタワーの七六〜八三階はマンション区画であるが、トランプ側のロシア向けセールスが功を奏し〇四年までにロシアならびにその近隣国人が所有者の三分の一を占めるに至った。[32]リーマンショック直前の〇八年七月トランプはロシア富豪にフロリダ所在の不動産物件を九五〇〇万ドルで売った。[33]ちなみにこの物件はトランプが三年前の競売で四一〇〇万ドルで落札した邸宅であった。[34]トランプは一三年十月のTV記者とのインタビューで、「ロシアとは多面的なビジネスを展開している。プーチンにも会った」[35]と述べる。

トランプのロシアマネーについてはトランプとその主要取引銀行であるドイツ銀行との繋がりが根になっている。本書第一章でも触れたがトランプはドイツ系の人物であり、偶然であるかそうでないかは別として、トランプの資金繰りの大半はドイツ銀行に負う面が大きい。

◆トランプとドイツ銀行

大統領選中にトランプが示した財務説明書によればトランプは複数の銀行に総額七億一四〇〇万ドル（七八五億円）の債務を負い、その筆頭がドイツ銀行分の三億六四〇〇万ドルである。[36]ちなみに、第二位、米ラダーキャピタル銀行（二億八二〇〇万ドル）、第三位以下はいずれも各二八〇〇万ドル以下。[37]ドイツ銀行はトランプが一九〇〇年代初頭に金融トラブルに遭遇し、他の大手銀行がトランプから撤退した後も、トランプへの資金調達を絶やさなかった。[38]そうかと言ってトランプは同銀行に服従しなかった。エピソードの一つを紹介しよう。

ドイツ銀行は二〇〇五年、トランプシカゴタワー建設資金として六億四〇〇〇万ドルを貸した。[39]その後次の出来事が生ずる。トランプはリーマンショック二カ月後の〇八年十一月、同月分の返済期限に迫られた。しかしトランプは返済しなかった。

同期限の直前に銀行を訴えたのである。訴えた請求の趣旨は「三〇億ドル支払え」、請求の理由は「貴銀行の世界金融市場でのさまざまな業務遂行がリーマンショックを生みトランプ不動産事業に損害を与えた」[40]であった。ちなみに三〇億ドルは借入元本の約四倍である。ドイツ銀行側は「請求棄却」と答弁するとともに、「個人保証分の四〇〇〇万ドルを支払え」と反訴した。[41]このケースは数年後に和解で結着する。[42]つまり、トランプは結果的に事実上の勝利を得た。

司法省は一七年六月時点で、ドイツ銀行モスクワ拠点が二〇一一年に関わったとされる俗称「資金洗浄ミラー（鏡）取引」の捜査を継続していた。[43]資金洗浄とは会計帳簿上の資金の入出先が迂回されることにより、真実の入出先が秘匿されることを意味する。

ニューヨーカー誌は一七年五月、「ドイツ銀行は資金洗浄により二〇一一〜一五年に一〇〇億ドルの資金をロシアから国外に移転させた」[44]と報ずる。ちなみにパナマならびにパラダイスの両文書事件では「タックスヘイブン：租税回避」が話題になったが同事件のもう一つの側面はタックスとは別な資金洗浄である。

トランプのロシアマネーがドイツ銀行の資金洗浄ルートに混入したという報道はこれまでに見当たらな

いが、その可能性は否定出来ない。一方で一七年五月、下院内民主党グループがトランプのドイツ銀行債務につきロシアが保証人になっていたかの調査を始めた。[45] 保証人になっていたとすればロシアのみならずトランプも米国の経済制裁規律に違反していたことになる。

二 FBI長官解任劇

1 解任文書

一七年五月、トランプ大統領がコウミーFBI長官を解任した。これは史上はじめての出来事であり、さらには長官自身も自分が解任されたことを出張先のテレビ速報ニュースで知るという有様であった。メディアは「テレビで解任されたはじめての政府高官[46]」と報じた。

トランプが署名した解任文書は以下の通りである。

二〇一七年五月九日

親愛なるコウミー長官へ

当職は、FBI長官である貴職が解任されることの査定を合衆国司法長官から受け取った。当職は同査定を受託し、貴職の任期はここで終了する。貴職は長官職から除去され、かつこの効力は直ちに生ずる。

当職は、貴職が三回にわたって当職が捜査対象になっていないことを通知されたことに多大の感謝をするが、それにもかかわらず当職は、貴職がFBIを適切にリードしていないという司法省の判断に同意する。
我々は法の重要な執行面での一般からの信頼と確信を保持するためにＦＢＩのニューリーダーシップを見付ける。これは不可欠である。
貴殿の今後のベスト・ラックを願って。

ドナルド・Ｊ・トランプ

◆ＮＢＣホルト記者との単独会見

トランプは三日後の十一日、ＮＢＣホルト記者と単独会見し、以下の発言が記録された。

トランプ「大統領就任後の一月二十七日夜、コウミー長官とディナーを共にした。ディナーは長官から誘われた。[47] そのさい自分が捜査の対象になっていないことを告げられた。その後二回、電話で会話した。[48] 解任の背景にはコウミー氏の自分に対するロシア疑惑があったのも事実だ[49]」

トランプは以上を超える事実については語らなかった。[50] しかし上記の最後の部分の発言が後に問題化する。また語ったうちの多くの部分についても矛盾と事実相反が出た。

まずディナーであるがこれはＦＢＩ長官が単独で誘える性質のものではなく、同ディナーはトランプが要請したものであった。

ディナーの目的はトランプがコウミーに対して「自分への忠誠」を求めるものであった。[51] 言い換えればロシアコネクション捜査から手を引けであった。

その場で、コウミー長官が「少なくとも現時点ではトランプが捜査の焦点とされていない」と述べたと推定されたが、トランプはこの表現を「自分が捜査対象になっていない」とする短文に置き換えた。

◆イエイツ司法長官代行証言

イエイツ司法長官代行（当時）は、前記ディナーが催された一月二十七日の直前の出来事を上院司法委員会で次のように証言する。

イエイツ「二十四日は、フリン氏のロシアコネクション疑惑を以前から捜査していたＦＢＩの国家安全保障部門がフリン氏本人から直接に事情聴取した。[52] 二十六日は、自分ならびに司法省国家安全保障部門幹部がホワイトハウス法律顧問ムクガーン氏を訪問しフリン氏のロシアコネクションに関わる証拠を提示した（五月八日）[53]」

2　トランプとディナー後のコウミー長官の行動

前記のイエイツ証言を続けよう。

「コウミー長官は大統領からの中止要請にもひるまず、ロシアコネクション捜査を続け、その進展状況は司法省（の国家安全保障部門）にも逐次報告されていた[54]」

イエイツ証言とは別にロイター通信（ボルツ記者以下約一〇名）が十日、ＦＢＩ内部匿名情報として以下の内容を報じた。

「コウミー長官は五月四日ないし五日のいずれかの日に司法省を訪れ、ロシアコネクション捜査規模を強化するための資源拡大を求めた。この拡大がスタッフ増員を意味するかそれとも予算増額かは明らかにされていない。その傍で、同長官の司法省訪問とその目的の事実が司法省内部からホワイトハウスにリーク通報された[55]」。

以上のコウミー長官のロシアコネクション捜査規模強化の言動がトランプ大統領を激怒させることになる。

トランプは他面で冷静に長官解任戦略を立ち上げた。解任文書にみられる「貴職がFBIを適切にリードしていないという司法省の判断に同意する」の部分である。

この部分は解任二日後の五月十一日に催された上院諜報委員会でのムケイブFBI副長官証言に矛盾することになった。ムケイブのやり取りを見よう。

ハインリッヒ上院議員「FBIに二十一年間おられた貴職に聞くが、コウミー長官はFBI職員からの信頼を失っていたのか[56]」

ムケイブFBI副長官「そうではありません。（中略）私はコウミー長官の最側近として仕事をしてきました。同長官が着任した時から国家安全保障部門の長官補佐として、かつワシントン地方事務所の責任者として携わってきました。昨年からは副長官として勤務してきました。（中略）コウミー長官は

FBIの中で広範な支持を得ています。この支持は現時点でも続いています[57]」

3　コウミー長官の三月十四日ホワイトハウス訪問

前記で触れたトランプ・コウミー間の三回の接触とは別に、コウミー長官が三月十四日ホワイトハウスを訪問していた事実が、その後明らかになった[58]。コウミーのこの訪問は大統領日程記録文書から外されていた。ホワイトハウス側はその後「これは単なる行政官庁間の形式訪問であった[59]」と軽く触れた。

このホワイトハウス訪問ではトランプ大統領側にペンス副大統領、セッションズ司法長官などの最側近が臨席した。やがてトランプが隣席者に退場を促した。トランプ・コウミー間オンリーの会話が始まった。このオンリー会話も後に問題化する。

話は飛ぶがトランプは五月十二日になりツイッターで「三月十四日会話内容がテープ録音されている[60]」と匂わせた。これは威嚇であった。コウミー側（同氏友人の大学教授）はこれに挑戦し「当日の会話内容はコウミー氏の当日のメモ書きにより二ページにわたって綴られている[61]」として同メモの一部をニューヨーク・タイムズに掲載した。

コウミーのメモ書きによれば、大統領は「I hope you can let it go[62]」と述べ、コウミーはこの言に同意しなかったとされる[63]。この「君の権限で手離したらどうだ」という言い回しは発言者が大統領であるだけに「（ロシア）捜査から手を引けよ」の意味になった。

4　ブレナン前DNI長官の五月証言

ロシア疑惑については、前の箇所で触れたように議会サイドの調査が始まり、それに伴って多数の証人が喚問された。その中でもっとも国民の関心を集めたのはブレナン前DNI長官の五月証言であった。これはDNIが米国諜報組織の最頂点に立っていることによる。

ブレナンは以下のように、ロシア疑惑の経緯と、場合によっては生じ得る刑事責任の重さを証言した[64]。

ブレナン「一六年夏までにトランプ選挙陣営とモスクワ間でFBI捜査を正当化させる十分な交流があった。同交流には一六年大統領選の結果に影響を与える企てがみられた。七月末、ロシアによる大統領選への介入を見極めるためのCIA・NSA・FBI合同の捜査グループが発足した。八月四日、自分自身がボートニコフFSB（ロシア諜報機関）長官に電話し、ロシアの介入中止を求める警告を発した。同長官はプーチン大統領に伝えると答えた[65]」

ブレナン「〈証拠があるかとの問いに対して〉CIAの職責は証拠収集でなく諜報収集である。得られた諜報情報は全てFBIに提供している。ロシア側は仲介者を介してウイキリークス組織に協力していると思われた。この組織には米国国家安全保障に関わる事変にタイミングを合わせるようにしてリークするというパターンがみられた[66]」

ブレナン「〈なぜロシアがヒラリーではなくトランプに接近したかの問いに対して〉ヒラリーには反クレムリンというプーチンに向けた生来的な敵意がみられ、トランプに較べて例えば、人権擁護を頑に貫くという特色がみられる[67]」

メディアは証言中の次の部分を、強調して報道した。

ブレナン「国家反逆という途に置かれた人物はしばしばその途に置かれていることに気付いておらず、気付いた時点ではすでに手遅れになっている」[68]

上記の証言は「ロシア疑惑」が捜査の成り行きによっては「国家反逆罪」になりかねないことを意味するショッキングな証言である。この罪は死刑を選択刑として定めている（連邦刑法第一一五条）。

三　検察側の捜査、起訴

1　ロシア疑惑の法律論

(a) 特別検察官（以下検察と略称）による主な適用法令と構成要件。[69]

・ローガン法（連邦刑法九五三条など）：政府職員しかできない外国政府との交渉権限を民間人が行使した。
・サイバーハッキング法（同二七〇一条など）：サイバーハッキングをした。
・諜報活動法（同七九二条など）：自国の秘密などを外国政府に漏洩した。この構成要件は国家反逆罪に移行する場合が多い。[70]
・外国代理人登録法（同六一一条など）：米国で活動する外国政府代理人がその登録をしなかった。
・司法妨害法（同一五〇三条など）：司法活動の公正さ、透明さをさまざまな態様で妨害した。
・偽証罪（同一六二一条など）：宣誓した証人が虚偽の証言をした。

(b) 検察側が逮捕ないし起訴した人物

・パパドポール（選挙戦アドバイザー）「ギルティー（有罪）」自認（十月五日）
・マナフォート、ゲイツ両名（選挙戦幹部）ＦＢＩに出頭。両名とも「ノット　ギルティー（無罪）」宣言（同月三十日）。〈裁判日程、二〇一八年五月八日〉
・フリン（前ＮＳＣアドバイザー）「ギルティー」自認（二〇一七年十二月一日）

以上の四名については、マナフォート、ゲイツの両名は「トルコ政府」に関わる件、パパドポールは「ロシアコネクション」に関わる件の立件であった。フリンの場合は複雑である。詳細に眺めよう。

2　フリンの立件（犯罪ステートメント、十二月一日[71]）

検察が十二月一日公表した犯罪ステートメント（全文六ページ）はフリンを被告人として同氏の犯罪事実を以下のように記述する。ステートメント上の立件は偽証罪とされ、フリンがこれに確認署名した。

被告人はかってＰＴＴ（トランプ政権移行チーム）の幹部ならびに、ＮＳＣアドバイザーであった。被告人は一月二十四日のＦＢＩ聴取のさい、虚偽の事実を陳述し、陳述すべき事実を秘匿した。ＦＢＩは同時点でロシア政府の米国大統領選への介入ならびにこれに関わる一切の関連案件を捜査していた。

前年十二月二十一日、エジプトが国連安保理に対してイスラエル・セトルメント決議案を提出した。翌日、一人のＰＴＴ幹部が被告人にロシア政府が反対投票するようにロシア政府に請託《せいたく》せよと指示した。被告人は直ちにロシア政府に請託した。ところが被告人は以上の事実をＦＢＩ聴取官に秘匿した。

被告人と上記ＰＴＴ幹部はマーラーゴ（フロリダ州）所在のＰＴＴメンバーと電話討議し、ロシアが米国の経済制裁にエスカレートしない案をまとめた。被告人は直ちに駐米ロシア大使に電話し、ロシアの対応はほどほどにしたほうが良いと請託した。被告人はその後、同大使との電話会談の内容をＰＴＴ幹部に報告した。

十二月三十日、ロシア大統領プーチンが米国制裁に対しては報復しないと声明した。翌日、駐米ロシア大使が被告人に電話し、ロシアは米国に対して報復しないと伝えた。被告人は同大使との電話後、ＰＴＴ幹部達とロシア制裁問題を討議した。これに遡る五月十三日、被告人は外国代理人登録法に則る登録をした。

フリンは以上のステートメントの内容を認めて、「ギルティー」（有罪）と自認し、同時に検察への全面協力を確認した。いわゆる司法取引であった。

3 捜査、起訴、裁判

(a) 捜査

ロシアコネクションの発端は、前に触れたように英国諜報機関から米国への通報であった。ＦＢＩが捜査に着手したのは通報を受けた半年後の二〇一六年夏であった。最初の立件が出るまでさらに一年以上の時を要した。この背景には、被疑者の人権擁護、証拠固めへの資源投入という二要素が顕著に現れている。

米国にみられる被疑者の人権擁護は検察側の捜査方法を著しく抑制する。米国は刑法よりも刑事訴訟法を重視する。日本で常態化している政治ケースでの逮捕・拘置パターン（田中角栄事件など）には、とくに執拗な取り調べ方法と長期間拘置の二点で米国との間で大差がみられる。

深入りしないが米国ではこの二点に関わる具体的事実を指摘・論証するだけで陪審裁判の場で「ノットギルティー」を勝ち取れる。米国が刑事訴訟法の国であることの例になる。

前の箇所で触れたように、FBIに十月三十日出頭したマナフォートはその場で逮捕（アレスト）されたがこの逮捕の実体は「ハウスアレスト：自宅監禁」であった。マナフォートは即日自宅に戻ったのである。

米国の捜査は取り調べに依存しない。被疑者が取り調べの場で自白ないしそれに類する言動を示すことは、少なくとも弁護人が付いている限りあり得ない。ただ、司法取引のある場合は別である。

ちなみにマナフォートは一八年一月二日、司法省を相手どり特別検察官の行為の違法性を裁判所に訴えた。裁判所が同行為を違法と判断すればマナフォートに向けられた起訴は無効になる。

以下ではフリンに焦点を絞って重要と思われる数点を説明しよう。

［インタビュー（聴取）、議会証言］

フリンに関わる十二月一日の犯罪ステートメントによれば、フリンがFBI聴取官とのインタビュー（聴取）で陳述した事実が真実と異なるとする。

インタビューは裁判所の令状を要しない点で取調べとは異なるが、その目的はやはり真実の発掘である。

インタビューの基礎は国民の司法制度への協力に置かれ、協力者へのプレッシャーはない。

インタビューを断っても良いし、黙秘しても良いが、真実と異なる陳述は許されない。インタビューの場合でも「真実を述べる」という発言が求められ速記者が同席する。これは、テープ録音だけでは後に生じる陪審裁判での反対尋問で録音の信憑性が試されるからである。

前記ステートメントには「電話」という言葉が多くみられる。検察が電話内容を把握したことが窺えるが、どのようにして把握したか。

一つはフリンの全ての電話会話がFBIによって盗聴・記録されていた可能性がある。そうだとすれば裁判所が盗聴令状を出していたことになる。無令状であればそのこと自体が違法捜査になる。もう一つは、フリンが司法取引の代償として自身とPTT幹部との通話内容をFBIに克明に自白した可能性がある。

(b) 起訴、裁判

フリンはステートメント上で被告人と明示されているように、起訴された。この起訴では裁判所への犯罪ステートメントの届出という方法が用いられた。日本でみられる検察による「起訴状朗読（刑事訴訟法第二九一条）」とは大きく異なる。

フリンは検察との間で司法取引に合意した。この合意は司法取引書（全文一〇ページ）としてフリンが確認署名している。司法取引書上でフリンは、追って自身に下される宣告刑に控訴しないことのほか、他の被疑者に向けられている進行中のモエラー捜査への全面的な協力を誓約した。

前の箇所で触れたようにフリンは、ギルティーを自認したので通常みられる陪審裁判は開かれないことになった。

(c) 「ギルティーとノット・ギルティー」

なぜフリンはギルティーを選んだのか。

フリンの弁護人両名（ケルナー、アンソニー）は米国のトップに名を連ねる」Covington & Burling 法律事務所に所属する。犯罪ステートメントならびに司法取引書が仕上げられた過程で、検察との交渉に関わったのはこの両名であった。

この両名は、当初二桁にも及ぶとされていたフリンの罪名を「偽証罪」一本に絞らせ、その引き換えに爾後の捜査活動全般への「フリンの協力」という司法取引を仕上げた。

フリンがギルティーを選んだ理由は裁判コストであった。[72] 前の箇所で触れたノット・ギルティーを選んだマナフォート達は資産家であり裁判コストに耐えられたが、フリンはそうではなかった。

このコストは日本人には想像できないであろう。米国では陪審に関わるコストが被告人側の負担になり、これに弁護人コスト（費用プラス報酬）がオンされる。もっとも検察が敗訴すれば陪審コストの一部は国の負担になる。

ちなみにフリンはすでに生じた弁護人費用・報酬の支払い請求に直面し、自宅（評価八一万ドル：八八九一万円）を売却するとの報道がみられた。[73]

(d) フリンのギルティー自認の余波

フリンのギルティー自認がトランプ政権に与えた影響は大きかった。

まず犯罪ステートメントの次の部分を再読する。ここでのフリンの行動の相手は政権移行チームの幹部である。

「（幹部は）被告人に……ロシア政府に請託することを命じた。（第二文）」

「被告人と（幹部は）……電話討議し……案をまとめた。（第三文）」
「被告人は（幹部に）……報告した。（第四文）」

以上はフリンが偽証したとされる事実から離れた事実である。つまり上記は仮に犯罪ステートメントに書かれなかったとしても同ステートメントが台無しになる類のものではない。

ではなぜ検察がこの事実を加えたか。

上記の「幹部」が誰かにつき検察は意図的に明らかにしなかった。「命じた（第二文）：原文directed」とされるからには、同幹部が少なくともフリンの上司だと推定される。ちなみにフリンは政権移行時にすでに幹部であったから上記の幹部は幹部中の幹部になる。

結論として、副大統領に就任したペンス（当時のPTT議長）がここでの「幹部」に該当する可能性が著しく高くなる。そうだとするとペンスのこれまでの一連の発言は一挙に覆され、稀に生ずる副大統領辞任が起こらないでもない。

このような筆者の見方に類する記事があるがそこでは同幹部が「ペンスまたはトランプ[74]」とされている。しかし、トランプは検察が指摘したPTT幹部には該当しない筈である。

PTTチームはトランプという別種の人格に奉仕するために設けられたのであり、トランプは同チームの構成員ではなかったのである。したがってこの記事は正しくない。

今後の捜査がペンスに移行するか否かは別問題である。少なくとも検察はフリン・ペンス間の電話内容を把握している。ちなみにペンスはこのような成り行きを予期してか、すでに一七年六月十五日、自身の弁護人を選んだ。

ペンスは曲がりなりにも米国民が選んだ副大統領である。モエラーはペンスをどのように取り扱うかにつき、高度の政治判断という壁に直面せざるを得なくなった。

(e) 偽証罪とオブストラクション罪

偽証罪とオブストラクション罪は、実は、ロシア疑惑の本丸の問題とはおよそかけ離れた外堀の問題であるが、この両罪に関わる論点に触れて置こう。

［**犯罪の故意**］犯罪は故意犯と過失犯に分かれる。米国も日本も同様である。偽証罪は故意犯である。故意犯として有罪とされるためには犯罪者が、偽証罪の犯罪構成要件を認識していなければならない。認識とは客観的事実の存在を知覚することであり、罪を犯しているという内心の意識までは必要ではない。

［**不正の意図**］米国では犯罪は重罪と軽罪に分かれる。軽罪は例えば交通違反である。偽証罪は重罪になる。米国刑法は重罪につき、「corruptly：犯罪者の内心面での不正の意図」を犯罪構成要件の中身に加える（合衆国法典十八巻一五〇五条）。この「corruptly」は犯罪の故意とは異なる。故意は客観的事実を認識することであるが「corruptly」は不正な意図を有することである。

［**偽証罪**］「偽証罪」がなぜ注目されるかと言えば、同罪の立証が比較的容易だからである。ある事件の容疑者が本来の罪状で起訴されかつ有罪になるためには本来の罪状の「構成要件」事実が全て立証されなければならな

い。この立証作業は実は容易ではない。

ところが偽証罪での「構成要件」は立証の範囲が「偽証の存否」というように比較的狭く絞られることと、偽証の対象となる証言が速記録により克明に記述されているという面があるために立証されやすくなる。

前記のフリンは偽証罪で起訴された。犯罪ステートメントには以下の文言が見られる。

「被告人は一月二十四日のＦＢＩ聴取のさい、虚偽の事実を陳述し、陳述すべき事実を秘匿した」。

［オブストラクション罪］

オブストラクション（司法妨害）の場合は偽証に比べて立証が難しい。この先の箇所でトランプのオブストラクション罪に関わるロースクール教授の見解を紹介するが、そこではほとんどの教授がオブストラクション罪になると述べている。これは「もし立証されたら」という前提である。言い換えれば、彼らの論は刑事訴訟法の問題から離れた刑法の観点から言っているに過ぎない。

もう一度トランプのコウミー長官解任の話に戻ろう。

トランプのコウミー長官解任が前記の、①犯罪の故意と、②不正の意図を満たすであろうかが問題になる。
①につきトランプは「貴職がＦＢＩを適切にリードしていない」を認識してコウミー長官を解任したとなっている。その限りで批判者側が主張する「ロシアコネクション疑惑の捜査を中止させる」という認識を有していないことになる。
②につきトランプは「貴職の解任推奨を中身とする別添書を合衆国司法長官から受け取った。当職は同推奨を受託し」と述べる。つまり、コウミー長官を解任したのはもっぱら司法省からの推奨であったとする。
他面で、実はコウミー長官を解任した根拠は、トランプが同捜査を中止させるためであったともされた。つ

まり中止させるという「不正な意図」があったとする見方も出るに及んだ。
筆者が指摘したかったのは、オブストラクションの立証はかなり難しいという点である。

四 トランプ側の防御戦略

「犯罪が合理的な疑いがある程度に立証されると有罪になる」。いきなり書いてしまったが、これが米国法の伝統的な要件であり、この要件がトランプ大統領にも、同氏のかっての選挙陣営にも適用される。立証するのは検察であり、それが有罪の程度になるかを決めるのは陪審である。

1 トランプ個人の防御

(a) トランプの防御発信

トランプは「なぜヒラリー敗北後に急にロシア疑惑が出たのか」と「ロシア物語は馬鹿げている」を執拗に繰り返した。フリンのギルティー自認後も次のコメントをツイート発信する。

「騙し屋ヒラリーはFBIに何度も虚言したが何も起こらなかった。将軍フリンは虚言したために人生が崩壊した。嘆かわしい。不公平だ。ヒラリーはFBIに何度も虚言した（十二月四日）」

以上のトランプのツイートを念のために議会の記録から再チェックしよう（七月七日下院政府監視委員会）。

シャフェッツ委員長「ヒラリーはＦＢＩに虚言したか[75]」

コウミー「ＦＢＩは同氏が虚言したという結論を導く根拠を有しません[76]」

以上から窺われる限りではトランプの根拠は薄弱である。ただコウミーの巧みな言葉遣いを精査する必要がないでもない。これは陪審レベルでトランプ側弁護人が取り上げそうである。

弁護人は「コウミーの言う結論とは、そして根拠とは何かを陪審員に分かりやすく説明せよ」と迫り、検察がその説明を終えるとそれに対して根掘り葉掘りの反対尋問を始める。これが陪審の実態である。

では以上にみられるトランプのツイート発信は何らかの効果を有するであろうか。効果を有する、と筆者は読んでいる。

大統領選終了直後からトランプが一貫しツイートしてきた「なぜヒラリー敗北後に急にロシア疑惑が出たのか」は米国では子供を含めた全国民に浸透している。陪審員は一般人であり、度重なるトランプの発信に接した結果、検察に向けた少なからずの不信感を抱くに至ったのは否めない。

実はトランプの度重なるツイートは、ホワイトハウス内法曹の助言に反するものであった。法曹達はツイート発信から生まれるメリットは発信しないメリットよりも小さいとトランプに助言した。

トランプが助言に従わなかったのは「俺は法曹よりも戦略に長けている」という自信であった。話が脱線するがこれに関わるエピソードの一つを指摘しよう。

一七年七月、「四大法律事務所：トランプのロシア疑惑弁護を拒否[77]」と題する記事が出た。記事の内容は、「これまでに各法律事務所がトランプの事件を受け持ったが同氏は報酬を支払わなかった。弁護士の助言も全く聞かなかった」であった。この記事は多少誇張されていると見受けられる。しかし弁護士の助言を聞かないとされる部分は助言の内容にもよるが大統領就任後もほぼ維持されている。

(b) トランプの司法妨害罪

メディアはトランプの司法妨害罪に重点を置いた。しかし司法妨害罪は、フリンが立件された偽証罪もそうであるが、ロシア疑惑の本丸に位置付けられるものではない。本丸はトランプのロシアとの結託の筈であった。

[司法妨害（オブストラクション）罪]

トランプに対する「司法妨害罪」容疑のきっかけは解任されたFBIコウミー長官の上院証言（一七年六月八日）であった[78]。コウミーに対しての「捜査から手を引け」発言が司法妨害罪になるとするものであった[79]。

この罪は行為者が、①司法手続が進行中であることと、②行為が同手続きを妨害することの双方を認識して、司法手続を妨害または同手続きに介入することで構成要件を充たす：連邦刑法一五〇三条以下（コーネル大ロースクール[80]）。

トランプが司法妨害罪に問われるかについてはまず、トランプの弁護人（ドウド）は「それはあり得ない[81]」と声明した。もっとも弁護人が「あり得る」と言う筈がない。

筆者にロースクールで教えた経験があるから言うわけではないが、ロースクール教授陣の見解は評価される。以下で眺めよう。

ローレンス・トライブ（ハーバード大）「トランプ大統領がコウミー長官に大統領への忠誠を求めたこと

はオブストラクションに該当する。このことは明らかに、紛れもなくオブストラクションになる」[82]
アレン・ダーショウイッツ（ハーバード大）「オブストラクションにはなり得ない。コウミー長官を解任することも司法省に向けて誰を捜査せよ、誰を捜査するなを命ずることも全て大統領権限として憲法第二条で保証されているではないか」[83]
ジェンズ・オーリン（コーネル大）「まず大統領が自分の犯罪に向けられた捜査に介入するのは大統領が法の上に立つことになる。確かに大統領は意のままに政府官僚を罷免できるが、罷免に不正の意図があるとオブストラクションになる」[84]

その他に一二名からの見解がみられたがこの全ての教授は、オブストラクションになるとする結論で一致している。[85] 以上のうちでダーショウイッツ見解が他のそれと異なっているのが注目されよう。

議員の発言を眺めよう。

ブルメンソール（民）上院議員「カバーアップ（オブストラクションの意味）の疑いがみられる」[86]
ダービン（民）上院議員「オブストラクションの疑いがみられる」[87]
マケイン（共）上院議員「コウミー長官の解任の件はウォーターゲート事件の規模に発展するだろう」[88]
グレハム（共）上院議員「トランプ氏のコウミー長官解任には問題があることのほかに、同氏は長官解任理由の変更を部下に強いるという仕打ちを与えている」[89]

［通常の起訴と弾劾］

憲法には書かれていないが、大統領は在任中「通常の起訴」の対象にならないとするのが司法省の伝統的見解である。[90] これに対して、憲法は大統領が上院議員の三分の二以上の賛成で弾劾されることを明示し（第一条）、実際にもクリントン大統領が弾劾裁判にかけられた（三分の二に達せず）。

弾劾される場合にもやはり、犯罪が合理的な疑いがある程度に立証されなければならない（議会調査局[91]）。弾劾では下院（トランプの場合、事実上は下院法務委員会の共和党議員とスタッフ）が検察官役を演じ、下院総数の過半数が賛成票決すれば弾劾文書（起訴状に相当）が上院に送られる。

トランプ弾劾が起こるとすれば下院の段階で二点の問題が生ずる。①民主党議員が下院の過半数を占めていない。②票決以前の審議段階で共和党議員からの反対議論に出会う（反対尋問に相当）。以上の理由でトランプが弾劾される可能性は下院の段階でシャットアウトされそうである。そうだとすればそもそも弾劾要求が上院（共和党過半数）に上がらない。

2　トランプ以外の人物の防御

前に触れたように現在、四名の旧トランプ・スタッフ人物が起訴された。それ以外の人物としてクッシュナーの名前が浮上した。

(a)　クッシュナー

同氏は大統領の娘婿であり、無給でホワイトハウス上席参与に就いた人物である。ワシントン・ポストはクッシュナーに以下の灰色の事実があると報じた。[92]

・二〇一五年　ロシア投資家ミルネルと交流

・二〇一六年（十二月）トランプタワーで駐米ロシア大使と面談後、米国の制裁対象企業であるベネシェコフ銀行総裁ゴルコフと面談
・二〇一七年（一月）トランプ大統領就任式にプーチンの友人アブラモビッチ夫人を招待

以上から窺えるのは交流、面談、招待の類であり、それぞれの場面で何が話され、何が結託されたかは不明のままである。したがってこれだけでは、モエラーはクッシュナーを起訴できない。

ではモエラーは司法取引で得たフリンの捜査協力に依存するであろうか。それ以外の証拠を得たであろうか。それともフリンが偽証罪で起訴されたように、クッシュナーについても同氏がすでに議会で証言した内容と相反する事実を探知して偽証罪で起訴するであろうか。

まずフリンの捜査協力であるが、その中身はすでに検察に自白した部分と今後の協力という二通りになる。後者はあまり期待できない。司法判断には「二重の危険：Double Jeopardy」原則があり、司法取引でフリンが得た利益（偽証罪以外は免責）はフリンが今後の捜査に協力をしてもしなくても変わらないからである。実際は、フリンはさほど協力しないであろう。

そうだとすれば焦点はいきおい、すでにフリンが何を自白していたかになる。

クッシュナーの駐米ロシア大使との面談にはフリンも同席していたことが判明している。その場でロシアとの結託が話されていてこの点についてフリンがすでに自白していたとすれば、検察はフリンを証人台に立たせてクッシュナーのロシアとの結託を立証しようとするかも知れない。しかし筆者が度々触れるように、法廷弁護人の反対尋問の激しさを勘案すれば陪審員を相手とする上記結託の立証は著しく困難である。

(b) 大統領の赦免権限

米国大統領は赦免権限を有する（憲法第二条）。受刑者のみならず被疑者（例：ウォーターゲート事件）も赦免できる。大統領自らを赦免（通常の起訴）できるかについては見解が分かれているが、[93] 赦免できるとすればそのメリットとして大統領を去った後も起訴されなくなる。

実際にはトランプはクッシュナーに限らずロシア疑惑関係者の全てを赦免出来る。起訴されたフリンも赦免できる。

ではトランプは関係者を赦免するだろうか。色々な予測が現れたが、筆者はトランプが第二期政権を狙っているという理由でほぼ赦免しないだろうと予測する。「ほぼ」としたのは自分の実子（イバンカとトランプジュニア）が起訴されるに至った場合は赦免の可能性が残ると筆者は予測する。

3 特別検察官解任戦略

(a) セッションズの忌避声明

トランプは上下両院の中で一番早くトランプ候補を支持した上院議員セッションズを司法長官に指名したが、その裏には就任後のセッションズが長官権限でロシアコネクション捜査を幕引きするとの読みがあった。

ところがセッションズはこの読みに従わなかった。捜査から忌避したのである。トランプはこれに落胆し七月、次のようにツイートする。

「セッションズはロシア疑惑捜査から忌避すべきではなかった。もし忌避することが分かっていたならば、自分は同氏を司法長官に任命しなかった（七月十九日）」

説明しよう。実はセッションズにもロシアコネクションがあった。選挙戦中の九月（八日）上院事務所で駐米ロシア大使と面談していたのである。

セッションズは司法長官就任後の一七年三月（二日）、「自分はロシア疑惑捜査から忌避する」[94]と声明する。驚いたのはトランプである。トランプは民主党主導で沸き上がった特別検察官の設置要求などはセッションズが一蹴すると想定していた。

特別検察官の設置はその後国民の声にまで拡大した。セッションズの忌避によって長官次席ローゼンスタインが特別検察官を選ぶことになり、元ＦＢＩ長官モエラーが選ばれた。トランプはそれまでのセッションズ依存という想定を捨てて新たに対モエラー戦略を立てなければならなくなった。

(b) トランプの戦略

トランプに新たな着想が芽生えた。その中身はモエラーが国民の信頼を得ていないことを国民と議会に訴えることであった。

トランプ側近の下で、①モエラー、②同氏を頂点とする捜査団、③ならびにその温床である司法省幹部のそれぞれにつき過去からの言動が徹底的に洗われることになった。問題点を数点に絞りピンポイント攻撃するというトランプの特色がここでも出た。十二月までに以下の二事項がメディアによって大きく報道された。

［スッーゾック批判を介したモエラー攻撃］

スッーゾックは司法省高官であった。同氏はヒラリーEメール事件捜査を取り仕切り、その結果を当時のFBI長官コウミーに直接に報告した人物であった。コウミーの数多くの議会証言はスッーゾックの分析に依存していた。モエラーの特別検察官就任後、スッーゾックはロシア疑惑捜査団の幹部に抜擢された。

ふとしたことからスッーゾックが親ヒラリー、反トランプであることが判明する。スッーゾックが司法省同僚に送ったEメール中に「反トランプ」の文言が発見されたのである。これを知ったモエラーは直ちにスッーゾックをロシア疑惑捜査団から人事部職員に左遷した。以上の一連の出来事は司法省内の親トランプ官僚からトランプに報告された。

スッーゾックに関わるこの件はロシア疑惑捜査を改めて振り出しに戻す可能性を生んだ。つまりモエラーが親ヒラリーの人物を捜査団に登用していたことになったからである。

モエラーが同人物をその後左遷したことはモエラーがスッーゾックの不適格性を自白したとも解釈された。そもそも特別検察官が設置されたのは捜査を政治影響から外すためであったが、モエラー自身がこの大原則を破ったことになった。

スッーゾックについては次の事実も判明した。

まず、前FBI長官コウミーは大統領選終盤期（一六年七月）に発表されたヒラリーEメール調査報告書上で、ヒラリーには「かなりの不注意」[95]があったが起訴するほどのものではないと書いた。

ところがこの部分は当初の草稿では「重過失があった」[96]とされていたが、スッーゾックにより「かなりの不注意」に変えられたことが判明したのである。[97]言うまでもなく重過失とかなりの不注意の間には責任の査定面で大きな格差を生じさせる。

［ムケイブFBI長官代行の妻の行状を介した司法省攻撃］

ムケイブは本書の前の箇所でも登場したが、FBI長官代行としてコウミー長官の最側近人物であった。ムケイブ夫人はいわゆるやり手の民主党員として一五年、バージニア州の州上院選挙に立候補した。結果的には落選したが選挙資金としてヒラリーからの迂回資金五〇万ドル（トランプ側の調査では六七万五〇〇〇ドル）[98]が送られていた。[99]トランプはムケイブが妻を介して民主党に密着していたことを指摘した。[100]一八年三月になり、セッションズ司法長官がムケイブを解任した。

(c) 議会のモエラー批判

一七年十月を境にして、議会からロシア疑惑調査を終結する意見が超党派で浮上した。[101]この調査に最も精力的に取り組んできたのは上下両院の諜報委員会であった。

上院側の委員長バーは十月二十七日、「委員会調査は一八年初めに終わり二月にも報告書を出す。トランプのロシア結託に関わる証拠は上がらないだろう」[102]と述べた。

下院側では委員長コナウエイが「上院に先立って報告書を出す」[103]と述べた。問題は民主党議員の出方になったが、副委員長格のウォーナー（上院）、シフ（下院）の両名も「基本的には委員長に同意する」[104]と述べた。

以上とは別に、共和党議員から特別検察官の解任を求める声が高まった。その出発点は十一月の上院議員ポール発言であった。

ポール「一六年七月に始まったとされるロシア疑惑捜査は一六カ月過ぎても何ら進展がない。この捜査はロシア疑惑をまるで捜査していない。証拠が上がらないなら捜査をやめるべきだ（十一月一日）[105]」

これを受けた下院議員ゲーツが下院本会議で、モエラーには過去に利益相反行為に相当する行為があったとし、以下の事実を掲げた上でモエラー辞任の必要性を説いた。

ゲーツ「モエラーはＦＢＩ長官として二〇一〇年、米国ウラニウム鉱床に関わるロシア疑惑事件の捜査を指揮した。捜査は疑惑なしとして終結した。しかし同件はヒラリーが国務長官であり国務省の立場から関与していたことのほかに、その後疑惑に関係したロシア企業からクリントン財団に献金がなされた。モエラーが疑惑なしとした結論に問題がみられる。少なくともモエラー・ヒラリー間に密着がみられるので同件の捜査を再開する必要がある（十一月八日）[106]」

他方でウォールストリート・ジャーナルが十二月四日、「モエラーの信用性に問題あり[107]」とする記事を掲げた。同記事はそれが社説であっただけに通常の記者が報道する以上のインパクトを与えた。

注

注1　http://www.cbsnews.com/news/politicians-demand-special-prosecution-after-comeys-firing/
注2　https://www.theguardian.com/us-news/2017/may/23/ex-cia-chief-john-brennan-concerns-russian-ties-trump-team
注3　https://www.theguardian.com/us-news/2017/may/23/ex-cia-chief-john-brennan-concerns-russian-ties-trump-

team

注4 https://www.theguardian.com/us-news/2017/may/23/ex-cia-chief-john-brennan-concerns-russian-ties-trump-team

注5 https://www.theguardian.com/us-news/2017/may/23/ex-cia-chief-john-brennan-concerns-russian-ties-trump-team

注6 https://www.theguardian.com/us-news/2017/may/23/ex-cia-chief-john-brennan-concerns-russian-ties-trump-team

注7 https://www.theguardian.com/us-news/2017/may/23/ex-cia-chief-john-brennan-concerns-russian-ties-trump-team

注8 http://www.heritage.org/defense/report/maintaining-americas-ability-collect-foreign-intelligence-the-section-702-program

注9 https://wikileaks.org/podesta-emails/

注10 https://wikileaks.org/clinton-emails/

注11 https://wikileaks.org/podesta-emails/

注12 https://www.theguardian.com/politics/2017/jun/01/nigel-farage-is-person-of-interest-in-fbi-investigation-into-trump-and-russia#img-1

注13 http://www.telegraph.co.uk/news/2016/06/24/nigel-farage-has-earned-his-place-in-history-as-the-man-who-led/

注14 https://www.theguardian.com/politics/2017/jun/01/nigel-farage-is-person-of-interest-in-fbi-investigation-into-trump-and-russia#img-1

注15 https://www.theguardian.com/politics/2017/jun/01/nigel-farage-is-person-of-interest-in-fbi-investigation-into-trump-and-russia#img-1

注16 http://www.cityam.com/253492/nigel-met-donald

注17 https://www.theguardian.com/politics/2017/jun/01/nigel-farage-is-person-of-interest-in-fbi-investigation-into-trump-and-russia#img-1

注18 https://www.theguardian.com/politics/2017/jun/01/nigel-farage-is-person-of-interest-in-fbi-investigation-into-trump-and-russia#img-1

注19 http://www.nbcnews.com/news/world/vladimir-putin-tells-megyn-kelly-u-s-hackers-could-have-n767641

注20 http://www.politifact.com/punditfact/statements/2017/feb/21/anthony-tata/how-have-sanctions-impacted-russi

as-economy/
注21 http://www.politifact.com/punditfact/statements/2017/feb/21/anthony-tata/how-have-sanctions-impacted-russias-economy/
注22 http://www.politifact.com/punditfact/statements/2017/feb/21/anthony-tata/how-have-sanctions-impacted-russias-economy/
注23 http://www.politifact.com/punditfact/statements/2017/feb/21/anthony-tata/how-have-sanctions-impacted-russias-economy/
注24 https://www.nytimes.com/2017/04/11/world/asia/trump-china-trade-north-korea.html?_r=0
注25 http://www.cnn.com/2017/01/23/politics/flynn-russia-calls-investigation/index.html
注26 https://www.npr.org/2017/01/13/509670980/trump-team-top-adviser-talked-with-russian-ambassador-before-u-s-hacking-respons
注27 http://www.cnn.com/2017/01/23/politics/flynn-russia-calls-investigation/index.html
注28 https://www.washingtonpost.com/world/national-security/flynn-in-fbi-interview-denied-discussing-sanctions-with-russian-ambassador/2017/02/16/e3e1e16a-f3d5-11e6-8d72-263470bf0401_story.html
注29 http://www.motherjones.com/politics/2017/05/trump-deutsche-bank-loans-russia/
注30 https://www.nytimes.com/2017/01/16/us/politics/donald-trump-russia-business.html
注31 https://www.nytimes.com/2017/01/16/us/politics/donald-trump-russia-business.html
注32 http://billmoyers.com/story/the-trump-resistance-plan-a-timeline-russia-and-president-trump/
注33 http://billmoyers.com/story/the-trump-resistance-plan-a-timeline-russia-and-president-trump/
注34 http://billmoyers.com/story/the-trump-resistance-plan-a-timeline-russia-and-president-trump/
注35 http://billmoyers.com/story/the-trump-resistance-plan-a-timeline-russia-and-president-trump/
注36 https://www.theguardian.com/us-news/2017/feb/16/deutsche-bank-examined-trump-account-for-russia-links/
注37 https://www.theguardian.com/us-news/2017/feb/16/deutsche-bank-examined-trump-account-for-russia-links
注38 https://www.theguardian.com/us-news/2017/feb/16/deutsche-bank-examined-trump-account-for-russia-links
注39 http://www.motherjones.com/politics/2017/05/trump-deutsche-bank-loans-russia/
注40 http://www.motherjones.com/politics/2017/05/trump-deutsche-bank-loans-russia/
注41 https://www.theguardian.com/us-news/2017/feb/16/deutsche-bank-examined-trump-account-for-russia-links/
注42 http://www.motherjones.com/politics/2017/05/trump-deutsche-bank-loans-russia/

注43 http://www.motherjones.com/politics/2017/05/trump-deutsche-bank-loans-russia/
注44 http://www.newyorker.com/business/currency/deutsche-bank-mirror-trades-and-more-russian-threads
注45 http://www.motherjones.com/politics/2017/05/trump-deutsche-bank-loans-russia/
注46 http://thehill.com/homenews/administration/332662-comey-learned-he-was-fired-from-tv-reports
注47 http://www.nbcnews.com/news/us-news/trump-reveals-he-asked-comey-whether-he-was-under-investigation-n757821
注48 http://www.nbcnews.com/news/us-news/trump-reveals-he-asked-comey-whether-he-was-under-investigation-n757821
注49 https://www.nbcnews.com/news/us-news/trump-reveals-he-asked-comey-whether-he-was-under-investigation-n757821
注50 http://www.nbcnews.com/news/us-news/trump-reveals-he-asked-comey-whether-he-was-under-investigation-n757821
注51 http://abcnews.go.com/Politics/trump-asked-fbi-director-james-comey-loyalty-recent/story?id=47374262
注52 https://www.washingtonpost.com/news/post-politics/wp/2017/05/08/full-transcript-sally-yates-and-james-clapper-testify-on-russian-election-interference/?utm_term=.8a1388d7c872
注53 https://www.washingtonpost.com/news/post-politics/wp/2017/05/08/full-transcript-sally-yates-and-james-clapper-testify-on-russian-election-interference/?utm_term=.8a1388d7c872
注54 https://www.washingtonpost.com/news/post-politics/wp/2017/05/08/full-transcript-sally-yates-and-james-clapper-testify-on-russian-election-interference/?utm_term=.8a1388d7c872
注55 http://www.reuters.com/article/us-usa-trump-comey-replacement-idUSKBN1861HK
注56 https://www.washingtonpost.com/news/post-politics/wp/2017/05/11/full-transcript-acting-fbi-director-mccabe-and-others-testify-before-the-senate-intelligence-committee/
注57 https://www.washingtonpost.com/news/post-politics/wp/2017/05/11/full-transcript-acting-fbi-director-mccabe-and-others-testify-before-the-senate-intelligence-committee/
注58 http://thehill.com/homenews/administration/325670-fbi-director-comey-visits-white-house
注59 http://thehill.com/homenews/administration/325670-fbi-director-comey-visits-white-house
注60 http://www.cnn.com/2017/05/12/politics/donald-trump-james-comey-threat/
注61 https://www.nytimes.com/2017/05/16/us/politics/james-comey-trump-flynn-russia-investigation.html?_r=0

注62 https://www.nytimes.com/2017/05/16/us/politics/james-comey-trump-flynn-russia-investigation.html?_r=0
注63 https://www.nytimes.com/2017/05/16/us/politics/james-comey-trump-flynn-russia-investigation.html?_r=0
注64 https://www.theguardian.com/us-news/2017/may/23/ex-cia-chief-john-brennan-concerns-russian-ties-trump-team
注65 https://www.theguardian.com/us-news/2017/may/23/ex-cia-chief-john-brennan-concerns-russian-ties-trump-team
注66 https://www.theguardian.com/us-news/2017/may/23/ex-cia-chief-john-brennan-concerns-russian-ties-trump-team
注67 https://www.theguardian.com/us-news/2017/may/23/ex-cia-chief-john-brennan-concerns-russian-ties-trump-team
注68 https://www.theguardian.com/us-news/2017/may/23/ex-cia-chief-john-brennan-concerns-russian-ties-trump-team
注69 http://dailysignal.com/2017/06/07/6-crimes-special-counsel-might-pursue-trump-russia-probe/
注70 http://www.differencebetween.net/language/words-language/difference-between-espionage-and-treason/
注71 https://www.law.com/nationallawjournal/sites/nationallawjournal/2017/12/01/read-the-michael-flynn-plea-agreement-statement-of-facts/?slreturn=20171106010619
注72 http://www.washingtonexaminer.com/michael-flynn-to-sell-his-house-to-offset-legal-costs-report/article/2642351
注73 http://www.washingtonexaminer.com/michael-flynn-to-sell-his-house-to-offset-legal-costs-report/article/2642351
注74 http://www.motherjones.com/politics/2017/12/why-the-flynn-indictment-is-bad-news-for-pence-and-other-senior-trump-officials/
注75 http://www.politifact.com/truth-o-meter/statements/2017/dec/05/donald-trump/donald-trump-falsely-claims-hillary-clinton-lied-f/
注76 http://www.politifact.com/truth-o-meter/statements/2017/dec/05/donald-trump/donald-trump-falsely-claims-hillary-clinton-lied-f/
注77 https://www.alternet.org/news-amp-politics/four-top-law-firms-refuse-represent-trump-russia-probe-want-nothing-do-him

注78 http://www.newsweek.com/trump-obstruction-justice-robert-mueller-james-comey-russia-michael-flynn-625833
注79 http://www.newsweek.com/trump-obstruction-justice-robert-mueller-james-comey-russia-michael-flynn-625833
注80 https://www.law.cornell.edu/wex/obstruction_of_justice
注81 https://www.axios.com/exclusive-trump-lawyer-claims-the-president-cannot-obstruct-justice-2514742663.html
注82 http://thehill.com/homenews/news/333080-lawrence-tribe-high-crimes-in-trumps-firing-of-comey
注83 https://www.realclearpolitics.com/video/2017/12/04/dershowitz_no_case_for_obstruction_of_justice_against_trump_would_be_constitutional_crisis.html
注84 https://www.vox.com/2017/12/4/16733422/fbi-deal-trump-flynn-russia-comey
注85 https://www.vox.com/2017/12/4/16733422/fbi-deal-trump-flynn-russia-comey
注86 http://www.cbsnews.com/news/does-firing-james-comey-put-trump-in-legal-jeopardy/
注87 http://www.cbsnews.com/news/does-firing-james-comey-put-trump-in-legal-jeopardy/
注88 http://www.cnn.com/2017/05/17/politics/john-mccain-watergate-trump/
注89 http://www.cnn.com/2017/05/14/politics/lindsey-graham-donald-trump/
注90 https://www.nytimes.com/2017/05/29/us/politics/a-constitutional-puzzle-can-the-president-be-indicted.html
注91 http://congressionalresearch.com/98-990/document.php?study=STANDARD+OF+PROOF+IN+SENATE+IMPEACHMENT+PROCEEDINGS
注92 https://www.washingtonpost.com/graphics/national/trump-russia/?hpid=hp_rhp-top-table-main_russiaties-1239pm%3Ahomepage%2Fstory&utm_term=.654e41eb75e5
注93 https://www.npr.org/2017/07/29/539856280/could-trump-pardon-himself-probably-not
注94 https://www.nytimes.com/2017/03/02/us/politics/jeff-sessions-russia-trump-investigation-democrats.html
注95 https://www.fbi.gov/news/pressrel/press-releases/statement-by-fbi-director-james-b-comey-on-the-investigation-of-secretary-hillary-clinton2019s-use-of-a-personal-e-mail-system
注96 https://www.realclearpolitics.com/video/2017/12/04/cnn_fbi_agent_strzok_changed_comeys_clinton_language_from_grossly_negligent_to_extremely_careless.html
注97 https://www.realclearpolitics.com/video/2017/12/04/cnn_fbi_agent_strzok_changed_comeys_clinton_language_from_grossly_negligent_to_extremely_careless.html
注98 http://www.politifact.com/truth-o-meter/statements/2016/oct/26/donald-trump/facts-dispute-donald-trumps-claim-donation-fbi-spo/

注99 http://www.newsweek.com/fbi-acting-director-andrew-mccabe-clinton-emails-606801
注100 http://www.politifact.com/truth-o-meter/statements/2016/oct/26/donald-trump/facts-dispute-donald-trumps-claim-donation-fbi-spo/

注101 https://www.politico.com/story/2017/10/27/gop-russia-probes-trump-244217
注102 https://www.politico.com/story/2017/10/27/gop-russia-probes-trump-244217
注103 https://www.politico.com/story/2017/10/27/gop-russia-probes-trump-244217
注104 https://www.politico.com/story/2017/10/27/gop-russia-probes-trump-244217
注105 https://www.newsmax.com/Politics/investigation-robert-mueller-witch-hunt-fbi-special-counsel/2017/11/01/id/823488/

注106 https://www.vanityfair.com/news/2017/11/republicans-robert-mueller-russia-investigation
注107 https://www.wsj.com/articles/muellers-credibility-problem-1512432318

第八章　北朝鮮問題

トランプが直面した北朝鮮問題は四半世紀前からの米国政権の解決課題であった。それ以前でも懸念材料であったことに変わりがなかった。

北朝鮮問題に最初に腰を上げたが有効打を欠いたクリントン、同国の罠にはまり最初の核実験を許したW・ブッシュ、ICBM（大陸間弾道弾）が完成間際であるのを察知できなかったオバマの三大統領はそれなりに対策を講じたと言い訳するであろう。しかしその間、この問題を操る国際政治上のボールは米国の手中にはなかった。ボールは北朝鮮の国父金日成の二世、三世の手中に握られたままであった。米国三大統領の戦略が金一家のそれよりも劣っていたのである。

オバマ政権の最終年になった二〇一六年、北朝鮮は二回の核実験を実施し、そのうちの九月実験では一〇キロトン・レベル（参考：広島投下リトルボーイ、一六キロトン）の破壊力が観測された。[1] オバマは一七年一月、後継者トランプに「北朝鮮問題が米国外交政策の喫緊課題だ」[2] と言い残してホワイトハウスを去った。

オバマはやがては米国が北朝鮮の核攻撃にさらされる可能性を認識しながら大統領職に就任し、その可能性が現実化する情報を得ながら実際には何もせずに同職を退いたのである。

北朝鮮は新大統領トランプが初めて迎えた米国独立記念日の七月四日、第一回目のICBM発射実験に成功した。脅威を贈り物にしたこの行動はそれまでの両国関係にみられた灰色を黒色に塗り替えた。明らかなゲーム・チェンジャーであった。北朝鮮に握られたボールの脅威度が一挙に高まった。

二週間後のポール（世論調査）で、北朝鮮を脅威とみなす米国民（四十歳以上）の割合が八七％（ABC/Washington Post 調査）[3] に急昇した。続いて同月二十八日、第二回目の発射実験が生じた。この飛翔体はシアトル、シカゴ、ニューヨークに到達可能と報道され、米国民の脅威度は高止まりに定着した。翌月十日のポールによれば、米国民の八二％が北朝鮮の核の脅威にさらされていると回答した（Ramussen 調査）[4]。

北朝鮮問題は筆者にとって約四半世紀前にまで戻る。私事に属するが以下の出来事を掲げよう。四半世紀前の九一年、ハーバード大学で生じたサミュエル・ハンチントン（同大学オーリン戦略研究所所長）との対話である。筆者が某研究所研究員を兼職していた時代の出来事であった。

ハンチントン「一つ聞きたい。もし金日成が核兵器を実験したと発表した場合、日本の反応はどうですかね」

カトウ「日本の専門家にとって予想外であったことにはならない。ただ、それを予想外とする反応が一般市民から出る。国全体としては軍事力・安全保障への関心が高まる。これまでソ連が日本に示してきた脅威以上に高まる。これが私の観察です」

ハンチントン「その場合、日本は米国に対して何を望むと思いますか」

カトウ「北朝鮮に対する何らかの対抗措置でしょうね。現在の日米安全保障条約の、いっそうの充実になりますね」

ハンチントン「もし日本が米国に北朝鮮の核施設の破壊を示唆し米国がその通り爆撃したとすると北朝鮮は、それへの対抗として地上軍で韓国に侵入するでしょうね。北朝鮮は同国の核施設破壊を北朝鮮軍の韓国攻撃に結び付けると思われますね」

カトウ「博士の現在の北朝鮮観はどんなものですか」

ハンチントン「私自身もよく分からない部分があるが、米国多数意見としては近い将来北朝鮮は核能力を向上させると見ているようですね」

カトウ「北朝鮮は将来ソ連の影響下から離れ、その意味で自主性を強めていくことが考えられます。

最近のソ連の変化（冷戦の終結）は北朝鮮には全く影響を与えていないと言っても良いものですかね」

ハンチントン「その通りですね」

◆北朝鮮核兵器開発の客観的位置付け

本来、核兵器開発は北朝鮮を含めた独立国家が自ら決定する政策であり他国が干渉できない。これがネーション国家成立（一六四八年）以来の原理であり他国はこの原理を争えない。

ではなぜ、北朝鮮の核・ミサイル開発が悪いとされているか。実のところこのような正面からの問題提起に対する正解は見当たらない。躊躇せずに言えば、国際関係ならびにこの分野の大枠である社会科学の世界ではそもそも正解なるものが存在しない。

強いて言えば、北朝鮮の場合は核兵器がミサイルに搭載されて他国に向けて「容易に」発射される可能性が高いとみられているからである。

一方でイスラエルが核・ミサイルの双方を保有しているがそれを悪いと断じる見解はほぼ見当たらない。なぜ北朝鮮はアウトで、イスラエルはセーフになるのか。

北朝鮮とイスラエルの差異は実のところ、それぞれの政治レジームの態様と国の言動を眺めるという、言ってみれば主観に委ねられ、最終審判は他の全ての国際事項がそうであるように、アメリカという経済・軍事大国が決めてきた。いわゆるパックスアメリカーナが適用されてきた。少なくともこれが国際政治の実情であった。

パックスアメリカーナ基盤に立ったオバマまでの米国政権では原理的に、北朝鮮マターは米国マターであった。米国が世界の警察官としてその職務を執行するという構造であった。

ところが実際には前の箇所で触れたように、米国の職務執行は実らなかった。野球に喩えればバッターボックスに立ったまでは良いが三振の連続であった。

トランプ政権はこれまでの政権と異なり、パックスアメリカーナからの撤退を宣言した政権である。したがってトランプの下では北朝鮮マターは必ずしも米国マターにならない。

北朝鮮問題はそれが米国（分かりやすく言えば米国本土）に影響を与えれば米国は動く、影響を与えなければ米国は動かない。これがトランプの基本目線である。

知られているように北朝鮮はすでにオバマ政権時の二〇一二年、ＩＲＢＭ（中距離弾道ミサイル）発射実験に成功している。ＩＲＢＭは米国本土に到達し得ない弾道ミサイルであるが、それでもパックスアメリカーナの指揮官であったオバマは同時点で北朝鮮のミサイル開発を差し止めるべきであった。

以上から分かるように、トランプはオバマとは異なった目線で北朝鮮問題を眺めている。

トランプのレッドラインの根幹は米国本土である傍らで、同盟国（韓国、日本など）、米領グアムならびに同地域に所在する米軍基地への脅威もレッドラインとするが、それは万難を排しても守るというレベルではない。トランプは我が家の火事と親戚の火事を区別している。

一　北朝鮮核・ミサイル開発史ならびに技術テーマ

北朝鮮問題は、同国の核・ミサイルの開発史とそれに伴った技術という二テーマを頭に入れないと把握できない。政治家を含む北朝鮮問題の論者達のほとんどは、この二テーマを咀嚼しないで意見を展開している。

1 開発史

(a) 核兵器：最初の核実験（二〇〇六年）まで

北朝鮮の核開発は同国発足直後、金日成により始められた。同氏がどのようにして核に関心を抱いたかの点につき日本での教鞭経験もあるブルッキングス研究所ムーン博士は一七年五月になり「第二次世界大戦中日本が核願望への種を朝鮮半島に蒔いたから」[5]と記述する。この見方はカリフォルニア大歴史学者グルンデンが二〇〇八年の論文で「北朝鮮興南市での旧日本海軍による核爆弾研究開発疑惑」[6]を指摘していることにリンクする。

北朝鮮の実際の核開発は一九五〇年代に始動した。まず五二年に同国に原子力研究所と科学アカデミーが発足する。その後ソ連との間で原子力共同研究協定が締結され（五六年）、同国寧辺での核施設設置協力が合意された（五九年）。ちなみにソ連は四九年に二〇キロトン規模の最初の核実験を成功させていた。

六〇年代になりソ連は寧辺センターへの技術支援を開始し、実験炉ＩＲＴ－２００を提供した。そのかたわらで隣国中国が二二キロトン規模の最初の核実験を成功させた（六四年）。

七〇年代、前記実験炉基盤の技術研究が進展し、ソ連からプルトニウム（Pu）再加工技術が提供された。七七年、国際原子力機関ＩＡＥＡ・ソ連・北朝鮮の三者間でセーフガードが合意される。

八〇年代になり五〇MW級原子炉とウラニウム（U）加工施設が完成した。その後原子炉が実験炉レベルからソ連提供の「軽水型原子炉」に切り替えられ、北朝鮮は核拡散を規制するＮＴＰ条約に加盟した（八五年）。この時点で北朝鮮の核開発目的が軍事利用ではないかとの疑念が浮上する。

九〇年代、H・W・ブッシュ大統領が韓国所在米軍核兵器撤去を宣言した（九一年）。当時一〇〇発あったとされる米軍核弾頭が二〇〇一年までに実際に撤去されたのである。この流れに乗り韓国・北朝鮮両国が朝鮮半島非核化宣言に署名した（九二年）。しかし北朝鮮は突如として疑惑サイトへのIAEA査察チームの立ち入りを拒否しNTP条約からの脱退を宣言する。しかし一転、脱退効力発生日の前日になり同宣言を撤回した（九三年）。九四年になり使用済燃料棒が除去・秘匿されていた事実が発覚した。これを受けたクリントン大統領が国連安保理に経済制裁を要求したが北朝鮮は「経済制裁は同国への宣戦布告」と声明する（九四年）。同年カーター元大統領の介入で次の「枠組み合意」が成立した。しかしこの合意はやがて北朝鮮により破棄されていく。

［一九九四年枠組み合意[7]］

▼北朝鮮責務

①原子炉（寧辺所在）稼働停止。
②使用済燃料の密封かつ国外搬出。
③原子炉二基（寧辺、泰川所在）の建設中止。
④NPT条約から脱退しない。
⑤IAEAチームの査察許容。

▼米・日・韓責務

①発電用軽水原子炉二基提供。
②同原子炉完成時までに燃料重油五〇万トン提供。

二〇〇〇年代になりW・ブッシュ大統領がミサイル検証を「枠組み合意」に加えた（〇一年）。米諜報機関が高濃縮ウラン（U）計画を探知した（〇二年）。高濃縮Uは原子力発電に不要であることから、この探知により北朝鮮はPuのみならずウラン（U）も視野に入れた二種類の核兵器開発を意図していることが明らかになる。〇三年、次の一連の出来事が生じた。まず北朝鮮は米諜報機関の探知に対して開き直り、高濃縮Uは自衛のために必要と宣言し、IAEA査察チームの国外退去命令を発すると同時に、NTP条約から脱退した。その後、紆余曲折を経て今度は「六カ国対話：北朝鮮・米・ロ・韓・中・日」が始まった。

しかし〇四年、米朝間で新たな対立が生じたために同対話が中断された。〇五年になり六カ国対話が再開されたがその裏面で、原子炉が再稼働されていたこと、使用済み燃料棒が取り出されていたことが探知される。同年九月、六カ国基本合意が成立した。しかし北朝鮮は直ちに「これまでの制裁が解除されないならば基本合意は守らない」との声明を発する。

〇六年十月、北朝鮮は最初の核実験を実施した。用いられた核兵器は一キロトン規模のPu爆弾であった。

(b) ミサイル：最初のICBM実験（二〇一七）まで

ミサイル開発は核兵器開発に比べて可視的である。核兵器の場合は公開の場所で研究開発されることはなく、その実験が、通常は深い地下でなされるために世界に与える脅威は過小視されやすい。これに比べてミサイルの場合は先進国の探知技術が発達した現在では、発射実験がたちどころに世界に伝えられるに至っている。

北朝鮮のミサイル開発も核兵器の場合と同じく金日成が始動した。一九七〇年代後半に生じたエジプトからの「スカッドB」と発射台（いずれもソ連製）取得であった。八〇年代になり、八四年「スカッドB」が実験され、八八年までに通常弾頭が搭載された同ミサイル（ならびにC型）がひとまず軍に配備された。

九〇年代、ノドン（九〇年）、ノドン（九三年）、テポドン（九八年）が発射実験された。いずれも近・中距離ミサイルの初期型であった。長距離ミサイル開発への進展を懸念した米政府は九九年、北朝鮮とのベルリン会談で長距離ミサイル発射の休止合意を取り付けた。

二〇〇〇年代は成功と失敗が混合した時期である：近距離ミサイルの日本海落下（〇五年）、テポドン二発の発射失敗（〇六年）、発射後軌道に乗らなかった光明星2（〇九年）。

二〇一〇年代も発射実験が続いた：光明星3の発射失敗（一二年）、光明星3の発射成功（一二年）。

一三年ごろから高まったミサイル発射の頻繁化を受けて米・韓・日間で新たな危機感が共有されるようになる。一五年になると、ノドンを含む複数のミサイル発射実験が成功した。

米国大統領選挙年の一六年、潜水艦からの発射、光明星4発射の双方が実験に成功したとされた。この年最も注目されたのが次の二点であった。

A「ICBM向けロケットエンジン」性能実験

B「米大陸到達可能ICBM、北極星1」の発射実験の予告声明

一七年、この年が北朝鮮の祈願達成年になった。①北極星2（二月）、②飛行距離一〇〇〇キロミサイル（三月）、③高度二一一一キロ到達ミサイル（五月）のそれぞれが発射実験に成功した。

これに続いたのが七月のICBM級ミサイルの二発発射である。この発射が前年注目された前記A、Bの二点を成就させた。さらに十一月になり同級ミサイルが発射された

［ＩＣＢＭ実験］

弾道ミサイルがＩＣＢＭと認定されるためには五五〇〇キロ以上飛行しなければならない。[8][9] この認定は冷戦中の米ソ間で決められた。

［火星14：一七年七月四日発射］ このミサイルは予測された北極星1ではなかったが、米国政府によりＩＣＢＭと修正発表され、その成功が認定された。

スペックは高度二八〇二キロ、飛行距離二八〇二キロ、飛行時間三九分であった。

ＩＣＢＭと認定されたのは同ミサイルが垂直寄りの角度（ロフテッド軌道）で発射されたために飛行距離が伸びなかったが、もしこれがより水平寄り（標準軌道）に下げられていたとすれば少なくとも五五〇〇キロに達していたと推定されたからである。

この修正発表に対してはロシアからＩＲＢＭ（中距離弾道ミサイル）であると反論された。[10] なぜだろうか。ＩＣＢＭとされると国際間の非難度が高まり国連安保理での制裁決議が容易になるからである。

北朝鮮がロシアの同盟国であるのは改めて指摘するまでもない。火星14は一五年（十月）の軍事パレードに登場したミサイルでもあった。[11] 米国では同実験成功により北朝鮮ミサイルが米国本土の一部（アラスカ）に到達し得るニュースが広がった。

［火星14：七月二十八日発射］ 続いて同月二十八日、同じく火星14ミサイルが発射実験に成功した。スペックは高度三七二五キロ、飛行距離九九八キロ、飛行時間四七分であった。

この実験では、探知されにくい夜間発射であったこと、二段目ロケットの推力が前回のものよりも大きかったこと、高度が前回を上回る三七二五キロに達したなどの特色がみられた。この発射ではニューヨークにまで射程能力が伸びたとするニュースが、トランプを直撃した。

ＮＯＲＡＤ（北米航空宇宙防衛司令部）は「同実験が北米大陸に脅威を及ぼすものではなかった」[12]と発表した。他方でホワイトハウスは「米国は米国本土の安全保障を確保し、かつ該当地域の同盟国を守るために全ての必要な手段を取る」[13]と声明した。このように、ＮＯＲＡＤとホワイトハウスとの間には認識の差がみられる。なぜだろうか。ＮＯＲＡＤは実戦部隊でありＮＯＲＡＤが「脅威」という表現を用いれば米国は北朝鮮に軍事行動をしなければならなくなる可能性が一挙に高まるからである。ホワイトハウス声明であるが、七月四日実験では同類の声明は出なかった。ホワイトハウスが前回に比べてやや前のめりになったことが窺える。

［火星15：十一月二十八日発射］これはこれまでの軍事パレードに登場しなかった火星15であった。スペックは高度四四七五キロ、飛行距離九三三キロ、飛行時間五三分であった。このミサイルがロフテッドでなく通常軌道で発射されたとすれば飛行距離は一万二八〇〇キロに達するＩＣＢＭに相当するとされた。注目された点の一部は、発射時間が夜明け前（午前二時十八分）であったことと同ミサイルが陸上車両発射台から発射されたことであった。

2　技術テーマ

(a)　核兵器

北朝鮮は一六年（九月）までに五回の核実験を実施していたがそこで用いられた爆弾のサイズとウエイト

は不明のままであった。地下実験されたのが核爆弾であったことはその直後になされた実験地上空周辺の気体分析により、爆発力の規模については地下振動の計測値によりそれぞれ確認された。

したがって北朝鮮が核爆弾（一〇〜二〇発：二〇一七年SIPRI〔ストックホルム国際平和研究所〕発表）を保有していることは確実視された。しかしそれが弾道ミサイル内に搭載できるものであるかは別の話になる。

［核弾頭のミニチュア化課題］

核弾頭が弾道ミサイルに搭載されるためには同弾頭が同ミサイルのノーズコーン（先端部分）に上手く収納されるサイズにまでミニチュアライズ（小型化）される技術を要する。

北朝鮮は一六年三月、同技術を完成したと発表したが、米政府ならびに専門家は同月、同発表内容に疑問ありと応えた[14]。この疑問は現時点（一八年一月）でも維持されている[15][16]。一七年八月（八日）になり、ワシントン・ポストは米諜報機関DIA情報として「北朝鮮が核弾頭のミニチュア化技術を解決した。しかし同技術が実験された情報はない。その一方で核弾頭保有数が六〇発に達した[17]」と報道した。

専門的には技術の達成・実験・配備はそれぞれ異なる。さらには六〇発の全てがミニチュアライズされたかについても定かではない。

もしミニチュアライズ技術が完成していないとすれば爆弾は他の運搬手段によってインパクト地点まで運ばれなければならなくなる。

米国のB52爆撃機はミニチュアライズ技術が困難であるという前提で五二年に開発が始まった運搬機材である。米国はやっと五八年になりミニチュアライズされた核弾頭をミサイル（アトラス）に配備できるようになった。[18] しかし、北朝鮮には同類の機材はない。

北朝鮮のミサイル発射実験では、実際には実弾頭が搭載されていない。[19][20] 実弾頭（五〇〇キロ内外）が搭載されるとノーズコーンのウエイトがその分だけ重くなり、モック（空弾頭）が発射された場合に比べて飛行距離が短くなる。同距離を伸ばすためにはエンジンの推力を大きくしなければならず、そのための解決策の一つとして多段式ロケットが用いられることになる。

［多弾頭：ＭＩＲＶ］ 多弾頭とはミサイル先頭部のノーズコーンに納まった複数独立弾頭を意味する。多弾頭は、①全複数弾頭が同一のインパクト地点に向かうものと、②複数弾頭の一部が同地点から離れた別のインパクト地点に向かうものとに分かれる。

①では一発のミサイル発射で、同一インパクト地点への着弾確率と破壊力が高まり、②では複数地点への着弾が可能になるなどのメリットが得られる。いずれも一発当たりの発射コストを低減することにもつながる。

ＳＬＢＭ（潜水艦発射ミサイル）の場合には、潜水艦では収納スペースが制約されることから、小型の多弾頭を用いることで、潜水艦の全体攻撃力がより高まる。

北朝鮮が多弾頭技術を保有するに至れば、現在の米国ミサイル防衛技術（海上および陸上イージス、サード、パトリオット）で北朝鮮の飛来ミサイルを成功裏に迎撃するのは極めて困難になる。米国技術は探知面では発射後のミサイルの個数、位置、方向、速度を的確に把握するが、迎撃面では多弾頭ミサイル（ならびに複数ミサイルの同時発射）の飛来に対してはまだ十分には対応出来ていない。

北朝鮮が一七年八月、「グアム近辺に四発の弾道ミサイルを発射するかも知れない[21]」と発信したことは改めて、米国のミサイル防衛技術界に緊張感を与えた。米国はこの種の発射を踏まえた迎撃実験をしていないのである。

［安全装置と起爆］ この技術についても確実なＱＣ（品質管理）を要する。核弾頭がその発射時ならびにその後のインパクト地点（地面または空間）到達前に起爆しない安全装置と、インパクト地点では起爆のため同装置が確実に解除されている技術を要する。

現在、北朝鮮を含めて最も多く保有されているPu（プルトニウム）爆弾では「爆縮レンズ」方式で起爆（核分裂を起こすこと）させる方法が用いられる。爆縮レンズは核爆弾容器の中心部（球状Pu）から最も離れた層から均一に中心部を圧縮し、Puを超臨界状態に追い込む技術である。この圧縮エネルギーには通常爆薬が用いられる。

他方でＵ（ウラニウム）爆弾では「ガン・バレル：砲身」方式が用いられる。楕円型容器の医薬品カプセルを想定されたい。容器の片方から他の片方（球状Ｕ所在）に向けて爆薬が打ち込まれる。ガン・バレル方式は爆縮レンズ方式に較べて単純である。

ちなみに広島・長崎投下原爆は安全装置解除技術が未完成であったために投下直前の機中で同装置が手動で解除された。安全装置技術が完璧なものでないと、ミサイルが打ち上げられた瞬時にも核分裂が生じかねない。のみならず、ミサイル防衛技術により飛来中の弾頭が迎撃された場合にも、弾頭内のPuまたはＵが核分裂をするに至る事態が生ずる可能性がないわけではない。

(b)　ミサイル

人工衛星の場合は大気圏外の所定の地球周回軌道に乗れば目的が終了するが、ＩＣＢＭを含む弾道ミサイルではそうはいかない。

打ち上げ後の飛行が制御管理されて所定のインパクト地点にまで到達しなければならないのである。核・ミサイル専門家シリング博士（南カリフォルニア大）は「七月四日実験は予測を上回った成功だ。しかし展開された技術は初期段階のものであり実用化までには一、二年を要する」[22]とコメントした。

［弾道ミサイルのリエントリー課題］

最大の問題点は大気圏外で飛行していたミサイルが大気圏に再突入（リエントリー）するさいに生ずる①強度の前後振動課題と②超高熱課題への対処技術である。それと③の誘導技術である。

①強度の前後振動課題　核弾頭が搭載された状態のノーズコーンが内部の核弾頭を強度の前後振動からどのように安全に保護するかの技術問題が生ずる。この振動のみによって核弾頭が起爆することはないが連鎖衝撃により弾頭内部のメカニズムがマルファンクション（機能不全）になるのはあり得ないことではない。マルファンクションが生ずれば核弾頭はその瞬間から目的が達成できなくなる状態が始まる。

②超高熱課題　これは摂氏一万一〇〇〇度にも達するとされる超高熱発生への対策技術である。ライト博士（憂慮する科学者同盟）は七月四日発射の火星14ミサイルにつき、「北朝鮮は超高熱の課題解決手段としてノーズコーン先頭部を鈍角にすることで再突入時の速度を下げ、超高熱発生を制御するのではないか。しかし速度を下げた副作用として予定されたインパクト地点への到達精度を保証する誘導技術が損なわれる」[23]と述べる。同氏は七月二十八日発射ミサイル（同じく火星14）についても同じ見解を繰り返した[24]。

同博士の見解が十一月二十八日発射の火星15で具現化された。火星15の先頭部は鈍角になっている。ミドルベリー国際大学院モントレー校のルイス博士は、北朝鮮の七月二十八日発射ミサイルにつき、「米国内のほとんどすべての標的に到達できる。再突入したノーズコーンについても一般的なICBMの再突入体と同じ秒速五キロで落下した。実験は大成功だった」[25]と述べる。

ジョンズ・ホプキンス大の米韓研究所研究員エレマンは八月一日、「ICBMの飛行時間や到達高度などから計算すると、弾頭部分の大気圏再突入時の速度は秒速六キロ以上。日本海に落下する弾頭部分が映った映像では、空力加熱で高温になり、明るく輝いていた弾頭部分が高度三〜四キロで消滅した。弾頭部分の再突入技術獲得はICBM開発で最難関の一つだ」[26]と述べる。

以上から窺われるように、専門家（シリング、ライト、エレマン、ルイス）の判定は細目の点では一致していないが北朝鮮の技術が配備可能なICBMに近づいているとする点では一致している。

③誘導課題　統合参謀本部副議長セルバ大将は一七年七月（十八日）の上院軍事委員会で「北朝鮮ミサイルの誘導・管制技術はまだ実証されていない」[27]と証言する。

このくだりは、ミサイルの大気圏再突入時に速度を下げた以降に要する技術を意味する。大気圏再突入時から用いられる慣性誘導装置（ジャイロスコープ原理）が速度低下に比例して機能低下をもたらすからである。

ちなみに大気圏外では天体誘導（六分儀原理）が用いられるのでその限りで誘導技術が損なわれる可能性は著しく低いとされる。大気圏再突入時以降も天体誘導すれば良いのではないかとの意見も出そうであるがこれは実際には天空の雲の存在により星の位置が認識できないことが多いために天体誘導が機能しなくなる場合が生ずる。

二　トランプの対応

1　一七年四月までのトランプ

(a)　大統領選時

大統領戦時のトランプは北朝鮮核爆弾が実際には米国に到達しないという情報の下で、北朝鮮よりもイランの脅威にウエイトを置いていた。選挙戦時のトランプ発言を見よう。

「イランを見るがよい。核兵器が作られていくではないか。これは絶対に許されない。トランプ政権はイランの核開発を絶対に許さない（一六年四月）[28]」

「北朝鮮問題については、米国が中国を牛耳る経済パワーで中国にプレシャーをかける。中国が北朝鮮と会談ないし電話のいずれかを一度すれば解決できる（同年五月）[29]」

(b)　大統領当選後

トランプが北朝鮮問題に真剣に取り組むようになったのは大統領当選以降である。

米国大統領は毎朝（原則）国際情勢の日々の動きをＣＩＡ幹部からレクチャーされる。新大統領が選ばれると当選翌日からレクチャーが始まる。トランプは当初「俺のほうがＣＩＡよりも詳しい[30]」とうそぶいていたが、レクチャーが進むにつれてそれまでに自身が抱いていた北朝鮮観を修正するようになる。

北朝鮮は一六年九月（第五回目）を最後に、核実験をしていなかった。ミサイル発射については同年十月から一七年二月まで休止していた。この期間は米国大統領選挙時（十一月）から新大統領就任（一月）までの期間に合致する。

北朝鮮がこの間の大統領選動向をパッシブに監視していたと言えなくもない。そうだとしても北朝鮮のもう一つの休止理由は、一六年十一月に決議された国連安保理の北朝鮮制裁決議（第二三二一号）からの影響である。この決議は北朝鮮最初の核実験時（〇六年）に生じた第一回目から数えて六回目の制裁決議であった。決議項目の一つは北朝鮮産石炭の輸入を制約するものであった。

一七年は米朝間でまず、以下のメッセージの投げ合いで始まった。特色は米国側当事者が当時の大統領オバマではなく就任予定者トランプであったことである。

金正恩「米国の一部に到達する核兵器開発が最終段階に入った（一七年元旦）[31]」
トランプ「それはあり得ない（翌日）[32]」

［トランプ、大統領に就任］
大統領に就任したトランプは直ちに対北朝鮮戦略に入った。とりあえずは朝鮮半島の現状を把握するために二月（二日）、マティス国防長官を韓国に派遣した。海兵隊時代に韓国に出入りしていた同氏は現地で次のメッセージを発する。

マティス「北朝鮮が核攻撃すれば米国はそれを上回る反応をする」[33]

このメッセージは、米国は先制攻撃しないと裏読みされた。マティスは九月（三日）になり、「北朝鮮が脅威を与えれば米国は反応する」[34]と修正する。つまり核攻撃をしなくても脅威を与えただけで米国が反応するになった。裏読みが米国は先制攻撃するかもしれないに変わった。

マティス訪韓の翌月（三月十六日）、トランプはティラーソン国務長官を韓国に派遣した。同氏は現地で次のように述べる。マティスの二月メッセージと異なり先制攻撃の可能性が読み取れる。

ティラーソン「米国政府の北朝鮮非核化政策は過去二十年間失敗してきた。軍事力行使を望むものではないが手持ちのオプションとしては存在する」[35]

ティラーソンは翌日、中国を訪問することになっていた。同氏が習主席に会見する直前を見計らってトランプは以下をツイートした。

トランプ「北朝鮮はひどい行動を続けている。同国は長年にわたり米国をもて遊んできた。中国はほとんど当てにならない」

選挙戦時に触れられた言葉「中国」が出ている。ここでは「中国はほとんど当てにならない」としてトランプなりの中国牽制が始まった。

(c) 米中首脳会談後のツイート

その後四月、フロリダで米中首脳会談が催された。この中身については第六章の中国政策で触れたので、その限りでここでは省略する。トランプは同会談直後次の三件をツイートした。

トランプ1「もし中国が北朝鮮問題を解決すれば米中間貿易交渉は中国にとって、よりベターになる。自分はこのことを中国国家主席に説明しておいた（四月十一日）」

説明しよう。以上の文言は政治取引である。北朝鮮問題マターと貿易マターが取引されている。しかし厳密には取引は合意されていなかった。トランプが取引の申し込みをしたに過ぎない。申し込まれた習側は受託しなかったのである。トランプはその後、この政治取引があたかも合意されたという大前提で新たに中国にプレッシャーをかけていく。習側はそのような大前提はないという前提でトランプに対峙した。

トランプ2「北朝鮮はトラブルを求めている。もし中国がそれを止めさせることに踏み切ればありがたい。そうでなければ米国はこの問題を中国抜きで解決する。アメリカ合衆国（十一日）」

これは一種の恫喝である。数日後のロシア国営TVは「トランプは北朝鮮よりも恐ろしい」[36]とコメントする。

トランプ3「自分は中国が適切に北朝鮮とディール（取引）するのを確信しているが、もしそれができないとなれば、米国は同盟国とともにディールしていく。アメリカ合衆国（十二日）」

ここでは前日のツイッターに「同盟国」なる言葉が加えられた。同盟国とはその主要国として韓国、日本、オーストラリアを意味する。

2　一七年四月からのアクション

(a)　各国首脳との電話会談、豪首相との会談

トランプは米中会談を終えた四月中旬から翌月初頭にかけて、さまざまな場面を選び北朝鮮問題の戦略オプションを国内外向けに演出した。まず十七日、ペンス副大統領が「戦略的忍耐の時代は終わった」[37]と明言した。その後トランプは安倍・習の両氏にこの順序で電話を入れて自身の揺るぎない北朝鮮観を伝え、同時に自身の認識を再確認させた（二十三日）[38][39]。再確認はトランプの癖である。

他方でトランプは利害関係国首脳との電話会談を始めた：米国同盟国兼ＡＳＥＡＮ議長国フィリピンのドゥテルテ大統領[40]、同盟国タイのチャンオチャ首相[41]、同盟国ではないが友好国として米海軍に港湾施設を提供しているシンガポールのシェンロン首相[42]。

同盟国オーストラリアのターンブル首相とは後日（五月四日）、ニューヨークで首脳会談を行った[43]。実はトランプは同首相との二月一日電話会談で難民の一部をオーストラリアから米国に移送する首相提案に反対して会談中に一方的に電話を切っていた[44]。

トランプは、太平洋戦争「珊瑚海会戦（米日両海軍間の史上初の航空母艦会戦）」に豪軍が参加しこの年が七十五周年になる機会を利用してターンブルを式典に招くことを着想した。結果的にターンブルはトランプ提

案に同意した。もしターンブルが招待に応じなかったらトランプがはたして単独で同式典に臨んだかは、実は疑わしい。米国では年に数十もの同種式典がみられる。

ターンブルとの首脳会談ではトランプが電話を切った件が再燃されないままで北鮮問題処理のトランプ案が披露された。[45] 会談の成果の一つはその後の七月にオーストラリアで第二次世界大戦以降最大規模とされる米豪両軍による軍事演習が催されたことであった。[46] 北朝鮮への示威であった。[47] ターンブルはその後の八月（十日）になり、米・北朝鮮間で軍事衝突が生ずればオーストラリアは豪・米・ニュージーランド安保条約に従い米国と共同行動をとるとまで明言した。[48]

(b) 国連安保理メンバーのホワイトハウス招待

トランプは国連安保理メンバーをホワイトハウスに招いた（四月二十四日）。[49] その理由はその後の安保理決議の行方がトランプの北朝鮮戦略を左右しかねないからであった。この招待は米国が同月の安保理議長国であった事情も加わりメンバー国代表達一四名がトランプの招待に応じた。代表達にとっては初めてのホワイトハウス訪問である。トランプは本題に入る前に代表達を次のようにリラックスさせた。

「皆さん、ニッキー（米国国連大使ヘイリーの通称）を気に入ってる？（爆笑）。そうじゃないならすぐにでも交代させますよ（再爆笑）[50]」

爆笑はここまでであった。トランプは「北朝鮮の現況を持続させることは出来ない。安保理はこれまで以上の制裁を加えなければならない。北朝鮮の現況は世界への脅威であり即、終止符を打たなければならない」

と続けた。最後に「国連維持費二二％、ＰＫＯ費三〇％という現在の米国負担はフェアでない[51]」に言及するのを忘れなかった。

この招待はその後の八月（五日）に生じた北朝鮮経済制裁決議の場で、米国草案が満場一致で可決される結果を導いた（安保理決議第二三七一号）。

(c) 上下両院議員への北朝鮮状況説明

その後トランプは上下両院議員への北朝鮮現況説明に着手した（四月二十六日[52]）。

この説明はトランプが北朝鮮に軍事力を行使する場合に備えた根回しでもあった。米国は憲法上、開戦権限を議会権限とするからである。ちなみに現時点の法制の下ではトランプは議会の承認を待たずに開戦する権限を有するが、それでも議会は同権限をトランプから奪うことが出来る。

北朝鮮現況説明会は二カ所で実施された。一つは上院議員（一〇〇名）を議会からバスでホワイトハウスに移動させ、報道陣をシャットアウトした会場で催された。

トランプは自己の説明が好戦的と解釈されるのを避けるために同説明を国務・国防の両長官ならびにＮＳＡ（ＣＩＡ、ＤＩＡなど一七諜報機関の最上部官庁）長官、統合参謀本部議長の四名チームに委ね、自らは短い挨拶をした後会場から退いた。

多くの議員から「ホワイトハウス側が議会に出向くのが筋ではないか」との声が出たが、トランプは「機密情報が聴けるだけでも感謝せよ」とする姿勢を貫いた。

下院議員（四三五名）に対しては一同を収容する場がホワイトハウスにないためにペンス副大統領を加えた同チームが下院の建物に出向いた。しかしここでも開示情報が機密であるとして報道陣は傍聴のみならず事後取材も禁止された。両説明会後、チーム側から機密部分を取り除いた次の文書が発表された。

ティラーソン国務長官、マティス国防長官、コーツNSA長官による共同声明全文（四月二十六日）[53]

「北朝鮮の不正な兵器プログラムならびに核・弾道ミサイル実験を止めるための過去の諸企画は失敗している。北朝鮮の挑発は北東アジアの安定性を攪乱し米国同盟国ならびに米国本土にますます脅威を与えている。

北朝鮮の核兵器追求は米国の国家安全保障に向けた喫緊の脅威であり最優先の外交政策課題である。トランプ大統領は就任するや否や米国のＤＰＲＫ（朝鮮民主主義人民共和国）政策の全面見直しを命じた。本日我々は統合参謀本部議長ダンフォード大将を加えて議員に向けて上記の見直しを説明した。大統領のアプローチは経済制裁を強化し、我々の同盟国と地域パートナーと共に外交上の措置をとることで核・弾道ミサイルならびに拡散プログラムを瓦解させるための、北朝鮮へのプレッシャーをかけることを狙う。我々はＤＰＲＫへのプレッシャーを高めるために国際社会の責任あるメンバーと共同歩調を取っている。これはＤＰＲＫがエスカレートから脱し対話への途に戻ることを確信させるためである。我々は同地域の安定と繁栄を維持するために同盟国、とりわけ韓国、日本との間で密接な協調と協力を維持していきたい。米国は朝鮮半島の安定と平和な非核化を求める。我々はこの目標に向けた交渉の扉を開けている。

しかし同時に我々は自らとその同盟を防衛するための準備をしていることに変わりない」

以上のポイントは最後の「我々は自らとその同盟を防衛するための準備をしていることに変わりない」のくだりであった。残余の言い回しはこのポイントを導くための副ポイントであった。

その二日後ティラーソン長官が、米国が議長国である権限を生かして国連安保理会議を主催し安保理メンバーに北朝鮮の強固な姿勢への対処を改めて訴えた（二十八日）[54]。メンバー達はその中身を四日前にトランプの口から聴いたばかりであった。

中国に較べてより大きなワイルド・カードを握っているのがロシアである。このロシアにつきティラーソンは五月四日、「米ロ関係は冷戦後最悪である」[55]と発言する。

もしプーチンがこの発言をシリアスに受け止め、プーチンに米ロ関係を好転させる機運が生まれたとすればロシアが安保理での軍事力行使決議に与することが考えられないでもない。

長話を省略するが、ロシアは現在の北朝鮮事態が一定限度で落着いた後の北朝鮮利権に無関心である筈がない。しかしプーチンは米国のためには動かずという姿勢を維持した。

3 七月四日ならびに十一月二十八日発射のICBM実験

(a) 七月四日発射のICBM実験

七月四日発射のＩＣＢＭ実験が米国安全保障政策に与えた影響は大きい。「同盟国」を守るというこれまでの米国安保シナリオが「自国」を守るに転換したのである。まずトランプが発したツイートを見よう。

「またも北朝鮮が今しがたミサイルを打ち上げた。この野郎は自分の生きざまを良くしようとでも思っているのか。韓国と日本がこの先にまで耐えていくとは到底思えない。ひょっとしたらであるが、中国が北朝鮮に重圧を加えてこの馬鹿げた出来事の全てを一挙に終わらせるかもしれない（七月四日）」

二日後トランプはポーランド訪問の現地で、訪問成果を述べるために同国大統領との共同記者会見に臨んだ。しかし記者達は米ポ両国関係の問題ではなく北朝鮮ミサイル発射問題を集中質問した。トランプは次のように応答した。

「北朝鮮のミサイル発射実験成功につき米国は北朝鮮脅威に対決していく。米国が何をするかは言いたくない。かなり厳しい措置を考慮中だ。しかし同措置を直ちに実行するという意味ではない[56]」

トランプは一七年春以来、いずれは北朝鮮がICBMの発射実験をするとの情報を得ていた。とくに六月中旬以来、連日約一時間CIA長官ポンピーと電話接触し、時間読みの段階に入った発射実験情報を知らされていた[57]。他方で国連大使ヘイリーは同月二十日、「北朝鮮ICBM完成は巷で言われている三～五年後ではなくもっと早い[58]」と発言した。これも情報源はCIAであった。

ヘイリーは七月五日（トランプのポーランド発言の前日）緊急開催された国連安保理事会の場で「米国は自らと同盟国を守るために米国の全機能を用いる用意がある。全機能には米国の豊富な軍事力が宿っている」と明言した。

他方でトランプは北朝鮮がICBMを発射実験した四日の午後、同ミサイルを詳細分析させるために軍事専門家をワシントンに非常呼集した[59]。二十八日になり、DIAが北朝鮮のICBM実用化時期を「一八年中」[60]と修正した。さらにその後、政府高官情報として「一八年初頭」[61]と再修正された。

(b) 十一月二十八日発射のICBM実験

七月発射の火星14号ICBM実験によりそれまでの米国安保シナリオが「自国」を守るに拡大するに至ったが、十一月の火星15号実験により「自国」が「米国本土の全ての地点」にまで具体化された。トランプ政権の反応を見よう。

トランプは同発射後数分以内に発射情報に接した。トランプは同時点で米国議会を訪れ、議員宛にトランプ減税法案の議会通過をロビイングしていた。トランプ自身と側近から以下の発言が見られた。

「この事態は米国が処理しよう。米国で取り仕切っていく」[62]

ちなみにトランプは次の発言をすることを忘れなかった。この発言は米国軍需産業へのグッドニュースになった。

「これまでの二時間、ミサイル発射などのさまざまな出来事があった。我々は軍事費の予算通過を求める。繰り返すが今すぐの予算通過を求める」[63]

マティス国防長官「当該ミサイルは実のところ、これまでの発射に比べて、より高度に上昇した。これは世界のあらゆる場所に脅威を与えることの出来る弾道ミサイルの建造に引き続き取り組んでいくというR&D（研究開発）企画である[64]」

ティラーソン国務長官「外交上の選択肢が今でも変わりなく、生きかつ開かれている。米国は今でも変わりなく、北朝鮮の非核化ならびに同国の好戦的振る舞いを終わらせるための平和路線を見出す責務を負っている[65]」

［専門家のコメント］

ライト博士（憂慮する科学者同盟）「七月発射の（ICBM）ミサイルに比べて改良された。今回のミサイルは八〇〇〇マイルレンジを超えるものであり、ワシントンだけでなく全米に到達可能だ。ただ、今回のものはレンジを伸ばすためにペイロード（搭載物）を極力軽量化した疑いは残る[66]」

キンボール博士（軍備管理協会専務理事）「今回の発射はこれまでのICBMで最堅牢とみられる。ただ、ペイロード・マス（質量）がレンジを制約する問題は残る[67]」

両博士の言う意味は、「実弾頭（約五〇〇キロ）が搭載されれば飛行距離はそんなに延びませんよ」になる。

三　軍事力行使オプション

1　オール・オプションズ

(a)　オール・オプションズの中身

一七年初頭からトランプを含めた米国政府側から多くの場面で「オール・オプションズ」なる言葉が発せ

られた。オール・オプションズは通常、経済プレッシャー、サイバー戦、外交交渉、国際プレッシャー、レジーム・チェンジ、軍事力行使の六通りに整理される（CNN：七月二十八日）[68]。

［経済プレッシャー］トランプが一七年六月末に実施した北朝鮮の資金洗浄に関与したとされる中国丹東銀行への経済制裁が一例になる。経済プレッシャーは実際には抜け道が多いためにさほどの効果をもたらさない。

［サイバー戦］これは軍事・経済インフラへのハッキングになる。サイバー攻撃を受けた側のインフラは一時的には麻痺するが、やがては平常状態に戻ることからこの攻撃の効果は一過性になる。

［外交交渉］外交交渉は当事国間で特定の固まった目標が交渉開始前に合意されていれば話は別であるが、そうでない場合には交渉そのものがルーティン化し、交渉のための交渉になりかねない。これは、過去の六カ国ならびに三カ国交渉の結末が物語っている。その中で八月（五日）の国連安保理決議で六カ国交渉の再開を呼びかける文言が入れられたが[69]、もし再開されたとしても過去のミステークが再来しそうである。

［国際プレッシャー］多数国に向けたトランプからの個人要請ならびに国連安保理を通じた制裁決議が例になる。プレッシャーの中身にもよるが実際には多数国からのトランプ信頼がまだ固まっていないことと、安保理制裁の中身に抜け穴がみられることから効果は限定的である。

［レジーム・チェンジ］軍特殊部隊による金委員長の除去または、全面戦争による北朝鮮政治体制の転換である。後者は軍事力行使と重なる。トランプ政権内部では、チェンジに与する側（CIA）と、与しない側（国務省）が併存している。トランプは金委員長の除去を意識した軍特殊部隊の編成をすでに終えたことから、金委員長がいなくなる可能性もないではない。

［軍事力行使］これは戦争を意味する。軍事力行使オプションは、一七年一月（二日）のトランプ発信ツイッター「それ（の核兵器開発の最終化）はあり得ない[70]」が源である。このツイッターが軍事力行使の「兆し」と把握された。外交上の言葉として軍事力行使が出た始まりは、前の箇所で触れた韓国訪問中のティラーソン発言（三月）であった。トランプ自身は八月までこの言葉を用いるのを極力避けた。その代わりに「オール・オプションズ」なる言葉が用いられた。

(b)　トランプの言及

トランプがオール・オプションズを明示した最初は安倍首相との電話会談（四月）であった[71]。他方でトランプは報道記者から軍事力を行使するかというストレートな質問に対しては柔らかく応答していた。

「俺は知らないよ。いずれ分かるさ（四月）[72]」
「直ぐに分かるようになるよ。そうじゃないの（五月）[73]」

このような応答が「トランプ軍事力行使を排除せず[74]」と報道されることになった。トランプの同様な応答は国連安保理による新たな制裁決議（八月五日）後も続いた。

「いずれ分かるさ（九月）[75]」
「（軍事力行使を暗示し）一つの手段だけが有効だ（十月）[76]」

さらにはトランプ政権がこれまでのレベルを超える圧力行使を宣言した一八年二月二十四日の直後にも同様の発言が続いた。

「（圧力行使が働かない場合を暗示し）何かしなければならない。いずれ分かるさ（一八年二月）」[77]

2　トランプの戦争準備命令

トランプは一七年四月、習国家主席との会談の場で中国による北朝鮮へのプレッシャーに望みをかけたがその反面で、米国マターとしての戦争準備を怠らなかった。少なくとも四月初頭までにNSCと国防長官の双方に対して戦争準備を命じていた。

(a)　ムクマスター発言

ムクマスターNSCアドバイザーが一七年四月十日、商業TVに現れ「大統領が発した戦争準備命令は賢明なものと理解する」[78]と発言した。同氏はその後の六月二十九日、以下の文言を入れた戦争準備完了を発表した。[79]

「北朝鮮脅威はこれまで以上に急迫している。過去に失敗したアプローチを繰り返しながら（北朝鮮からの）異なった結果を求めるのは狂気の沙汰だ。同じアプローチを繰り返すことができないのは明白だ[80]」

(b) OPLAN(作戦計画：オプラン)

ムクマスター発言の「戦争準備」とは軍のOPLAN策定とそれにもとづいた戦闘力の配備を意味する。北朝鮮を睨んだOPLANは実際には、すでにクリントン政権に始まる一九九〇年代初頭から練られていた。[81]

北朝鮮戦争のOPLANには核兵器使用の全面戦争が想定された当初の「OPLAN8010」から、W・ブッシュ政権時に改定され兵器の近代化と特殊作戦を折り込んだ局地戦闘モデルの「OPLAN5015」までが存在する。

「OPLAN8010」については情報公開法による申請に応じた形で二〇一二年になり、その一部が公開された。[82] その後に策定された複数のOPLANは公開されていない。

問題は、ムクマスター発言のOPLANはどのようなものかである。同OPLANは米韓両軍の作戦参謀の手元には所在しよう。

同OPLANが現時点で公開されるのはあり得ない話になるが、米軍の伝統的行動によれば「特定の軍事演習は特定のOPLANにもとづく」[83]とされる。そうだとすれば朝鮮半島沖で一七年五月末に実施された米・韓両軍の合同演習、ならびに米軍・日本自衛隊の合同演習などはムクマスターの四月発言を受けたOPLANにもとづいていることになる。

五月末の演習では米海軍空母の二打撃群(カール・ビンソン、ドナルド・レーガン)が参加した。[84] この演習以外にも米・韓両軍ならびに米軍・日本自衛隊による各様の演習が繰り返された。米空母と日本のF15との連携、米爆撃機B1、B2と日本のF15、F2との連携が報道されたが(両国間にどの程度のデータリンクがあったかは別として)、いずれもムクマスター発言にもとづくOPLANの適用であり、その後の八月下旬の米・

韓両軍による軍事演習「乙支（ウルチ）フリーダム・ガーディアン」も同様であると解されよう。

［日本自衛隊が参戦するか］

トランプ政権が先制攻撃に踏み切った場合、日本自衛隊が米軍と行動を共にするかの問題がある。安部首相はこの問題への明言を避けている。参戦するとも言ってないし、参戦しないとも言っていない。他方で自衛隊は米軍との合同演習に参加し、同参加を眺めた日本国民は静観しているのが実情である。

その程度はさて置いて、自衛隊の参戦は米日両政府間で合意されているようでもある。ペンス副大統領は訪韓中の一八年二月、ホルツ記者（NBC）に対して次のように述べる。

「ハッキリさせて置く。米軍、日本自衛隊、韓国軍の全ては……必要な行動をとるべく完全な準備体制に入っている（二月九日NBCニュース）[85]」

(c) 米軍の先制攻撃

米軍は北朝鮮攻撃に踏み切るであろうか。この問いに対する回答は正しくはトランプ以外知りようがない。言えるのはトランプが一七年十一月を境にして米軍攻撃に関わる主と従を入れ替えたことである。それまでの圧力が主、攻撃が従であったのが、攻撃が主、圧力が従になった。

この背景は次のようである。北朝鮮に効果的な圧力を行使できる国は実際には中ロという二カ国に限られる。これ以外の国による圧力行使発言は、発言国の国内不安を政治的に緩和する効果があるとしても、実際には機能しない。ところが中ロ両国は実際には北朝鮮への圧力を行使していない。ここにみられる主従の入れ替えは以下の「ホワイトハウス十月十日メモ」がその傍証になる。

「トランプ大統領は今朝、マティス国防長官ならびにダンフォード統合参謀本部議長からのブリーフィングを受けるために国家安全保障チームに座した。ブリーフィングならびにそこでの議論の焦点は、いかなる形態での北朝鮮の侵攻、または必要な場合には、北朝鮮の米国ならびにその同盟国に向けられた核兵器の脅威を防止するために対応する諸オプションに当てられた（十月十日）[86]」

この文言は回りくどいが「……脅威を防止するために対応する……」が注目された。それまでの「北朝鮮が挑発行動を演じれば米国は軍事力を行使する」とまるで異なる。北朝鮮が挑発行動を演じなくても米国は先制攻撃を始めるになった。

一方で、ティラーソン国務長官は十月十五日、「最初の爆弾が投下される時点まで米国国務省は対話を模索する[87]」と述べた。これは国務長官職としての当然の発言でありホワイトハウスメモに矛盾するものではない。「対話を模索する」であるが、この発言基盤は四月以来の「核の完全放棄、つまり北朝鮮の非核化[88]」に置かれている。

前記のホワイトハウスメモは国内に反響をもたらした。とりわけ先制攻撃に反対してきた民主党議員を揺さぶった。上院民主党グループは同月三十一日「北朝鮮への先制攻撃阻止法案（S二〇四七）」を緊急上程した。もっとも民主党はすでに一七年一月の時点で、トランプから戦争権限を外す策を練っていた[89]。緊急上程の前日（三十日）、上院公聴会が開かれた。同公聴会に証人として出席したマティス国防長官ならびにティラーソン国務長官の両名はこぞって「大統領の先制攻撃権はすでに〇一年の9・11事件を受けた大統領の（議会承認を要しない）権利として確立されている」と証言した。

話がややこしくなるが、トランプの先制攻撃は北朝鮮軍事力の完全破壊ではない。トランプは外交では「北朝鮮の非核化」を、軍事力行使面では「非核化に至らない戦争の開始と終結」を企画していると読まれる。外交では自分の一貫した態度を優先させ、軍事力行使面では対中、対ロへの将来に向けたデモ（キッシンジャー原則）と、米国軍需産業の伸び（武器輸出）に配慮している。

［通常弾薬と戦術核のストック］

軍事力を行使するためには兵器・弾薬を要する。兵器については各種の報道で知り得るが弾薬ストックについては定かではない。北朝鮮攻撃で必要不可欠の役割を演ずるのは世界最大の弾薬貯蔵拠点とされるグアム島（アンダーセン基地）である。弾薬貯蓄量の全容は明らかではない。しかしその一部情報として、一七年十月までの時点で新たに通常弾薬（砲弾）約八二万発（八一万六三九三発）が米本土から到着した。[90]

通常弾薬は各種に及ぶがその中でももっとも精密かつ効果的な能力を有するのがトマホーク巡航ミサイル（一発、約二億円）である。米海軍は約三五〇〇発のストックを保有するが、この数量だけでは北朝鮮の主要軍事拠点を掃討するには無理がみられる。ちなみにトマホークはW・ブッシュ大統領が始めたイラク戦争の場合、トマホークが用いられる側面で、戦術核の使用が本格的に議論された。戦術核の対概念は戦略核である。戦術核は朝鮮戦争終結後も韓国に配備されていたが、その後、実際に撤去された。ヨーロッパ駐留米軍は現在でも戦略核を保持している。

マティス国防長官は九月十八日、「すでに韓国政府との間で戦術核の使用を話した」[91][92]と述べる。戦術核（〇・五から一〇キロトンまで：論者によっては広島型一六キロトンも戦術核とする）が用いられると通常弾薬ストックの不足懸念が一挙に解消する。

［攻撃目標は何か］

米軍の攻撃目標が北朝鮮の軍施設になることは異論がない。同施設の多くは核兵器・ミサイル発射設備（ならびに車両）を含めて地下に貯蔵されている。米軍メディアの星条旗紙によれば米陸軍は一五年夏までに、北朝鮮全土に所在する「六〇〇〇～八〇〇〇カ所の地下壕の地図作りを終えた（同紙一五年八月五日）[93]」とされる。どの地下壕に核兵器が貯蔵されているかについての正確な探知は困難である。

攻撃目標とその規模は高度の政治判断になる。新たにNSCアドバイザーに就任したボルトン、同じく新国務長官のポンピー、マティス国防長官などの進言にもとづいてトランプが最終決断をすることになる。

では先制攻撃はいつになるか

トランプの最大関心は米国民の不安を緩和することである。そうだとすれば先制攻撃は遅くとも北朝鮮の核弾頭が米国に着弾する前にしなければならない。技術系の専門家が最低一年はかかると分析している中で[94]、ポンピー（当時のCIA長官）は一七年十月十九日、「北朝鮮は数カ月以内に米本土を核攻撃する能力を備える[95]」と述べる。

ただ、一八年三月に急浮上した米朝首脳会談の可能性の成り行きに連動して、米軍の先制攻撃は時期的に延期されるという事態も想定されよう。

3　軍事力行使の要件：議会マター、国連マター

トランプは米国議会マターをクリアーすれば軍事力を行使できる。これとは別に国連マターがあるがこの

マターはトランプを束縛するものではない。しかし国連マターが充たされればトランプは、原理的にではあるが、国連軍の発足にまで辿りつける。

(a) 議会マター

米国憲法（第一条八項）は宣戦布告を議会の権限とする。もっとも米国では宣戦布告が意味する戦争とはどの程度の規模か、全ての軍事力行使が憲法の言う戦争になるかなどにつき解釈が固まっていない。この点は長話になるので本書では詳述しない。

現在の米国法制の下では軍事力が行使しやすくなっている点を指摘したい。9・11事件が起こった一週間後の同月十八日、議会が「大統領軍事力行使権限法」を立法化し、戦争権限を大統領に白紙委任したのである。[96]

この法制は現在も有効であり、トランプは同法制を援用することで北朝鮮に先制攻撃できる。次の文面に見られるように大統領に「先制攻撃権限」が与えられている。

「米国に向けられた将来のテロ、侵攻に対する抑止ならびに先制攻撃権限を、議会は大統領に与える（PL・107‐40）」

ただ先制攻撃権限があるからと言って同権限を無条件に行使することは出来ない。同行使はやはり正当防衛にならなければならない。国際政治学を学ぶと「ダニエル・ウィーバーの原則」に出会う。この原則は国際慣習法上の正当防衛が許される場合を以下のように説明する。

「或る国が他国を侵略する場合の正当防衛は次の場合に限り正当化される：正当防衛の必要性が、急迫、かつ圧倒的（相手側が自己側を凌ぐほど：筆者）であり、他に手段がなく、熟考する余地のない場合」

以上の要件の中で最も議論されるのが「急迫性」の要件である。急迫性を裏付けるのは「脅威の存在」になる。分かりやすく言えば北朝鮮への軍事力行使の場合ではトランプは「北朝鮮は米国に脅威を与えているのか」の問題に直面する。同国のこれまでの言動を眺めるとともに七月（ならびに十一月）に生じたＩＣＢＭ発射を受けた形で「急迫性」が充たされたと解釈出来る。

［前倒し正当防衛論］

話はややズレるが９・11事件を受けた二〇〇三年イラク戦争はＷ・ブッシュ大統領がウイーバーの原則でいう「急迫性」の要件を欠いたままで先制攻撃を始めた例とされた[97]。つまり「脅威がなかった」とされたのである。同大統領の先制攻撃は「前倒し正当防衛[98]」と呼ばれるに至った。この分野の研究者ジョージ・フィッシャー（スタンフォード大）は「このような正当防衛には大きな疑問があるとする[99]」。

(b)　国連マター

他国が米国の軍事力行使に共同参加するかは別にして、トランプにとって国連安保理による軍事力行使容認決議があればそれに越したことはない。つまり必要不可欠なマターではない。以下で触れて置こう。

国連憲章第七章は安保理決議を条件として国連の認める軍事力行使を許容する。ここでの「安保理決議」

であるが、実は常任理事国である中国ならびにロシアが同決議に同意する可能性は著しく低い。

両国は決議の拒否権を有するのでこれが行使されれば安保理決議は成立しなくなる。その最大理由は北朝鮮・中国・ロシアの三カ国が第二次世界大戦以来の政治イデオロギー上の同盟国であり、中国・ロシアは他国が北朝鮮を攻撃することに原理的に賛同出来ないからである。

一九五〇年の朝鮮戦争では安保理決議が成立し国連軍が編成されたがこの場合でも同決議はソ連代表が席を離れた隙に決議投票されている。なお当時の中国は北京政府ではなく台湾政府により代表されていたので同決議は難なく通った。

安保理決議が成立しなかったとする。そうなると、同決議を要しない国連憲章第五一条の定める正当防衛権はどうか、になる。

ここでは別の厄介な問題を生む。北朝鮮のこれまでの核実験と、ＩＣＢＭを含めた数十回のミサイル発射実験が正当防衛を理由づける脅威になるかである。国連の定める正当防衛と米国議会の軍事力許容とは次元が異なり、議会がイエスでも国連がノーであれば国連マターとしての正当防衛はできない。

ここで出るのが「脅威」と「脅威の準備行動」の違いである。北朝鮮の行動が米国に向けられた「脅威の準備行動」であるとしても「脅威」そのものではないとなれば米国は国連の言う正当防衛権を行使できない。

もし、であるが、北朝鮮が韓国、日本の米軍基地ないし海上の米軍艦艇に先制攻撃を加えれば米軍の応戦は正当防衛になる。ベトナム戦争の発火点になった米海軍マドックス号が攻撃された「トンキン湾事件」がこれを物語る。もっとも同事件では最終的には、「攻撃された」のではなく「攻撃した」という真相が定着した[100]。

では、韓国、日本のための米国の先制攻撃は許されるかになる。この三角関係の正当防衛は原理的に許されない。安保条約があってもか。例えば米日安保条約は「武力攻撃」があった場合にのみ適用される（第五条）。ミサイル発射実験そのものが武力行使になるわけがない。

では「国際秩序」を護るための正当防衛はあるだろうか。国連憲章はそのような正当防衛を許していない。これを許すと実際には国際秩序の大混乱になるからである。

（c）　その他のマター

［米国民の支持マター］どれだけの米国民が実際に米軍の先制攻撃を支持しているか。国民の多くは一七年七月以来の北朝鮮の度重なるＩＣＢＭ実験に接し不安感を高めてきた。

トランプが選んだ国民向けの発信は北朝鮮が米国人をいかにひどい目に合わせているかを直接に提示することであった。

トランプは一八年一月の「一般教書演説」の場に、ウォンビー夫妻を招いた。同夫妻の息子オットーは北朝鮮観光旅行中にホテル内の物品を万引きした容疑で同国刑務所に服役していたが国務省特使の釈放要求が実り米国に帰国した。しかし北朝鮮官憲から受けた拷問の後遺症が原因で帰国数日後に死去した。

翌月ウォンビー（父親）は韓国で催された冬期オリンピック大会に出席したペンス副大統領に同行した。おそらく日本では報道されていないと思われるが、ペンスの訪韓目的の一つはウォンビー事件を米国民に再想起させることであった。

［文大統領発言マター］文大統領は一七年八月の時点で、一九五三年締結された以下の米韓安全保障条約を引き合いに出して、トランプ政権は韓国政府の同意なしに先制攻撃をすることが出来ないと明言した（八

月二十日）[101]。

「条約締結国はいずれかの国が外国からの軍事脅威にさらされた場合には協議するものとし、同協議ならびに合意の下で適切な措置を講ずるものとする（米韓安全保障条約第二条）」

ここでの「協議、合意」なる条約文言はトランプ政権を拘束するか。米国では「在韓米軍基地を用いない方法で先制攻撃すれば、条約上の足枷はない」との見解が出ている（筆者のワシントン情報）。

実際には韓国は「合意」を強いられる状況に置かれているのであり、韓国側が「待った」をかける可能性はほとんどないであろう。ただ、朝鮮民族同士の戦いを懸念する文大統領の発言は著しく重い意味を有するのは言うまでもない。

四　ミサイル防衛

1　ウォーレン議員・ハリス司令官問答

この問答は米国の一般国民が抱いている疑問点が政治家と軍司令官の間でやりとりされたと言う意味で貴重である。

一七年四月、ハリス太平洋軍司令官（日系人）が北朝鮮状況を説明するために上院軍事委員会で証言した[102]。太平洋軍は軍令上、国防総省の下部機関として、同時に在日米軍、在韓米軍の上部機関としての役割を演ずる。ウォーレン議員は次の民主党大統領候補とも目されている女性法曹（ハーバード大教授休職中）である。

両者間の問答の次の部分がメディアのトップに現れたほど国民の関心を集めた

ウォーレン「北朝鮮のミサイル実験のミサイルを撃ち落とすことの当否を聞きたい」[103]

ハリス「ミサイルの方向性が問題になる。もし韓国や日本に落下するようであれば米国は条約上の義務として出来る範囲のことをすると思われる」[104]

上記でハリスは慎重に答えている。発射実験のミサイルが韓国ないし日本に落下（又は可能性）する状況、つまり正当防衛が許されることになる状況になれば米軍は「条約上の義務」として応ずるとする。問答は続いた。

ウォーレン「北朝鮮知見の専門家によればミサイル実験のミサイルを撃ち落とした場合には金正恩は米国の軍事力行使（撃ち落とし）に対して韓国、日本、恐らくは米国に対して（攻撃を）エスカレートするらしいが、あなたの判断はどうか」[105]

ハリス「議員の言われる諸問題は現時点でホワイトハウスが検討中だ。自分としては進行中の検討課題を（ここで）コメントするのは無理だ。（ここでは）判断を避けたい」[106]

ハリス「言えるのは、米国が金正恩の実験とその開発目標に立ち向かう戦闘能力を保持しないとなると、後で金正恩からの脅迫にさらされる。それが米国の最悪事態になりかねない。我々がこれまでにやってきたことは金正恩を抑止する面で何らの効果も上げていない。それが我々の共通認識だ。我々が有する軍事能力ならびに同盟国のものを加えても金正恩の核願望を抑止するに至っていない。だが何らかの手段で（核願望を）止めさせなければならない。思うにテーブル上には複数のオプションがある。オール・オプションズがテーブル上に残っている」[107]

このウォーレン質問は鋭かった。ミサイルを迎撃したことが「エスカレート」した場合の太平洋軍の対処を問うものであった。これを受けたハリスはその直後、四、五秒間無言のままであった。ハリスが通常ほぼ瞬間的に早口で明快に回答する態度から見ればその例外であった。ハリスはエスカレートへの軍事対処を具体的に回答することを避けたのである。

他面でハリスはこのような対処が政治マターになり、したがってホワイトハウスの判断に委ねられることを暗示したのである。最後にハリスは米軍の軍事組織能力に触れた。ハリスはこの能力を単に静的に保持するだけでは北朝鮮を制し得なかった過去を指摘した。ハリスにより、維持ではなく行使が暗示された。

ちなみにハリスの持論である軍事力行使論を快く思わない中国政府は四月の米中首脳会談後、米国政府に対してハリスの更迭を求めた。[108]

2　ミサイル防衛構想

(a)　MAD（相互確証破壊）

ミサイル防衛構想は八〇年代に本格的に浮上した。六〇年代から生じていた米ソ両国にみられた核兵器ストック戦略を根本的に見直す新構想であった。

まず、核兵器ストック戦略に触れよう。これは一方が核攻撃をすれば他方は同じく核で報復する戦略である。しかしこの場合、手持ちの全ての核兵器が最初に受けた攻撃で破壊されてしまえば報復できなくなる。

報復するためには報復用の核兵器が残っていなければならない。米国の場合、報復核爆弾はノースダコタならびにワイオミング州の地上ＩＣＢＭ発射基地、二十四時間空中待機状態に置かれたＢ52戦略爆撃機、全世界の海中に展開されたポラリス原潜のそれぞれに瞬時発射可能状態でストックされていた。「ＭＡＤ：相互確証破壊」と呼ばれるこの状態は脅威のバランスによる人工的平和であった。

ＭＡＤ状態は空中待機の部分を除き現在でも維持されている。[109] この仕組みはやがて偵察技術が進むにつれ、最初の核爆弾が発射され大気圏外の弾道軌道に達するまでの数分間（ＩＣＢＭの場合：三〜五分）内に、つまり同爆弾が相手国に到達する以前に報復核爆弾が発射される技術にまで進歩した。この数分間は発射されたミサイルの方向、コース、インパクト地点を計算するために必要な時間とされる。

脅威のバランスによる人工的平和（ＭＡＤ状態）が米ソ両国を異質に安定させた中で八〇年代初頭、当時のレーガン大統領がミサイル防衛構想としてのＳＤＩ（戦略防衛構想）を唱えた。しかしおかしな戦略リスクが伴った。リスクとは、もしミサイル防衛が完成するとＭＡＤで維持されてきた人工的平和が壊れるがそれでも良いかとする短所であった。

ＭＡＤの仕組みは最初のミサイルが着弾することであり、これが着弾前に迎撃・破壊されるとなればＭＡＤによる平和が根底から覆される。このことは核兵器保有による戦争抑止力のみならず核兵器保有国の地政学上のパワーが消えることを意味する。

(b) レーガン大統領の着想以降

レーガンの着想以来、米国政府は一九八五年から二〇一七年までに技術開発費用（配備費用は別）として一九〇〇億ドル（二〇兆九〇〇億円）を投入してきた。[110]

ミサイル防衛は太平洋圏では、現時点で米・韓・日の三カ国ならびに他国に、①地上設置のＰＡＣ‐３（パトリオット）、②海上艦艇搭載のＳＭ‐３（イージスシステム）、③地上設置のＴＨＡＡＤ（サード）、④陸上設置ＧＭＤ（ジー・エム・ディー）などが配備されている。④はアラスカ州に所在する。しかしながら、実戦のさい飛来してくるミサイルを撃墜する能力の信頼度は①から④を通じて、十分なものではない。肝心な点は前掲の四種の技術が信頼に値し、飛来するミサイルを実際に迎撃できるかである。言い換えれば当たるかである。

はっきり言えば信頼度は高くなく、「当たるかもしれない」の程度である。これが実情である。例えばＰＡＣ‐３を見よう。

3　信頼出来ないＰＡＣ‐３とＳＭ‐３

◆ＰＡＣ‐３（パトリオット）

このシステムは日本自衛隊にも配備されている：有効射程三五キロ、飛来ミサイル高度二四キロ以下、ＰＡＣ‐３発射体速度四〇〇〇キロ／時速、発射体個数一六発。

ＰＡＣ‐３の短所は飛来ミサイル（通常三二〇〇キロ／時速）がＰＡＣ‐３配備地から三五キロ以内に接近するまで待たなければならないことである。ＰＡＣ技術の最近の実戦記録の一部は、イスラエル空軍によるＰＡＣ‐２を用いたシリア戦闘機（ロシア製スホーイ24）撃墜（一四年）[111]、米国同盟国（国名非公開）によるＰＡＣ‐３を用いたドローン（無人機）撃墜（一七年）[112]にみられる。

以上はいずれも攻撃対象の飛行速度がせいぜい一五〇〇キロ／時であり、その二倍以上の高速で飛来するＩＣＢＭならびにＩＲＢＭを成功裏に撃墜できる能力は実証されなかった。

一七年十一月（四日）、今度はＰＡＣ‐３がＩＲＢＭを迎撃したとのニュースが流れた。[113] イエメンからサウジアラビア首都空港向けに九七六キロ飛来した中距離ミサイルが迎撃されたとするものであった。

トランプは翌日、日本に向かうエアフォースワン上で「米国にとって何と良いことか。他国は米国製品を真似出来ない。今米国は世界中に売っている」[114] と発言する。トランプの言う通りだろうか。

正解はトランプの言う通りではない。ニューヨーク・タイムズが専門家を加えた調査チームを立ち上げ、真相を取材した限りでは、①弾頭部分は空港近くに着弾した、②飛来ミサイルの本体部分は近隣地に落下した、③本体部分の後部に損傷がみられたであった。[115]

結論は三種の可能性に固まった。[116] ①飛来ミサイルは内部圧力調整が機能せず飛来途上で分裂した。②サウジ側が迎撃に用いた五発の全てが当たらなかった。③五発のうちのいずれかが飛来ミサイルの後部に当たった。調査チームリーダー・ルイス博士は「政府は複数に及ぶミサイル防衛システムの有効性につき嘘をついている」[117] と明言する。

飛来ミサイルのノーズコーン（弾頭部分）に当たったかが最重要課題である。この事案ではっきりしたのは、当たらなかったであった。五発とも当たっていないのである。この事実はトランプであれ誰であれ否定できない。筆者に言わせればＰＡＣ‐３は高級高射砲の域を出ない。

◆ＳＭ‐３（イージスシステム）

このシステムは日本がイージス艦に配備している。ＳＭ‐３技術については、米国ミサイル防衛局が一七年五月になり同技術のこれまでのテスト・データを公表した（Ballistic Missile Defense Intercept Flight Test Record）。[118]

同データによればSM‐3は〇二年（一月）から一七年（二月）までにさまざまな態様のテストが行われた。同防衛局はテストの総回数を四二回とし、そのうちの七回に失敗し、三五回に成功したとする。

同局のテスト結果の発表の短所は、①どのような環境下でテストがなされたかの詳細説明のないこと（迎撃対象が実際の飛来ミサイルかそれともドローンかなど）、②迎撃対象に当たらなかった場合でも発表上は成功とされていること（一五年六月二十五日、一五年十月四日の各テストの例）、③失敗の場合の説明が簡単過ぎることである。

本書ではその詳述を紹介しないが、最大の問題は二桁以上のテストにパスしたとされる中で、ほとんど全てのパスが人為的に設定されたパスしやすい環境下で実施されたことである。落下傘降下中の迎撃対象、飛来ミサイル（のダミー）の飛来時間帯が予め設定された環境下で迎撃実験されたことなどが例になる。

もう一つの問題点を加えよう。それは、テストの目的が特定部分または特定機能の検査であった。言い換えれば迎撃対象に当たったか否かは二の次であった。ちなみにこのようなテスト形態はミサイル開発に限られない。データを読む側が心得て置かなければならないのである。

このようなことから上記の「三五回に成功した」を額面通りに受け取ることは出来なくなる。失敗については額面通りで良い。

直近の二つのSM‐3テストを見よう。このテストは上記の文書が発表された後に行われたテストである。二つとは、一七年六月二十一日のものと一八年一月三十一日に行われたものを指す。

【一七年六月二十一日】このテスト（SM‐3ⅡA）は失敗した[119]。分かりやすく言えば、過去の四二回のテストで得られた知見が集積されていた筈であったにもかかわらず失敗したのである。

ミサイル防衛局は「一水兵が誤ったボタンを押していた。迎撃ミサイルは迎撃対象に到達する前に自爆した」[120]と説明した。これが真相であるとしても、「誤ってボタンを押すことができる」システム自体に大きな欠陥があると筆者は受け止めた。一水兵の指先がインパクト地点での数十万もの人命に繋がっているのである。

ちなみにこのSM‐3ⅡAは米日共同開発の成果が試されるものであり、同技術の一〇分野のうち、ノーズコーンを含む五分野が日本側の開発に委ねられていた。[121]

［一八年一月三十一日］このテスト（SM‐3ⅡA）も失敗した。[122]同テストは日本政府が導入を決めた「イージス・アショア」システムの実験であり、実際にハワイ沖に所在する同システム拠点で実施された。

◆SM‐6（イージスシステム）

一七年六月の失敗後、米国ミサイル防衛局が八月三十日SM‐6（イージスシステム）を実験し、成功したと発表された。SM‐6はもともと飛来航空機を迎撃するために開発されたものであり、この点で弾道ミサイルの迎撃を狙ったSM‐3とはコンセプトが異なっている。

SM‐6はその後の技術開発により中距離弾道ミサイルならびに巡航ミサイルに対応出来るようになった。八月のテストでは中距離弾道ミサイル（実弾頭でなく空弾頭）を空中で迎撃出来たと発表されたが、同防衛局は飛来環境の詳細を公表しなかった。したがってこのSM‐6の成功も信頼されていないのが実情である。

◆ブースト段階でのミサイル迎撃

飛来弾道ミサイルは飛来中の位置に合わせて三段階に分けられる。①発射時から所定の高度に達するまでの「ブースト」、②その後続く目標領域上空までの「ミッドコース」、③その後からインパクト地点に向けて下降する「ターミナル」である。

前記で掲げた四種類のミサイル迎撃技術はいずれも②ないし③の段階で飛来ミサイルを迎撃し同ミサイルがインパクト地点に落下するのを阻止するものである。ではどうして①のブースト段階でのミサイル迎撃が着想されなかったか。

実は着想されていた。レーガン大統領が一九八三年三月に立ち上げたSDI（弾道ミサイル戦略防衛）構想の眼目の一つはブースト段階でのミサイル迎撃であった[123]。二年後に実際に始まった研究開発の過程でさまざまなアイディアが浮上した。

空中（ないし宇宙）に置かれた強力なX線放射装置、爆薬、個体メタルの衝突などが迎撃方法の技術手段とされテストベッド（コロラドスプリングスなどに所在）と呼ばれた施設で研究が続けられた。詳細は控えるが複数の日本の著名な技術系企業もこのSDIに関わる研究開発に参加していた。同じく詳細を控えるが筆者は日本政府の担当官僚にもお目にかかっている。

しかしアイディアの浮上は難問の浮上でもあった。例えばX線技術を用いた場合その放射に必要となる巨大電力を地上からどのようにして放射装置に送るのか、それとも小型原子力発電所を宇宙に打ち上げるのかまで検討されたのである。さらにはブースト段階の飛翔体につき、ミサイルと人工衛星とをどのようにして識別するのか、迎撃拠点がミサイル発射国の領域または領海に近接する地点（ないし空間）に置かれていると同迎撃そのものが戦争の開戦になるのではないかとの議論もあるにはある。

◆マイケル・グリフィンのペンタゴン入り[124]

トランプは一七年十月、グリフィン前NASA（米国航空宇宙局）長官を研究開発担当国防次官に指名し、翌十八年一月上院での同氏の就任承認審査が始まった。[125]トランプの指名理由は、グリフィンがミサイルのブースト段階での迎撃に関わる知見を有しているとされたからであった。[126]ここから窺われるようにブースト時の迎撃技術は今後の大きなプロジェクトになりそうである。

五　米朝首脳会談

一八年三月初頭を境にして、トランプと北朝鮮金委員長との会談の可能性が浮上した。メディアの多くはその誘引を韓国で前月に催された平昌オリンピックのさいに訪韓した北朝鮮政権の最高幹部と文韓国大統領との会話に置くようであるが、この見方は正しいとは言えない。トランプはすでに前年から米朝首脳会談への関心を示してきた。トランプは韓国の媒介ではなく自前で同会談を考慮していたのである。

1　金委員長に会っても良い発言

一七年五月（一日）、トランプは「環境が整えば金委員長と会談しても良い[127]」と発言する。これは少なくとも直前の三大統領にはみられなかっただけに、トランプの取り組みの真剣さ（という演出）が国内外にアピールされた。トランプは翌日プーチンと電話会談したが、[128]金委員長に会っても良いとする件がプーチンとの会話で出なかったとするのは不自然であり、そうだとすればトランプの和戦両様の備えがプーチンに伝達されたことになった。

一八年二月、第二三回冬期オリンピック大会が韓国平昌市で催された。北朝鮮からの代表団メンバーに、同国の最高幹部に位置付けられている⑴金与正《キム・ヨジョン》（一九八七年生まれ。金委員長の妹）、⑵金永南《キム・ヨンナム》（一九二八年生まれ。北朝鮮の形式的国家元首）の姿がみられた。両氏が韓国大統領府を訪れた十日、韓国文大統領は北朝鮮金委員長からの会見招待状が手交されたとされる。

クルーグ記者（AP通信）は直ちに「この招待には米韓関係の分断が狙われている[129]」と分析した。文大統領の最初の反応は「南北両国は正しい条件を踏まえることで対話を実現すべきだ[130]」とする発言であった。他方で前日の十日、日本では安倍首相の次の発言が報道されていた。

安倍「対話のための対話に意味がありません。そのことをはっきりと文在寅大統領に申し上げました[131]」

文氏は一週間後の十七日、記者会見の場で次のように補充説明する。

文「両政府間の話し合いは進展している。これはやがては米国・北朝鮮間の対話の必要性に成長し、北朝鮮の非核化を導いていく[132]」

トランプは以上の両発言に対してコメントすることはなかった。トランプは、その手段が対話であろうが軍事力の行使であろうが、北朝鮮の非核化と米国を標的とするICBMの発射阻止を演出しなければならなくなっていた。さらに、トランプの真の関心は北朝鮮問題の処理が米国政局（中間選挙ならびに自身の大統領選挙）にどのような影響を及ぼすか、軍事力を行使した場合の米中ならびに米ロ関係への余波という新たな次元の課題に移行するのに気付いていた。その傍らで万一、トランプ金会談の雰囲気が固まるとすれば、それは一九九〇年代から米朝政府間を結んでいる「ニューヨーク・バックチャンネル（非公式会話）」の進展の成果になるとみられていた。なお、メディアはほとんど伝えていないが、米国は国務省チャンネルとは別にCIAチャンネルを有する。

2　韓国特使のピョンヤン、ワシントン訪問

一八年二月、平昌オリンピックで訪韓した北朝鮮最高幹部（金与正《キム・ヨジョン》、金永南《キム・ヨンナム》）と文大統領との間で、韓国政府特使の北朝鮮訪問が合意された。三月になり同特使として鄭義溶《チョン・ウィヨン》韓国大統領府国家安保室長ならびに徐薫《ソ・フン》国家情報院長の両名がピョンヤンを訪れ北朝鮮金委員長と面談し、次の文書が両国間で取り交わされた。

南北朝鮮間の合意書：二〇一八年三月六日

(1)　二つのコリアは四月末にも板門店の平和の家で第三回目のコリア首脳会談を開催することに合意した。同会談を達成するために両側は実務者レベルの協議をすることに合意した。

(2)　二つのコリアは軍事衝突を和らげかつ協議の進展を図るために両国首脳間のホットラインを設けることに合意した。

(3) 北朝鮮は朝鮮半島の非核化への決意を示した。さらに同国は、同国への軍事脅威が解消されかつ同国体制の安全保障が保証される限りにおいて、同国が核兵器を保有する理由がなくなることを明示した。

(4) 北朝鮮は米国との間で、非核化課題を討議しかつ北朝鮮・米国関係を正常化するための真摯な交渉を開始する意思を表明した。

(5) 北朝鮮は、対話が継続する間、さらなる核実験または弾道ミサイル実験のような戦略的挑発をしないことを明示した。

(6) 北朝鮮は、平昌オリンピック後の調和的かつ協調的なムードを持続させるために、南朝鮮のテコンドー演技チームと芸術団を平城に招待した。

この文書の中でトランプの関心を惹いたのは「(3)」と「(4)」であった。もっとも「(4)」は日本流に言えば韓国の米国宛の忖度《そんたく》に類する文言であり、トランプとしてはコメントのしようがなかった。一方で文韓国大統領はこの南北面談には合意書に盛られなかった重要な事項が存在するとして同特使を米国政府に派遣することにした。同特使両名は二日後にホワイトハウスを訪れた。

ホワイトハウス別館（アイゼンハウアー・ビル）で始まったウィヨン特使・ムクマスターNSCアドバイザー会談には、ペンス副大統領、マティス国防長官、サリバン国務副長官（ティラーソン長官はアフリカ出張中）、コーツ国家諜報庁長官（CIAの上級官庁）、ダンフォード統合参謀本部議長などの政府高官が臨席した。ウィヨン特使は「金委員長が速やかにトランプ大統領と会見したい」と報告した。その他の説明が進むにつれて米側に「トランプ大統領に直々に再説明して頂く」との気運が生まれ、ウィヨン特使（ならびに随行者のフン氏と韓国駐米大使）はホワイトハウス本館に移動した。そこでウィヨン・トランプ面談が催され、トランプは英語に堪能なウィヨン特使に向けて各種各様の質問を浴びせた。

最終的にトランプは特有の嗅覚で「金委員長が速やかにトランプ大統領と会見したい」を素早く吟味し、「良し、応ずる」と即答した。

ここで小事が生じた。この即答をどのように発信するかであった。外交プロトコールの国際基準からいえばウィヨン特使の説明は全て客観的な証拠を伴わないものであり、ましてや金正恩からの招待文書も持参していない状況下ではトランプの口から即答することは本来は不可能であった。最終的に、ウィヨン特使の口からトランプの意向が発信されることになった。次に同特使がいつ、どの場所で発信させるかになった。いつについてはトランプの「直ちに」に決まった。場所については「ホワイトハウス本館内」とする案も出たがそれは行き過ぎだとするトランプ側近からの反対に出会い、最終的には本館の出入り口に近い外部になった。以上のお膳立てが決着したのはワシントン時間午後五時であった。

同時点から別の小事が生ずる。まずトランプ自身が本館内のブリーフィング・ルームに現れ（大統領就任以来初めて）、居並ぶメディアに対して「二時間後に重大発表がある」とだけ述べて立ち去った。もう一つは、ウィヨン特使に対する「二時間以内に発表草稿を仕上げよ」であった。

午後七時になり、ウィヨン特使が発表草稿を手にしてメディア陣（約四〇名：筆者の数え）の前に現れ以下の文面を読み上げげた。

(1) グッドイーブニング、私は本日トランプ大統領に説明する機会を有しました。私が直近に北朝鮮ピョンヤンを訪問した内容の説明です。まずトランプ大統領、ペンス副大統領、素晴らしい国家安全保障チームの方々、私の親友ムクマスター将軍に感謝します。

(2) 私はトランプ大統領に対して、大統領のリーダーシップと北朝鮮に向けられた孤立化を伴う最大限の圧力行使が現時点の転換を生んだと説明しました。また、トランプ大統領のリーダーシップに向けた文大統領の個人的な感謝も伝えました。

(3) 私はトランプ大統領に、金正恩北朝鮮リーダーが非核化を責務とすると発言したことを伝えました。金氏は北朝鮮が今後いかなる核・ミサイル実験をも差し控えると誓約したのです。金氏は韓米両国が定例的に実施している共同軍事演習につき、それが継続されなければならないことを理解しています。その上で金氏は、速やかにトランプ大統領と会見したい熱意を表明しました。

(4) トランプ大統領は私の説明に感謝し、永久的な非核化を達成するために金正恩氏に会おう（would meet）と言われました。

(5) 韓国は、米国、日本、世界中の他のパートナー国と共に、朝鮮半島の完全な非核化への完全な責務を継続しています。

(6) 我々はトランプ大統領と共に、平和的決意への可能性を見極めるために外交上のプロセスを維持して行くことに楽観的です。

(7) 韓国、米国、我々のパートナー国は、過去のミステークを繰り返さずに、北朝鮮がその発言を確固とした行為に合致させるまで圧力を維持することを固執連携しています。サンキュー。

この発言は言うまでもなく発表前にホワイトハウス側がチェックしたものであるが、少なくとも二つの特色がみられた。一つはトランプが訪朝したウィヨン特使の成果を一定の範囲内で認めたことと、同時にトランプは韓国政府の演出をトランプなりに泳がせたことであった。

3　北朝鮮金委員長の習中国国家主席訪問

三月二十六日金委員長が中国を訪問した。訪問のお膳立ては北朝鮮側の申し入れに対して中国側が招聘したとされた。なぜ両国首脳会談が生じたかについては予測されていた米朝首脳会談の準備作業であった。ここまでは良いが、それではなぜ準備作業が必要かになるとさまざまな論者の見方は微妙に錯綜した。

その理由はトランプがどんな姿勢で金委員長との会談に臨むか分からないからであった。金委員長の訪中は単なる朝鮮戦争時以来の旧交を確認ないし復活させるという抽象的なものではなく、トランプのストレートな要求に対する応答のレバレッジ、つまり側杖を中国に求めるものであった。他面で習主席は金委員長が自前で決断した文大統領ならびにトランプとのそれぞれの個別会談につき、中国との事前調整のなかったことに同委員長への一抹の不信感を抱こうとしていた。もっとも金委員長は「俺はトランプに首脳会談要請の声明も文書も発したことはない。韓国特使がその思惑の下で動いているにすぎない。現にこの時点で、トランプの即答とされるものに対しても回答を留保している。まずは習主席と相談したかった」との説明を用意していた。

米朝首脳会談の準備作業とは何だろうか。この作業には二つのシナリオが想定されていた。対話シナリオと戦争シナリオであった。いずれのシナリオの場合でも金委員長はトランプに向けて「俺のバックには習氏がいる」を証拠によって示す必要があった。委員長の訪中はそのための証拠作りであった。世界が、米国の先制攻撃姿勢が後退し米朝対話が北朝鮮を非核化させると期待する中で、習氏は状況をより冷静に、かつ異なった次元で把握していた。いかにして朝鮮半島全体を中国の管理下に置くかであった。その意味でトランプの北朝鮮向けの強弁メッセージは習氏にとって「願ったり」の機会到来を意味することになった。米朝首脳会談が地政学面で「朝鮮半島を巡る米中会談」に変容したのである。金委員長の役割の半分が習代理人になったのである。

三月二十八日の新華社通信（英文）は北京で生じた習国家主席・金委員長会談の一部を次のように伝える。[133]

習「同志である金委員長の訪中はこの特別な時期になされたものであり、高く評価する」

金「同志である習氏は共産党大会で再任されるに至り北朝鮮・中国間の友好関係の見地から個人的に会見して祝辞を伝えるのが自分の責務である。現時点で朝鮮半島状況は急激な展開の下で重要な変化が生じている。自分は同志関係と道義的責任により、同志である習国家総書記に対して個人的に諸状況を伝えるべきだと思った」

習「中国・北朝鮮の伝統的友好関係は両国それぞれの先代指導者達によって確立されてきた。これは両国にとって貴重な財産であった。同志である委員長と自分は中国・北朝鮮関係の進展をこの目で見てきた」

「この進展は両国の歴史と現実にもとづいた戦略上の選択であり、かつ正しい選択であった。この選択は特定時期の単一な出来事によって変えられるものではない」

習「本年になり朝鮮半島に動的変化が生じている。この点で中国は北朝鮮の努力に感謝している。中国は対話と協議を用いた半島の非核化目標に固執する」

金「半島の非核化は我々の変わりなき立場であり、これは金日成ならびに金正日の意思でもあった。北朝鮮は米国との対話と首脳会談を催す意思を有する。もし韓国と米国が我々の善意な努力に応ずれば半島の非核化問題は解消される」

右の中で、習氏の「この選択は特定の時期の単一な出来事によって変えられるものではない」は「中朝両国は対米関係で新たに連携しますよ」を意味し、金氏の「もし韓国と米国が我々の善意な努力に応ずれば」は「そう簡単には非核化に応じませんよ」を意味した。

4 米朝首脳会談実現への動き

一八年三月末までにメディアは米朝首脳会談の実現を予測した。しかし同時に、会談の実現はそこでの合意を予測できないとし、仮に合意が得られたとしてもその中身は極めて薄いものになるとされた。このような悲観的とも言える見方は同月初頭に生じた米国側の二件の更迭人事で裏書きされていた。

新たに就任したNSCアドバイザー・ボルトンは前月のウォールストリート・ジャーナルに題名「先制攻撃の法基盤」を寄稿し、その中で、「北朝鮮の脅威は急迫性のものだ。米国にとって何ら憂慮することなく攻撃を加えることは完全に合法である[134]」と唱えた。同じく新国務長官に指名されたポンピーCIA長官は一七年七月のアスペン安全保障フォーラムの場で「金委員長の除去[135]」を公言したが、この除去は「暗殺」を意味するものであった。

外交評議会中国研究部門上席研究員ラトナーはすでに一七年十一月の時点で　次のように北朝鮮の非核化は容易ではないと読んでいた。

「米国があえて非核化要求を貫こうとすれば軍事力の行使以外に選択肢はない（十一月六日）」[136]

トランプの関心はボルトンの正式就任（四月七日）以来、同氏の「国際問題の解決策を戦争に委ねる解決策」[137]に向けられた。その意味で米朝会談が始まってもその場で物別れが生じた場合、または物別れでなく一定の合意が結ばれた場合に北朝鮮側が合意内容を履行しなかった場合には先制攻撃が執行される仕組みであった。米朝会談には先制攻撃の一里塚の面が宿っていたのである。もっとも攻撃は、本書の他の箇所で触れたように北朝鮮の全面破壊を目的にするものではなく限定的になると読まれた。

トランプが唱える非核化に触れよう。トランプの非核化は「米国本土に到達する北朝鮮核の阻止」を意味する。この点でクリントンに始まった過去の三政権の立場、言い換えればパックスアメリカーナ、すなわち同盟国を守るとする立場と様相を異にしている。トランプの主はＩＣＢＭ完成の阻止であり、核そのものは従である。上院外交委員会（五月二十四日）でのポンピー国務長官の証言を眺めよう。

メネンデズ上院議員「北朝鮮との合意交渉に、大気圏外への全ての発射（ＩＣＢＭを意味）を含む現在の弾道ミサイル実験の中止……ならびに開発の禁止が入っているか」

ポンピー「国務長官就任審査委員会の場でも申し上げましたが繰り返しましょう。北朝鮮のミサイル発射・プログラムは米国を危機にさらす中核になっています。北朝鮮にこの発射能力を保有しないと合意させるのが米国の目的です」

五月二十九日、NBCニュースが「米国諜報機関情報によれば北朝鮮は非核化の意思がない」[138]と報道した。

これに加えて、北朝鮮側が提示したとされる米朝首脳会談の前提五条件が明るみに出た。[139]

(1) 米国ならびに韓国は核兵器・戦略資源を朝鮮半島（近隣を含む）に配置しないことを保証すること。[140]

(2) 北朝鮮は在韓米軍・韓国軍の合同演習がなされる間、核兵器・戦略資源の開発ならびに運用をしない。

(3) 米国が通常兵器または核兵器で北朝鮮を攻撃しないことを保証すること。

(4) 朝鮮半島に関わる一九五三年停戦合意を平和条約に置き換えること。

(5) 北朝鮮・米国間での公式外交関係を設けること。

〈非公式〉 北朝鮮は原則的に在韓米軍の撤退を求めるが、北朝鮮の安全保障が確保される限り二万五〇〇〇名までの在韓米軍の存在を許容するかもしれない。[141]

以上の文言の一部が二〇一八年四月二十七日南北首脳間の板門店宣言に採用されることになった。

米朝首脳会館は最終的に実現したがその直前に生じた小事を加えよう。トランプ側が北朝鮮側に発した米朝会談取消のメッセージである。このメッセージが北朝鮮側のトランプ観を揺さぶり最終的には同会談の実現の側杖になった。説明しよう。

三月から浮上した米朝首脳会談の可能性であるが、これには外交手続きの解釈で致命的な欠陥を伴っていた。トランプは三月八日ホワイトハウスを訪れた韓国特使鄭義溶《チョン・ウィヨン》の「金委員長がトランプに会いたがっている」との言を聞き「良し、応ずる」と即答したものの、この即答は厳密に言えば米国政府が北朝鮮政府に公式かつ直接に発信したものではなかった。これが誤解の出発点であった。

まず米国側は韓国特使の言を北朝鮮側からの首脳会談の申込みと解釈したのである。この解釈によればトランプの「良し、応ずる」は申込みへの承諾であった。

したがって米国側の理解によれば首脳会談の開催は両国間の合意によって確定したはずであった。ところが北朝鮮側はそうではないと解釈した。トランプの「良し、応ずる」を会談の申込みと解釈したのである。したがってトランプの申込みを承諾するか否かは改めて北朝鮮側の自由であると認識した。

このような行き違い状態が続いた中で北朝鮮側（外務副大臣）は五月二十四日になり、ペンス副大統領発言（北側が米側に協力しないと北側はリビアの二の舞になる、つまり核兵器開発の完全廃棄）に激高し、六月十二日に開催と読まれていた首脳会談が開かれないかもしれないと発信した。この報に接した米側（国務省）は躊躇することなく、「六月十二日の首脳会談を公式に取り消す[142]」と応じた。

この取消発信が北朝鮮側のトランプ観を少なくとも一変させた。トランプの硬直面が機能するに至ったのである。

5　米朝首脳会談実現（一八年六月十二日）

一八年六月十二日、シンガポールで米朝首脳会談が実現した。以下はそこで声明された内容の全文である。[143]

「米国大統領ドナルド・トランプと北朝鮮国務委員会委員長金正恩は一八年六月十二日シンガポールで初

めての首脳会談を催した。大統領と委員長は新たな米朝関係の確立に関わる諸問題、ならびに朝鮮半島の永続かつ堅固な平和体制につき誠実に意見交換した。大統領は北朝鮮への安全保障の保障を提供することを責務とし、委員長は朝鮮半島の完全な非核化に向けた確実かつ揺るぎなき責務を再確認した。新たな両国関係が朝鮮半島ならびに世界の平和と繁栄に貢献すること、相互信頼の構築が朝鮮半島の非核化を促進出来ることを確信し、両首脳は以下を声明する」

(1) 米国・北朝鮮は両国の平和と繁栄という両国民の願いに沿った新たな米国・北朝鮮関係の確立をその責務とする。

(2) 米国・北朝鮮は朝鮮半島の永続的かつ安定した平和体制を構築するための諸企画を共有する。

(3) 北朝鮮は二〇一八年四月二十七日の板門店宣言を再確認し、朝鮮半島の完全な非核化に向けた作業をその責務とする。

(4) 米国・北朝鮮は米国捕虜・行方不明兵の残存物の回収をその責務とする。これにはすでに判明した残存物の速やかな返還が含まれる。

右の声明後トランプは単独でカペラ・ホテルで催された記者会見に臨んだ。以下は会見（一時間五分）の一部である。[144]

トランプ「自分は米国民の代表として希望と展望ならびに平和のメッセージを発したい（中略）最も大事なことであるが金委員長が北朝鮮国民への明るく新鮮な将来への大胆な一歩を踏み出したことに感謝する（中略）同氏との間で本日の合意を実施するための精力的な交渉を早急に実施することを合

意した。合意書が署名された後になり金委員長は「主なミサイル・エンジンの実験場を近々破壊する」とも述べられた。ところでここに集まった報道陣の巨大さは不愉快だ（爆笑）」
ジョン記者（NBC）「共同宣言には検証可能、不可逆的なる言葉がありませんね」
トランプ「まあそうだが」
ジョン「ということは米国の譲歩ですか」
トランプ「いやそれは全く違う。朝鮮半島の非核化に向けた断固とした責務だ。それが署名文だ」
ジョン「米国または国際機関の検証方法を話されたのですか」
トランプ「話した。話した。検証されていく」
トランプ「（北朝鮮との関係は）今後どうなるかは分からない。しかしだ。我々両首脳は本日、かなり包括的な文書に署名した。金委員長は同文書内容を実行すると私は読んでいる」
ジョン「つまり、金委員長を信頼しているとでも言うんですか」
トランプ「信頼している」

［コメント］
まず前文を見よう。かなり抽象的である。米側の「北朝鮮への安全保障の保障を提供する」は米韓合同軍事演習とも在韓米軍の撤退とも、さらには在日米軍の縮小ともとれる。北朝鮮側の「朝鮮半島の完全な非核化に向けた確実かつ揺るぎなき責務」であるが、これは「非核化の責務」ではなく「非核化に向けた責務」である。ここでは「確実かつ揺るぎなき」という聞こえの良い表現が見られるが、実際には空虚な言い回しである。首脳会談直前まで予測されていた「検証可能な不可逆な非核化」が見事に消えている。トランプは

記者会見の場で「検証可能」になったと説明するが「不可逆」への言及はなかった。
本文を見よう。「(3)」を除いて、朝鮮半島の具体的な平和に与する表現が消えている。「(3)」の中身であるが次に示すように、これは南北首脳間の取り決めであり、トランプが立役者になった合意ではない[145]。

(1) 南と北は、南北関係の全面的で画期的な改善と発展を実現することで、途絶えた民族の血脈をつなぎ、共同繁栄と自主統一の未来を早めていくだろう。
南北関係を改善し発展させることは、全民族のいちずな願いであり、もはや先送りできない時代の切迫した要求だ。
(2) 南と北は、朝鮮半島で先鋭化した軍事的緊張状態を緩和し、戦争の危険を実質的に解消するため共同で努力していくだろう。
朝鮮半島の軍事的緊張状態を緩和し戦争の危険を解消することは、民族の運命と関連する非常に重大な問題であり、われわれ同胞の平和的で安定した生命を保証するための鍵となる問題だ。
(3) 南と北は、朝鮮半島の恒久的で強固な平和体制構築のため、積極的に協力していくだろう。
朝鮮半島で非正常な現在の休戦状態を終わらせ、確固たる平和体制を樹立することは、もはや先送りできない歴史的課題だ。

以上で眺めたように六月十二日の米朝首脳会談は実りのないものに終わった。問題は今後である。トランプがこの会談を北朝鮮への先制攻撃前のセレモニーとして把握すればトランプは予め自前で想定した工程表を実行したことになろう。これに対してトランプがこの会談を北朝鮮問題の終局的解決策として把握したとすれば米朝首脳会談は失敗したことになる。トランプの本心は前者に近い。

注

注1 http://www.cnn.com/2013/10/29/world/asia/north-korea-nuclear-timeline--fast-facts/
注2 www.wsj.com/articles/trump-faces-north-korean-challenge-1479855286
注3 https://www.washingtonpost.com/news/the-fix/wp/2017/07/18/most-americans-worry-about-full-scale-war-with-north-korea-but-lack-confidence-in-trump-to-handle-issue/?utm_term=.a412c3900e19
注4 http://www.newsmax.com/Politics/americans-fearful-nuclear-war-poll/2017/08/11/id/807086/
注5 https://www.project-syndicate.org/onpoint/the-north-korea-maze-by-katharine-h-s-moon-2017-
注6 http://www.tandfonline.com/doi/abs/10.1080/02684529808432475
注7 https://www.thenation.com/article/trumps-handling-north-korea-going-lead-us-straight-nuclear-disaster/
注8 https://www.space.com/19601-how-intercontinental-ballistic-missiles-work-infographic.html
注9 https://www.armscontrol.org/factsheets/usmissiledefense
注10 http://www.reuters.com/article/us-northkorea-missile-un-idUSKBN19R2CO
注11 https://www.theatlantic.com/international/archive/2017/04/north-korea-icbm/522042/
注12 https://nypost.com/2017/07/28/pentagon-says-north-korea-fired-icbm/
注13 https://www.whitehouse.gov/the-press-office/2017/07/28/statement-president-north-koreas-second-icbm-launch
注14 https://www.reuters.com/article/us-northkorea-nuclear-kim/north-koreas-kim-says-country-has-miniaturized-nuclear-warheads-idUSKCN0WA2QM
注15 http://www.latimes.com/world/asia/la-fg-north-korea-nuclear-missile-20171129-story.html#nws=mcnewsletter
注16 http://www.science20.com/robert_walker/north_korean_icbm_likely_mock_warhead_only_slight_range_increase_us_nk_both_would_lose_in_war-228768
注17 https://www.washingtonpost.com/world/national-security/north-korea-now-making-missile-ready-nuclear-

weapons-us-analysts-say/2017/08/08/e14b882a-7b6b-11e7-9d08-b79f191668ed_story.html?hpid=hp_rhp-top-table-main_usnkorea-1212p%3Ahomepage%2Fstory&utm_term=.0caa5c21a004

注18 http://www.century-of-flight.net/Aviation%20history/space/Atlas.htm

注19 http://www.science20.com/robert_walker/north_korean_icbm_likely_mock_warhead_only_slight_range_increase_us_nk_both_would_lose_in_war-228768

注20 http://fox2now.com/2017/11/28/north-korea-launches-ballistic-missile/

注21 http://www.cnn.com/2017/08/09/politics/north-korea-considering-near-guam-strike/index.html

注22 http://thehill.com/blogs/pundits-blog/foreign-policy/330698-trump-north-korea-is-not-a-war-of-self-defense

注23 https://www.scientificamerican.com/article/north-korea-missile-test-best-response-may-be-surprisingly-low-tech/

注24 http://www.cnbc.com/2017/07/28/half-the-continental-us-within-range-of-latest-north-korean-missile.html

注25 https://www.jiji.com/jc/article?k=2017073101003&g=prk

注26 https://www.jiji.com/jc/article?k=2017080100147&g=prk

注27 http://www.military.com/daily-news/2017/07/19/north-korea-might-have-icbm-range-but-lacks-accuracy-general.html

注28 https://www.donaldjtrump.com/press-releases/donald-j.-trump-foreign-policy-speech

注29 http://www.nbcnews.com/politics/2016-election/trump-would-talk-north-korea-s-kim-jong-un-over-n575941

注30 http://www.azcentral.com/story/opinion/op-ed/steve-benson/2016/12/15/trump-generals-cia/95463500/

注31 http://www.pbs.org/newshour/rundown/trumps-slim-options-stopping-north-korea-nuclear-threat/

注32 http://www.pbs.org/newshour/rundown/trumps-slim-options-stopping-north-korea-nuclear-threat/

注33 http://www.reuters.com/article/us-southkorea-usa-mattis-idUSKBN15I060

注34 http://fox4kc.com/2017/09/03/mattis-says-north-korea-threat-would-bring-massive-military-response/

注35 http://foreignpolicy.com/2017/03/17/907404-trump

注36 http://www.reuters.com/article/us-usa-russia-trump-media-idUSKBN17J16D

注37 https://www.usatoday.com/story/news/nation/2017/04/17/pence-north-korea-era-strategic-patience-over/100557476/

注38 https://english.kyodonews.net/news/2017/04/a83d078a3f46-update2-abe-trump-agree-on-close-coordination-over-n-korea-issues.html

注39 https://www.usnews.com/news/world/articles/2017-04-23/chinas-xi-trump-discuss-north-korea-in-phone-call-state-media

注40 http://www.reuters.com/article/us-philippines-china-usa-northkorea-idUSKBN1801D1

注41 http://www.washingtontimes.com/news/2017/apr/30/trump-calls-thailand-singapore-leaders-n-korea-thr/

注42 http://www.washingtontimes.com/news/2017/apr/30/trump-calls-thailand-singapore-leaders-n-korea-thr/

注43 http://www.reuters.com/article/us-usa-trump-australia-idUSKBN18013R

注44 http://www.cnbc.com/2017/02/01/trump-struggles-to-connect-with-pacific-ally-australia-in-call-with-pm-turnbull.html

注45 http://www.smh.com.au/federal-politics/political-news/china-making-progress-on-north-korea-says-malcolm-turnbull-20170506-gvzk5q.html

注46 http://www.reuters.com/article/us-australia-usa-military-idUSKBN19K0ID

注47 https://www.qt.com.au/news/troops-prepare-queensland-amid-north-korea-threat/3200858/

注48 https://www.theguardian.com/australia-news/2017/aug/11/turnbull-pledges-support-to-us

注49 https://www.whitehouse.gov/the-press-office/2017/04/24/remarks-president-trump-working-lunch-un-security-council-ambassadors

注50 http://abcnews.go.com/Politics/president-trump-invites-full-senate-white-house-special/story?id=47026601

注51 https://www.whitehouse.gov/the-press-office/2017/04/24/remarks-president-trump-working-lunch-un-security-council-ambassadors

注52 http://abcnews.go.com/Politics/president-trump-invites-full-senate-white-house-special/story?id=47026601

注53 https://www.state.gov/r/pa/prs/ps/2017/04/270464.htm

注54 https://www.state.gov/secretary/remarks/2017/04/270544.htm

注55 https://www.theguardian.com/us-news/2017/may/03/rex-tillerson-america-first-speech-trump-policy

注56 https://www.youtube.com/watch?v=QcAeReqSews

注57 http://www.businessinsider.com/mike-pompeo-trump-incredibly-demanding-intelligence-community-2017-6

注58 http://wtvr.com/2017/06/29/us-military-updates-trumps-north-korea-options/

注59 http://www.nydailynews.com/news/world/russia-china-north-korea-stop-missile-tests-article-1.3300276

注60 https://www.washingtonpost.com/world/national-security/north-korea-could-cross-icbm-threshold-next-year-us-officials-warn-in-new-assessment/2017/07/25/4107dc4a-70af-11e7-8f39-eeb7d3a2d304_story.html?utm_term=.

e45aea6d4c37&wpisrc=al_alert-COMBO-world%252Bnation&wpmk=1

注61 http://www.cnn.com/2017/07/29/asia/north-korea-intercontinental-ballistic-missile-test/index.html

注62 http://www.sfchronicle.com/news/politics/article/Report-North-Korea-fires-ballistic-missile-12389313.php

注63 http://www.cnn.com/2017/11/28/politics/tax-plan-trump-capitol-hill/index.html

注64 http://www.sfchronicle.com/news/politics/article/Report-North-Korea-fires-ballistic-missile-12389313.php

注65 http://thehill.com/policy/international/362200-tillerson-on-north-korea-missile-launch-diplomatic-options-viable-for

注66 https://www.nytimes.com/2017/11/28/world/asia/north-korea-missile-test.html

注67 https://www.nytimes.com/2017/11/28/world/asia/north-korea-missile-test.html

注68 http://www.cnn.com/2017/07/28/politics/trump-us-north-korea-options/index.html

注69 https://www.un.org/press/en/un-bodies/security-council

注70 http://www.pbs.org/newshour/rundown/trumps-slim-options-stopping-north-korea-nuclear-threat/

注71 https://www.theguardian.com/world/2017/apr/06/trump-japan-all-options-north-korea-provocation

注72 http://www.cnn.com/2017/04/29/politics/trump-face-the-nation-interview-north-korea/index.htmlated

注73 http://www.cnn.com/2017/04/29/politics/trump-face-the-nation-interview-north-korea/index.htmlated

注74 http://www.cnn.com/2017/04/29/politics/trump-face-the-nation-interview-north-korea/index.htmlated

注75 http://fox4kc.com/2017/09/03/mattis-says-north-korea-threat-would-bring-massive-military-response/

注76 Trump Tweet, October 7, 2017

注77 http://nordic.businessinsider.com/trump-phase-2-north-korea-sanctions-2018-2/

注78 https://www.msn.com/en-au/news/world/trump-orders-military-advisers-to-prepare-plans-to-hit-north-korea/ar-BBzFeKt

注79 http://www.foxnews.com/world/2017/06/29/military-option-for-north-korea-being-prepared-for-trump-mcmaster-says.html

注80 http://www.foxnews.com/world/2017/06/29/military-option-for-north-korea-being-prepared-for-trump-mcmaster-says.html

注81 http://www.thedrive.com/the-war-zone/9056/heres-americas-plan-for-nuking-its-enemies-including-north-korea

注82 http://www.thedrive.com/the-war-zone/9056/heres-americas-plan-for-nuking-its-enemies-including-north-korea

注83 https://thediplomat.com/2016/03/largest-ever-us-korea-military-drill-focuses-on-striking-north-koreas-leader ship/

注84 http://www.cnn.com/2017/05/30/politics/nimitz-vinson-ronald-reagan-north-korea/index.html

注85 https://www.nbcnews.com/.../pence-u-s-fully-prepared-to-defend-against-north-korea-...

注86 https://www.whitehouse.gov/the-press-office/2017/10/10/statement-press-secretary-president-donald-j-trumps-meeting-his-national

注87 https://www.reuters.com/article/us-northkorea-missiles-tillerson/u-s-diplomacy-with-north-korea-to-continue-until-first-bomb-drops-tillerson-idUSKBN1CK0KP

注88 http://www.npr.org/sections/thetwo-way/2017/04/27/525866684/trump-administration-wants-north-korea-at-negotiating-table-on-nuclear-weapons

注89 https://www.salon.com/2017/01/25/democrats-propose-legislation-that-prevent-donald-trump-from-launching-a-nuclear-first-strike/

注90 http://www.businessinsider.com/us-military-sends-bombs-to-guam-north-korea-threat-2017-10

注91 https://www.militarytimes.com/news/your-military/2017/09/18/mattis-use-of-tactical-nuclear-weapons-discussed-with-south-korea/

注92 https://www.defensenews.com/news/your-military/2017/09/18/mattis-use-of-tactical-nuclear-weapons-discussed-with-south-korea/

注93 https://www.stripes.com/news/pacific/korea/report-us-has-mapped-north-korean-underground-escape-facilities-1.361678#.WQecN1KZMUQ

注94 http://thehill.com/blogs/pundits-blog/foreign-policy/330698-trump-north-korea-is-not-a-war-of-self-defense

注95 http://www.washingtonexaminer.com/north-korea-months-away-from-capability-to-nuke-us-cia-director-mike-pompeo-says/article/2638026

注96 https://fas.org/sgp/crs/natsec/RS22357.pdf

注97 http://thehill.com/blogs/pundits-blog/foreign-policy/330698-trump-north-korea-is-not-a-war-of-self-defense

注98 http://thehill.com/blogs/pundits-blog/foreign-policy/330698-trump-north-korea-is-not-a-war-of-self-defense

注99 http://thehill.com/blogs/pundits-blog/foreign-policy/330698-trump-north-korea-is-not-a-war-of-self-defense

注100 http://www.ifstone.org/weekly3-4-68.pdf

注101 http://www.washingtonexaminer.com/does-trump-need-permission-from-south-korea-to-attack-the-north/article/2632019

注102 https://www.armed-services.senate.gov/imo/media/doc/17-36_04-27-17.pdf
注103 https://www.armed-services.senate.gov/imo/media/doc/17-36_04-27-17.pdf
注104 https://www.armed-services.senate.gov/imo/media/doc/17-36_04-27-17.pdf
注105 https://www.armed-services.senate.gov/imo/media/doc/17-36_04-27-17.pdf
注106 https://www.armed-services.senate.gov/imo/media/doc/17-36_04-27-17.pdf
注107 https://www.armed-services.senate.gov/imo/media/doc/17-36_04-27-17.pdf
注108 http://www.japantimes.co.jp/news/2017/05/06/asia-pacific/china-urged-u-s-fire-pacific-command-chief-harris-
return-heaping-pressure-north-korea/

注109 http://www.latimes.com/projects/la-na-missile-defense/
注110 https://www.armscontrol.org/factsheets/usmissiledefense
注111 http://www.ynetnews.com/articles/0,7340,L-4574214,00.html
注112 http://www.neotryx.com/2017/03/a-us-ally-used-34-million-patriot.html
注113 http://www.cnn.com/2017/11/04/middleeast/saudi-arabia-ballistic-missile/index.html
注114 https://www.nytimes.com/interactive/2017/12/04/world/middleeast/saudi-missile-defense.html
注115 https://www.nytimes.com/interactive/2017/12/04/world/middleeast/saudi-missile-defense.html
注116 https://www.nytimes.com/interactive/2017/12/04/world/middleeast/saudi-missile-defense.html
注117 https://www.nytimes.com/interactive/2017/12/04/world/middleeast/saudi-missile-defense.html
注118 https://www.mda.mil/global/documents/pdf/testrecord.pdf
注119 http://www.popularmechanics.com/military/weapons/news/a27491/sailor-error-navy-missile-test/
注120 https://www.defensenews.com/naval/2017/07/24/sailor-error-led-to-failed-us-navy-ballistic-missile-intercept-
test/

注121 http://www.popularmechanics.com/military/weapons/news/a27491/sailor-error-navy-missile-test/
注122 https://www.defensenews.com/breaking-news/2018/01/31/second-navy-sm-3-block-iia-ballistic-missile-intercept
-hawaii-report/

注123 http://nationalinterest.org/feature/the-limits-us-missile-defense-12503
注124 https://www.nytimes.com/interactive/2017/12/04/world/middleeast/saudi-missile-defense.html
注125 http://spacenews.com/pentagon-nominee-griffin-promises-stronger-dod-leadership-in-advancing-technology/
注126 https://www.defensenews.com/pentagon/2018/01/18/griffin-interested-in-airborne-missile-defense/

注127 http://www.cnn.com/2017/05/01/politics/donald-trump-meet-north-korea-kim-jong-un/
注128 http://www.cnbc.com/2017/05/02/trump-putin-discuss-syria-north-korea-middle-east-in-phone-call.html
注129 https://www.denverpost.com/2018/02/10/south-korea-invited-to-north-korea/
注130 https://www.cnn.com/2018/02/17/asia/moon-koreas-talks-intl/index.html
注131 https://www.fnnnews.com/news/headlines/articles/CONN00384476.html
注132 https://www.cnn.com/2018/02/17/asia/moon-koreas-talks-intl/index.html
注133 http://www.xinhuanet.com/english/2018-03/28/c_137070598.htm
注134 https://www.wsj.com/articles/the-legal-case-for-striking-north-korea-first -1519862374
注135 https://www.nytimes.com/2018/03/14/us/politics/cabinet-changes-could -delay-planning-for-meeting-with-kim-jong-un.html
注136 https://www.npr.org/sections/parallels/2017/11/06/561898854/3-things-to-watch -in-president-trumps-visit-to-asia
注137 https://www.vox.com/today-explained/2018/3/27/17169116/john-bolton-national-security -adviser-iraq-war-today-explained-podcast
注138 https://www.nbcnews.com/news/north-korea/cia-report-says-north-korea-won-t-denuclearize-might-open-n878201
注139 https://en.wikipedia.org/wiki/2018_North_Korea%E2%80%93United_States_summit
注140 “South Korea’s defense minister suggests bringing back tactical U.S. nuclear weapons” – via www.washingtonpost.com.
注141 “North Korea proposed five requirements to the United States as a” denuclearization cost “There was no ‘USFK withdrawal’ request”. www.huffingtonpost.kr. 11 April 2018. Retrieved 15 April 2018.
注142 https://edition.cnn.com/politics/live-news/trump-cancels-north-korea-summit/index.html
注143 https://www.whitehouse.gov/briefings-statements/joint-statement-president-donald- j-trump-united-states-america-chairman-kim-jong-un-democratic-peoples-republic-korea-singapore-summit/
注144 https://www.whitehouse.gov/briefings-statements/press-conference-president-trump/
注145 https://www.nikkei.com/article/DGXMZO29946230X20C18A4000000/

おわりに

トランプは全ての面で前任者達と全く異なる大統領である。筆者は本書を書き終えて改めて確信した。トランプはパーソナリティーの強さとその執拗さが「俺は、俺が」を全局面で出す特異な人物である。本書の中では触れなかったが「俺は」はエゴイズムに繋がり、米国内ではトランプのエゴイズムは、実のところ「倫理をわきまえたエゴイズム」の思想を唱えた作家として知られるアイン・ランド女史（一九八二年没）から来ていると見る向きが多い。

「大統領戦勝利の原因」（第一章）では予備選ならびに本選の両面で「俺は」思考がヒラリーを含めた対立候補者達を手こずらせ、大統領の栄冠を手中に納めたが、この思考は「トランプ・ホワイトハウス」（第二章）でも続いた。キッシンジャーのいう「借りなし大統領」と言う特色と、自ら「無給」大統領を宣言したトランプは数多くの政府官僚人事に深く関わり、過去の政権とは全く異なる基準で自由自在に人材の解雇と登用を繰り返したが、これはトランプ流の適材適所であった。さらにトランプには「適時」が加わった。北朝鮮問題の悪化に合わせて超強硬派のボルトンならびにポンピーをＮＳＣアドバイザーと国務長官のそれぞれに急遽登用したのがその典型である。ここから窺えるのはトランプ流の人事采配は今後も続くということであろう。

「トランプの政治運営」（第三章）では「アメリカファースト」を紹介したが、これも「俺は」の拡張版であることに気付かれたであろう。トランプにはマネーにうるさい面が見られるが、トランプはこの面を国民と企業向けに再吟味し、「トランプ減税法」を成立させたと言っても良い。

筆者は「トランプの国際政策」（第四章）でトランプの「パックスアメリカーナからの撤退」のポリシーを出来るだけ分かりやすく解説した。この政策は米国外交のみならず米国軍事面に大波のように、場合によっては津波のように日本を含めた諸外国に影響を与えていく。このポリシーは本書の頂点に位置づけられるものである。

次に「トランプのTPP撤退」（第五章）であるがこれについては問題点を押さえるにとどめた。トランプが選挙戦時から現時に至るまで一貫して反対しているTPPを本書で深追いする必要がないからである。

「トランプとアジア」（第六章）は注意深く書いた積りである。ここから窺われたのはトランプは政治面で中国・日本・韓国のそれぞれをピンポイント的に区別し、トランプ流のカードを使い分けていることであった。その反面で区別していない特色も窺われた。それが「レシプロカル貿易」政策である。残念なことに日本では相互収支ゼロを意味するレシプロカルという言葉がいまだに用いられていない。レシプロカルが分からないと連鎖的にトランプ政策が分からなくなる筈である。

「ロシアコネクション」（第七章）は日本の利害関係に直接な関わりを有しないと思われているために日本メディアの報道は散発的である。ところが米国では同コネクションはまかり間違えばトランプの失墜になるとして大きく報じられている。筆者は出来るだけ具体的に解説することを心掛けた。

「北朝鮮問題」（第八章）に関しては一八年六月になり米朝首脳会談という歴史的とも称される出来事が生じた。ただこの出来事を冷静に眺めると、一面では朝鮮半島の平和化が狙われたものの、他の一面で北朝鮮の（米国本土到達可能な）ＩＣＢＭ完成を阻止しようとする米国側と核保有国としての立場を死守しようとする北朝鮮側の強固な姿勢が衝突しているのが首脳会談後の実情である。この衝突状態はやがては今後の米国の先制攻撃開始の要素を多分にはらむことになった。

首脳会談の前のみならず同会談後も北朝鮮の裏面で中国との連携状態が続いている。この状態は先制攻撃が始まった後も継続していきそうである。

本書では深入りしなかったが、これと並んで南北朝鮮の融和と終局的な統合の種が蒔かれたようである。

本書の中で若干日本問題に触れた。今後トランプがパックスアメリカーナからの撤退の下でどのように日本政策を固めていくかが問題になろう。筆者の見方としてはトランプ政権の中で最も出遅れているのが日本政策である。同政策は一八年後半から本格的に始動しそうである。その中身は言うまでもなく米日貿易、米日安保条約などの大幅な見直しになりそうである。

トーマス・カトウ

二〇一八年六月

［著者略歴］

トーマス・カトウ

国際コンサルタント（tkawpusa.gmail.com）。1938年日本生まれ。日系米国人。明治大学法学部、名古屋大学大学院法学研究科（博士前期）、UCLAロースクールを経た後1987年、法律・経済・地政学分析のトーマス・カトウ・アソシエイツ創設（コロラド州）。同年から米国政府機関、議会、シンクタンとの接触を始め現在に至る。クライエント（米国）：著名企業・業界団体・法律事務所。（日本）：官庁・著名企業・シンクタンク。講演：米日両国で数多く実施。米国法曹協会会員。ニューヨーク科学アカデミー会員。＜過去：ボーイスカウト団員・キワニスクラブ会員＞。

ドナルド・トランプ物語《ものがたり》

2018年7月25日　初版第1刷発行　　定価2,000円＋税

共著者　トーマス・カトウ ©
発行者　高須次郎
発行所　緑風出版
〒113-0033　東京都文京区本郷2-17-5　ツイン壱岐坂
［電話］03-3812-9420　［FAX］03-3812-7262［郵便振替］00100-9-30776
［E-mail］info@ryokufu.com［URL］http://www.ryokufu.com/

装　幀　斎藤あかね　　イラスト　佐藤和宏
制　作　R 企 画　　印　刷　中央精版印刷・巣鴨美術印刷
製　本　中央精版印刷　　用　紙　中央精版印刷・大宝紙業　　E2000

ISBN978-4-8461-1812-9　C0031

◎緑風出版の本

■全国どの書店でもご購入いただけます。
■店頭にない場合は、なるべく書店を通じてご注文ください。
■表示価格には消費税が加算されます。

戦争の家〔上・下〕
ペンタゴン
ジェームズ・キャロル著／大沼安史訳

上巻六七二頁
3400円
下巻六八八頁
3500円

ペンタゴン＝「戦争の家」。このアメリカの戦争マシーンが、第二次世界大戦、原爆投下、核の支配、冷戦を通じて、いかにして合衆国の主権と権力を簒奪し、世界の悲劇の「爆心」になっていったのか？

9・11事件は謀略か
「21世紀の真珠湾攻撃」とブッシュ政権
デヴィッド・レイ・グリフィン著／きくちゆみ・戸田清訳

四六判上製
四三八頁
2800円

9・11事件をめぐるブッシュ政権の公式説明はあまりに矛盾に満ちている。航空機の飛行の謎など、さまざまな疑惑を検討し、ブッシュ政権の共犯性を示す証拠24項目を列挙し、真相解明のための徹底調査を求める全米話題の書！

9・11の矛盾
9・11委員会報告書が黙殺した重大な事実
デヴィッド・レイ・グリフィン著／加藤しをり・きくちゆみ訳

上巻五八四頁
3500円
下巻五五六頁
3500円

事件に関する膨大な報道記録と資料を調べ、事実関係を綿密に比較分析・検討し、米国議会とマスコミに対し、説明と真相の解明を求める。予断を排し、科学的・論理的視点から事実に迫る内容は、9・11事件の本質を浮き彫りにする。

ラムズフェルド
イラク戦争の国防長官
アンドリュー・コバーン著／加地永都子監訳

四六判上製
三四四頁
2600円

ペンタゴンのトップとして二度にわたり君臨し、武力外交を展開したネオコンのリーダー、ラムズフェルド元米国防長官の実像を浮き彫りにし、大企業・財界の利益に左右される米国政治、ブッシュ政権の内幕を活写した力作。